네덜란드

튤립의 땅, 모든 자유가 당당한 나라

네덜란드

튤립의 땅, 모든 자유가 당당한 나라

지은이 주경철
펴낸이 윤양미
펴낸곳 도서출판 산처럼

등 록 2002년 1월 10일 제1-2979
주 소 서울시 종로구 사직로8길 34 경희궁의 아침 3단지 오피스텔 412호
전 화 02-725-7414
팩 스 02-725-7404
E-mail sanbooks@hanmail.net
홈페이지 www.sanbooks.com

제1판 제1쇄 2003년 7월 15일
제1판 제5쇄 2016년 9월 1일

값 13,000원

ISBN 89-90062-06-3 03920

* 본문 사진의 일부는 네덜란드 대사관의 협조를 받은 것입니다.
* 잘못된 책은 서점에서 바꾸어드립니다.

네덜란드

튤립의 땅, 모든 자유가 당당한 나라

주경철 지음

산처럼

책을 내면서

■■■ "세계의 다른 어느 곳에서 이토록 손쉽게 편리한 물품들과 진기한 물품들을 찾을 수 있을 것인가. 세계의 다른 어느 나라에서 이토록 완전한 자유를 누릴 수 있을 것인가."

1631년 암스테르담에 머물던 데카르트가 네덜란드에 대해 한 이야기이다. 거의 400년이 지난 오늘날에도 이 말은 여전히 타당하다. 네덜란드를 여행하노라면 이 나라에 가득 넘치는 활기찬 자유 그리고 행복한 여유가 느껴진다.

작지만 결코 약하지 않은 나라, 척박한 자연 조건 속에서도 전 국토를 공원처럼 아름답게 가꾸어놓은 나라, 온화한 사람들이 행복한 삶을 누리는 안정된 나라……. 네덜란드는 우리 사회나 국가의 미래를 생각할 때 진지하게 벤치마킹(bench-marking)해 볼 만한 나라임에 틀림없다.

그동안 우리는 미국, 러시아, 영국, 프랑스 등 소위 '강대국'의 문화와 역사를 주로 가르치고 배워왔다. 이런 나라들이 여전히 우리에게 중요한 의미를 갖는 것은 사실이지만 이 나라들을 우리의 전범(典範)으로 삼을 수는 없을 것이다. 혹시 우리는 알게 모르게 우리도 언젠가는 한번 세계를 우리 손으로 주무르는 강자(强者)가 되고 싶다는 욕망을 키우고 있는 것은 아닐까. 물론 우리라고 세계 최고 수준의 정치 · 군사 · 경제적 역량을 가지지 말라는 법은 없지만, 그것이 일종의 강박증이 되어 우리 스스로를 옭아매고 있는 것은 아닌지 모르겠다. 무조건 '세계 중심국가'가 되겠다고 이 악물고 사는 것보다는 진정으로 자유롭고 행복한 삶을 사는 조화로운 사회를 목표로 삼아보면 어떨까? 그런 점에서 네덜란드의 사회와 문화, 그리고 그 역사적 발전과정을 살펴보는 것이 의미 있을 것이다.

네덜란드(Nederland)라는 말이 '낮은 땅'을 가리킨다는 데에서 알 수 있듯이 이 나라는 국토의 많은 부분이 해수면보다 낮아서 항상 수해의 위협 속에서 살아왔다. 그렇지만 이 나라 사람들은 이런 어려운 여건을 지혜롭게 극복하고 세계에서 가장 잘사는 나라 중의 하나를 이룩했다. 간단히 이야기해서, 제방이 무너지면 모든 사람이 물에 빠지는 여건에서 서로 협동하는 사회 시스템을 만들지 않을 수 없었던 것이다. 그 과정에서 네덜란드인들은 모든 사람이 최대한의 자유를 누리면서도 서로가 서로를 존중하고, 또 사회와 국가 전체와 관련된 일에 대해서는 자발적으로 협력하고 합의를 도출하는 지혜로운 사회문화 시스템을 이루어냈다.

우리는 이런 점을 소위 '히딩크 현상'에서 간접적으로 경험한 바 있다. 히딩크 감독이 성공했던 요인에 대해서는 출신 학교나 소속팀 같은 연고에 매달리지 않고 오직 실력에 근거하여 선수를 선발하고, 다음에는 주어진 시간에 맞추어 가장 적절한 계획을 세운 뒤 이를 일관되게 추진했기 때문이라고들 설명한다. 이런 합리성의 근간에는 선수나 감독이 서로 믿고 협력하는 자세가 전제되어야 한다. 작은 예이지만 이것은 네덜란드 문화의 장점이 잘 발휘된 것이라 할 수 있다.

축구만의 이야기가 아니다. 네덜란드의 소위 '폴더(polder) 모델'을 보아도 이러한 합리적이면서 자유롭고 관용적인 네덜란드의 체제가 잘 적용되면 사회경제적으로 성공을 거두게 된다는 점을 알 수 있다. 위기에 봉착하였을 때 기업과 노동계, 정부가 서로 양보를 하면서 경제를 회생시키는 방안을 합의해 내는 것이다. 그 결과 경제성장과 고용증진을 동시에 얻어낸 네덜란드 경제는 유럽 최고 수준을 누리고 있다.

그렇다고 이런 모델이 어느 사회, 어느 국가에나 다 들어맞는 답이 될 수는 없다. '폴더 모델'을 참고했다는 우리의 노사정(勞使政) 위원회가 반드시 성공한다는 보장은 없는 것이다. 더 일반적으로 말해서 네덜란드 사회를 긍정적으로만 바라보고 우리가 그대로 따라야 할 미덕으로 치장만 해서는 안 된다. 네덜란드의 자유로움에 대해서 많이 이야기하지만 사실 그 이면에는 눈에 잘 보이지 않는 '부드러운 규제'가 강하게 작동하고 있으며, 전반적으로는 사회에 진보적인 측면들이 눈에 띄지만 의외로 보수적인 측면이 매우 강하기도 하다. 우리가 남의 경험을 통해서 무엇인가를 배우려고 한다면 냉정한 자세로 이런 여러 측면들을 꼼꼼히 살펴야 할 것이다. 가능한지 모르겠지만 네덜란드가 가진 안정적이고 온화한 측면과 우리나라의 활력 넘치고 다이내믹한 측면을 잘 조화시킬 수는 없을까?

개인적으로는 네덜란드를 소개하는 책을 쓰게 된 것이 매우 큰 기쁨이었다. 대학원 시절부터 전공 분야가 네덜란드와 관련이 있어서 이 나라의 역사를 들여다볼 기회가 많았고 박사논문 준비를 위해 암스테르담에 머물며 자료 조사를 한 경험도 있었다. 따라서 늘 친근감을 가지고 이 나라를 주목하였다. 네덜란드는 우리와 어딘지 비슷한 측면이 있으면서 동시에 세계 어느 나라와도 다른 강한 개성을 가진 나라라는 점을 느끼곤 했다. 그래서 이 나라의 역사를 소개하는 것이 우리 사회에 대단히 요긴하리라는 생각을 자주 하게 되었다.

그러나 이 나라의 역사는 우리에게 아직 생소할 수밖에 없다. 그래서 먼저 이 나라가 어떤 나라인지 개괄적인 소개를 할 필요가 있었다. 그러기 위해서는 내 짧은 체류 경험만으로는 정보가 부족하고, 잘못하면 심각한 오해 끝에 전혀 맞지 않는 내용을 전할 우려도 있었다. 그래서 네덜란드를 소개하는 책들을 구해서 읽고 그 내용을 내 경험과 비교해 보면서 제1부의 내용을 구성해 보았다. 이렇게 현재의 네덜란드 사회에 대한 지식을 정리해 놓고 보니 과연 그런 특징들이 어떤 배경에서 나왔는지를 살펴본다는 점에서 제2부 네덜란드의 역사를 조금 더 흥미롭게 볼 수 있지 않을까 기대해 보게 된다.

이 책은 지나치게 전문적이기보다는 일반 독자들이 비교적 편하게 읽을 수 있는 내용이 되도록 노력하였다. 한 나라의 사회 및 문화 일반과 전체 역사를 한 권의 책에 담되 내용이 알차면서도 쉽게 접근할 수 있도록 한다는 것! 이런 목표는 애초에 불가능하다는 것을 잘 알지만, 나름대로는 꽤 노력을 기울였다. 가급적 읽기 편하도록 쉬운 표현에 주(註)보다는 박스 형식을 빌려서 흥미있는 사항들을 따로 정리하였다. 일반 독자들이 네덜란드 역사를 전공하는 사람들이 아니라는 점을 십분 고려해서 책 뒤편의 '참고자료' 난에 인용 자료들을 따로 정리하였다. 우리나라에 네덜란드의 역사 혹은 사회를 집중적으로 소개하는 책이 그리 많지 않은 상황에서 이 책이 우선 간편한 입문 교양서 역할을 했으면 한다. 마침 올해가 하멜이 우리나라에 표류하여 온 지 350년이 되는 해이다. 더불어 이 책이 작은 기념이 되었으면 한다.

이 책을 쓰는 데에는 많은 사람들의 도움을 입었다. 도서출판 산처럼의 윤양미 씨는 규모는 작지만 강하고 행복한 나라의 역사를 소개해 보자는 기발한 생각을 해내고 그 첫 번째 사례로 이 책의 집필을 권하였다. 서울대학교 대학원 서양사학과의 조준희 군은 원고를 꼼꼼하게 읽고 많은 아이디어를 주었다. 그리고 변변치 않은 일에 매달려 가장 역할을 거의 방기하곤 하는 남편과 아빠를 여전히 반겨주는 '합리적이고 자유로우며 관용적인' 우리 집 식구들에게 고마운 마음을 전한다.

2003년 6월

주경철

네덜란드

튤립의 땅, 모든 자유가 당당한 나라

| 차례 |

제 1 부

네덜란드, 네덜란드인

세상에서 가장 아름다운 튤립이 피는 땅

화란? 홀란드? 네덜란드!

■■■ 이제부터 우리는 유라시아 대륙의 북서쪽 변방에 위치한 한 작은 나라를 소개하려고 한다. 이 나라의 생김새는 너무나 특이해서 예로부터 이곳을 찾은 사람들 가운데 이를 두고 한두 마디씩 언급하지 않은 사람이 없을 정도이다. 이 나라는 땅이 물보다 낮게 깔려 있다보니 사방에 물이 철철 넘쳐서 나라 전체가 물 반 땅 반이고, 그 얼마 되지 않은 땅도 질척거리는 뻘밭 천지이다. 여기에 어울리게 하늘마저도 노상 구름이 낀 채 낮게 드리워져 있다. 유라시아 대륙의 정반대편에 있는 '삼천리 화려강산' 사람들이 볼 때 이 나라가 정말로 개구리의 나라(kikkerland. '키커란드')로 비치는 것도 무리가 아니다.

그렇지만 작은 늪지대에 오밀조밀 살아가는 이 개구리들을 잘 살펴보면 '생긴 몰골은 흉악해도 문자 속은 기특하다'는 것을 알게 된다. 이들은 세상에서 제일 아름다운 튤립꽃을 피워내고, 하늘의 바람을 잡아서 풍차를 돌리는가 하면, 그들이 직접 제조한 멋진 배로 전세계를 돌아다닌 덕분에 유식하기가 그지없는 것이다.

그러니 우선 이 나라의 이름부터 제대로 알아보고 이 '개구리들'이 이루어낸 일들을 차례로 보도록 하자.

이 나라의 공식 이름은 '네덜란드 왕국'이며 이들 말로는 '코닝크레이크 데어 네덜란덴(Koninkrijk der Nederlanden)', 영어로는 The Kingdom of the Netherlands이다(반드시 정관사를 붙이고 복수형으로 써야 한다). 네덜란드라는 말 자체가 '낮은(neder-) 땅(land)'이라는 뜻이다. 그뿐인가? 이 나라를 가리키는 여러 별칭들 즉 네덜란드어의 '라허 란덴(Lage Landen)', 영어의 '로 컨트리스(Low Countries)', 불어의 '페이바(Pays-Bas)'도 모두 일관되게 저지대(低地帶)라는 뜻이다.

이 나라의 수도는 공식적으로 암스테르담이지만, 정부의 소재지는 헤이그이다. 네덜란드는 현재 12개의 주로 이루어져 있다. 미국의 어떤 주는 땅덩어리가 한반도보다 더 큰 데 비해, 네덜란드는 전체 땅덩어리가 남한의 반도 안 되건만 그것을 12개로 나누어놓았으니 각 주는 정말로 아담한 사이즈를 자랑한다.

각 주의 이름은 다음과 같다. 북홀란드, 남홀란드, 젤란드, 유트레히트, 북브라반트, 플레보란드, 프리즐란드, 흐로닝엔, 드렌터, 오버레이셀, 헬더란드, 림부르크.

네덜란드의 이런 작은 주들이 몇 개 모여서 처음으로 하나의 국가임을 선포한 것은 1581년의 유트레히트 동맹 때인데, 이때에는 7개 주의 연합 형태로서 당시의 이름은 '네덜란드 주연합(州聯合. Verenigde Provincien der Nederlanden, United Provinces of the Netherlands)'이었다(제2부 제3장 참조). 다른 나라들의 경우 일찍부터 왕실이 존재하면서 그 왕실을 중심으로 국가의 응집성을 강화해 근대국가로 발전해 간 반면 네덜

네덜란드의 주와 주 수도

란드는 오랫동안 공식적인 왕실 없이 주연합 형태의 공화국 형태였다는 점이 특징적이다. 그동안 오라녀(오렌지) 가문이 이 나라 민중들의 열광적인 지지를 받아서 일종의 유사(類似) 왕실 역할을 해왔다. 진짜 왕국이 된 것은 19세기 초로서 나폴레옹의 지배와 혁명 과정을 거치면서 왕국으로 국체(國體)를 바꾸며 오라녀 가문이 공식 왕실이 되었다. 따라서 네덜란드는 다른 나라와는 반대로 공화정에서 왕정으로 혁명적 변화를 한 특이한 역사적 경험을 하였다.

흔히 이 나라를 홀란드(Holland)라고도 부르는데 엄격하게 보자면 이는 맞는 말이 아니다. 홀란드는 네덜란드를 구성하는 하나의 주에 불과하다(더 정확하게 말하면 1840년까지 하나의 주였다가 이 해에 북홀란드와 남홀란드라는 2개의 주로 분리되었다). 다만 이 지방이 네덜란드 전체에서 가장 부유하고 강력했기 때문에 이 주의 이름이 나라를 대표하기에 이른 것이다. 당연한 이야기이지만 다른 지방 사람들은 나라 전체를 홀란드라고 부르는 것을 싫어한다고 한다(외국인들이 대한민국을 일명 '서울

영어에서 쓰이는 더치

영어에서 더치(Dutch)라는 말은 대부분 좋지 않은 뉘앙스를 가지고 있다. 경쟁관계에 있는 두 나라 사이에 상대방을 가리키는 말이 대개 그러리라는 것은 이해할 수 있는 일이지만 영국과 네덜란드의 관계 역시 예외가 아니다. 몇 가지 사례를 들어보도록 하자.

Dutch courage(네덜란드식 용기)	술 먹은 김에 부리는 용기
Dutch concert(네덜란드식 연주회)	소음
Dutch defence(네덜란드식 방어)	항복
Dutch feast(네덜란드식 잔치)	주인이 손님보다 먼저 취해 버린 파티
Dutch uncle(네덜란드 삼촌)	상의 · 위로해 주는 척하면서 심하게 비난하는 사람
Dutch widow(네덜란드 과부)	창녀
Dutch nightingale(네덜란드 나이팅게일)	개구리

경기공화국'이라고 부른다면 호남지방, 영남지방 등 다른 지방의 정서가 그리 편치 않을 것이다).

홀란드라는 말의 유래에 대해서는 영어의 hole(구멍)을 연상해서 땅이 낮다보니 '물구멍에 빠진 나라', 혹은 '물구멍이 많은 나라'라는 뜻이라고도 하는데 이는 신판 민간어원설(民間語源說)에 불과하며 맞는 말은 아니다. 홀란드라는 지명은 '나무'라는 말에서 유래하였다. 홀란드주가 처음 형성된 12세기에 이 지역의 중심지는 도르드레히트(Dordrecht) 근방이었는데 이 지역에 나무가 많아서 '나무가 많은 땅'이라는 뜻의 '홀트란드(Holtland)'라고 불렀다가 이 말이 홀란드로 변하였다. 독일어의 '홀츠(Holz. 나무)'라는 단어를 생각하면 쉽게 이해될 것이다.

'화란(和蘭)'이라는 말은 홀란드를 음역한 것이다. 네덜란드 세력이 일찍이 아시아에 들어와서 아시아인들과 조우하면서 이 나라가 비교적 일찍부터 알려지게 되었다. 그래서 이들을 가리키는 이름도 여럿 있었다. 우리나라의 기록에도 이들에 대한 글들을 찾을 수 있다. 예컨대 다음 글을 보라.

> 아란타(阿蘭陀)는……일명 하란(荷蘭) 일명 홍이(紅夷) 또는 홍모(紅毛)라 하며, 서남해 가운데 있고, 일본에서 12,900리 떨어진 곳에 있다. 그 땅은 불랑기(佛狼機. 원래는 서양 대포를 말하나 여기에서는 프랑스를 가리킨다)와 가깝다. 그들은 눈이 깊고 코가 길며, 머리카락이 모두 붉고, 발 길이가 1척 2촌인데 항상 개처럼 한 발을 든 채 오줌을 누며, 서양의 예수교를 배워 이를 믿는다.
>
> • 이덕무, 《아정유고(雅亭遺稿)》 중에서, 강준식, 《다시 읽는 하멜 표류기》, 30쪽에서 재인용

내가 네덜란드에 있을 때 눈이 깊고 코가 긴 사람은 자주 봤지만

인간, 자연, 사회의 아름다운 조화. 이것이 네덜란드의 장점이다.

개처럼 한 발을 들고 오줌을 누는 사람은 보질 못했으니, 이것은 정확한 기록은 아닌 듯하다.

아란타(阿蘭陀)는 일본에서 먼저 사용한 명칭이며 '오란다'라고 발음했다. 일본이 근대화하는 초기에는 영국이나 미국보다도 네덜란드가 더 중요한 역할을 하였다. 그래서 네덜란드어가 근대초 일본의 제1외국어였다. 일본인들은 화란인들에게서 전해 받은 문화와 학문을 란카쿠(蘭學)라 했는데 이때의 '蘭'은 화란, 즉 네덜란드를 뜻한다.

영어의 더치(Dutch)는 네덜란드를 가리키는 형용사, 혹은 네덜란드 언어를 가리키는 말이다. 이 말은 '도이치(Deutsch)'에서 유래했는데, 원래는 독일인과 네덜란드인 모두를 가리키는 말로서, 말하자면 '게르만계' 일반을 가리켰다. 그런데 16세기 이후 영국과 네덜란드 사이의 접촉과 충돌이 빈번해지면서 네덜란드만을 가리키는 용어가 된 것이다.

더치(Dutch)가 원래 네덜란드인만이 아니라 더 넓게 독일계 사람들을 모두 가리킨다는 것을 보여주는 용례가 '펜실베이니아 더치(Pennsylvania Dutch)'이다. 이때의 더치(Dutch)는 네덜란드인이 아니라 독일과 스위스 출신의 이민자 후손을 가리키며 따라서 원래의 단어 뜻 그대로 쓰인 사례이다.*

네덜란드의 국기는 위에서부터 순서대로 적색-백색-청색으로 되어 있다. 상징하는 바는 적색은 용기, 백색은 신앙, 청색은 충성심이다. 그런데 잘 알다시피 유럽 여러 국가들의 국기가 이 비슷하게 세 개의 칸으로 나누고 색을 입힌 단순한 디자인으로 구성되어 있다. 그래서 간혹 이웃 나라 국기를 잘못 사용하는 해프닝이 벌어지곤 한다. 네덜란드 국기를 시계방향으로 90도 돌리면 (가로 세로 비율을 무시한다면) 그대로 프랑스 국기가 된다. 즉 왼쪽부터 청색-백색-적색이 되는데 이때 각각의 색깔은 의미가 바뀌어서 자유 · 평등 · 박애를 나타낸다. 네덜란드의 청색 충성심이 프랑스의 청색 자유가 되어버리는 것이다.

* 펜실베이니아의 랭카스터(Lancaster) 지역에 사는 주로 독일계 기원의 주민들을 이렇게 부른다. 이때의 더치(Dutch)란 도이치(Deutsch)를 뜻한다. 그러나 더 정확히 따지면 모두 독일계만은 아니고 웨일스, 잉글랜드, 스코틀랜드, 스위스, 프랑스계 사람들도 섞여 있다. 특히 이 지역 사람들 가운데 가장 독특한 사람들이 아미쉬(Amish)들이다. 이 사람들은 이민 당시의 상태를 가급적 유지하려고 하므로, 아직도 전기를 쓰지 않고 마차를 이용한다. 아미쉬에 대해서는 http://www.800padutch.com/에서 정보를 얻을 수 있다.

작은 것이 아름답다

네덜란드의 지리와 기후

■ ■ ■ 네덜란드의 면적은 41,528제곱킬로미터로, 한반도 전체 면적(약 22만 제곱킬로미터)의 5분의 1에 해당하며, 남한 면적의 반이 못된다. 남북간 최대 길이가 282킬로미터, 동서간 최대 길이가 176킬로미터로서 자동차로 3시간이면 이 나라를 관통한다. 그러므로 비행기를 타고 이 나라 위를 지나갈 때에는 잠깐 졸다가 그냥 지나칠 수 있다.

국토는 좁은데 인구는 1,600만 명으로서 상당히 많다보니 어디를 가나 사람들로 꽉 차 있다. 네덜란드의 인구밀도는 450/km²로서 유럽 1위이고 세계 3위이다.*

그런데 인구밀도로 치면 우리나라가 461/km²로서 네덜란드를 제

* 이는 몰타를 제외한 것이다. 몰타(Republic of Malta)는 지중해의 작은 섬나라로서 면적이 제주도의 6분의 1에 해당하는 316제곱킬로미터에 불과하다. 따라서 일반적으로 인구밀도 등의 통계를 비교할 때 논외로 한다.

치고 세계 2위이다. 좁은 땅에 많은 사람이 모여 산다는 점에서 우리나라와 네덜란드는 기본적으로 비슷하다. 그리고 서울 · 경기 지역에 사람들이 과도하게 모여 살듯이 네덜란드에서도 란트스타드(Randstad. 암스테르담, 헤이그, 로테르담 등의 대도시가 몰려 있는 서부 지역)에 인구가 집중되어 있는 것도 우리와 비슷하다. 참고로 인구밀도 세계 1위의 국가는 어느 나라일까? 우리나라와 네덜란드 인구밀도의 두 배 가까운 약 850/km²의 방글라데시가 타의 추종을 불허하는 부동의 1위를 고수하고 있다.

네덜란드는 땅이 부족하다보니 국토의 한 조각이라도 사람 손이 닿지 않은 곳이 없는 것같이 잘 관리되고 있다. 이 점은 특히 어디를 가나 잘 정돈된 공원들에서 확인할 수 있다. 사실 공원만 그런 것이 아니라 이 나라가 하나의 공원 같다는 느낌이 들 정도로 전체적으로 깨끗하고 예쁜 인상을 받는다. 물론 국토 전체가 '인공적'이기만 한 것은 아니며, 자연림도 존재한다. 그랜드 캐니언 같은 웅장한 규모는 아니어도 보호지역으로 규정된 지역이 200여 곳이 있다.

국토의 협소함은 정말로 어쩔 수 없는 일이어서 이로 인해 온갖 문제들이 발생한다. 그 중에서도 대도시를 중심으로 한 교통 문제가 심각하다. 이에 관한 수치가 하나 있다. 1999년 11월 8일 아침 55곳의 정체 길이를 모두 합치면 485킬로미터에 달했다. 위에서 이야기한 대로 이 나라 남북간 최대 길이가 282킬로미터이므로 출근 시간의 정체 구간이 국토 길이의 2배에 육박한 것이다. 좁은 국토와 많은 인구, 그에 따른 교통 정체……. 우리와 너무 유사하여 왠지 친근감이 들지 않는가.

이런 심각한 교통 문제에 대한 하나의 훌륭한 답이 자전거이다(더군다나 나라가 평평해서 자전거가 더욱 유용하다). 이제 이 나라의 교통정책은 자전거를 우대하고 자동차 사용을 가급적 불편하게 하는 쪽으로 가

네덜란드 전역에 자전거 하이킹을 할 수 있는 안전하고 아름다운 자전거 전용도로가 잘 닦여 있다.

닥을 잡았다. 예컨대 시내의 주차장은 갈수록 면적이 줄어들고 있다. 네덜란드는 정말로 자전거의 나라라고 불러도 무방하다. 전국적으로 1,650만 대의 자전거가 있고, 암스테르담에만 75만 대가 있다. 그리고 매년 15퍼센트의 비율로 증가 추세라고 한다. 대략 전체 가구의 91퍼센트가 자전거를 소유하고 있다. 자전거 전용도로도 잘 닦여져 있어서 그 길이를 모두 합치면 19,200킬로미터에 달한다. 그리고 교외에는 약 40킬로미터 정도의 길이로 자전거 하이킹을 할 수 있는 아름답고 안전한 길들을 개발해 놓았다.

특히 델프트(Delft)시가 자전거 이용에 가장 앞선 곳으로 알려져 있는데, 자전거의 교통분담률이 60퍼센트가 되며, 이곳 시민들이 하루에 자전거로 달리는 평균 거리가 50킬로미터나 된다고 한다. 몸에도 좋고 공해도 줄이고 석유 소비도 줄일 수 있는 일석삼조의 이 해결책을 우리나라도 배웠으면 좋으련만, 적어도 서울시의 상황을 보면 어정쩡하게 자전거 전용도로 정책을 도입했다가 사실상 포기한 것으로 보인다. 유럽에 유학을 가면 자전거 통학을 하는 경우가 많은데, 비오는 날 한 손으로 자전거를 타고 가면서 다른 한 손으로 담배를 말아피울 수 있으면 이제 어느 정도 유학생활이 완숙 단계에 들어섰다고 본다.

네덜란드의 경우 자전거가 많은 것은 좋은데 자전거 도둑이 극성이라는 점이 문제이다. 다른 범죄는 상대적으로 그리 심각하지 않은데 소소한 도둑질, 특히 자전거 도둑은 일상화 · 보편화 · 진부화되어 있다. 고급 자전거를 산 경우에는 자전거보험을 들 수도 있지만 그보다는 차라리 누구도 탐내지 않을 허름한 중고 자전거를 사는 것이 안전하다.

네덜란드의 정확한 지리적 위치는 동경 3도 21분부터 7도 13분까지, 그리고 북위 50도 45분부터 53도 52분에 걸쳐 있다. 우리나라 최북단이 북위 43도 1분(함북 온성군 유포진 북단)이라는 점을 보면 이 나라가 상당히 북쪽에 있다는 것을 알 수 있다. 북위 50도라면 사할린섬, 캐나다의 뉴펀들랜드 등을 지나는 선이다.

이런 고위도인데도 불구하고 기온이 그리 낮지 않은 것은 멕시코 난류의 영향 때문이다. 소위 서안해양성 기후에 속하는 이 나라의 기후에 대해서 개인적인 느낌을 표현하면 봄 · 여름의 '서늘함', 가을 · 겨울의 '음습함' 정도이다. 연평균 기온은 섭씨 10도이다. 1월 평균 기온이 2.7도이므로 겨울에도 아주 춥지는 않지만 안개가 많이 끼고 겨울비가 추적대는 데다가 바람이 몹시 불어서 이곳 날씨는 그리 다정다감한 인상을 주지는 못한다.

네덜란드만이 아니라 일반적으로 유럽의 겨울 날씨는 대개 이런 패턴을 벗어나지 못한다. 내가 아는 한 프랑스인은 겨울에 한국에 왔다가 유리같이 파랗게 얼어붙은 하늘, 쌩 하고 부는 찬바람, 산뜻하게 추운 날씨에 매료되었다고 말하는 것을 들었다. 유럽에서 겨울 한철을 보내고 나면 그 말이 과장이 아니라는 것을 깨닫게 될 것이다. 그에 비해 유럽의 여름 날씨는 한결 낫다. 7월 평균 기온이 14.7도이므로 그다지 덥지 않고 맑은 날이 비교적 많아서 매우 상쾌한 느낌을 받는다. 거꾸로 이야기해서, 머리를 다리미질하는 듯한 강렬한 햇볕에다가 푹푹 찌는 습한 무더위가 계속되는 한국의 여름 날씨를 경험한 유럽인이라면

바람 · 바람 · 바람……

멕시코 난류가 이 나라의 기온을 높이는 효과를 내지만 동시에 끊임없이 바다 쪽에서 서풍이 불어오도록 한다. 이 나라의 겨울바람 맛이 어떤지 보려면 네덜란드의 북서쪽 해안 지역으로 가면 된다. 이곳에는 바덴에일란덴이라 불리는 여러 개의 섬들이 연이어 있다. 이 중 아멜란드라는 섬의 동쪽 끝에 혯 우르드라는 곳이 있다. 오래 전에 이곳에 릭스트라는 과부와 그녀의 아들 슈르드가 살고 있었다. 아들은 낚시를 하고 어머니는 바닷가를 어슬렁거리며 걷다가 난파한 배에서 흘러나온 물건을 주워오곤 했다. 그러다가 아들 슈르드가 장성하여 선원이 되어서 집을 떠났다. 홀로 남은 릭스트는 매일 바닷가로 나갔지만 주워올 만한 물건들이 별로 없었다. 그러자 그녀는 못된 꾀를 냈다. 어느 폭풍우가 치는 밤, 일부러 위험한 지역에 횃불을 켜서는 지나가는 배를 곤경에 빠뜨린 것이다. 아닌게 아니라 배 한 척이 이 횃불을 보고 안전한 곳이라 착각하고 접근해 오다가 암초에 부딪혀서 배가 난파해 선원들이 다 물에 빠져죽었다. 릭스트가 기쁜 마음에 바닷가로 달려가 보았으나 그녀가 발견한 것은 다름 아닌 아들의 시체였다. 그날 이후 이 섬에 폭풍우가 치는 밤이면 바람 속에 죽은 릭스트가 애절하게 아들을 부르는 소리가 섞여 있다고 한다. 슈우우우우르드……슈우우우우르드……슈우우우우르드…….

자기네들의 여름 날씨가 훨씬 낫다고 자랑해 마지않을 것이다. 세상만사 다 그렇듯이 모두 좋거나 모두 나쁠 수는 없는 법이다.

그러나 일년 전체로 보면 역시 우리나라 날씨가 더 좋은 듯하다. 네덜란드에서는 비가 내리지 않고 하늘이 맑게 갠 날이 1년 중 겨우 25일에 불과하다. 그러니 이 나라 사람들—그리고 대부분의 유럽인들—은 전반적으로 햇빛에 굶주려 있다. 날씨가 화창하면 거침없이 옷을 벗어던지고 잔디밭에 드러눕는 것은 노출증이 아니라 실질적인 필요 때문이다. 유럽의 소아과 의사들은 여름 한철 아이의 옷을 벗겨서 햇빛을 충분히 쬐게 하라고 하는데, 실제로 그렇게 하면 가을 · 겨울철에 아이들이 확실하게 건강하다는 것이 많은 한국 교민들의 말이다.

이런 점에 비추어볼 때 우리의 가을 날씨는 정말로 아름답다. 나는 88올림픽을 네덜란드에서 TV로 시청했는데, 이미 우중충한 가을 날씨가 시작된 그곳에서 우리의 청량한 가을 하늘 아래 코스모스 활짝 핀 길을 따라가는 자전거 경주를 보면서 우리 시골길의 아름다움에 새삼 감탄하였다. 네덜란드인들도 이구동성으로 우리의 시골길을 칭찬하는 것을 보면 남의 나라 풍광만 부러워할 일은 아닌 것이다.

한편 네덜란드는 위도가 높아 일조 시간이 우리와 다르다. 여름에는 우리나라보다 낮이 더 길고 겨울에는 밤이 훨씬 길다. 6월 21일에는 새벽 4시에 해가 뜨고 밤 9시에 해가 져서 일조시간이 17시간에 달한다. 유럽에 유학 가 있을 때 여름에는 아침 해가 뜨는 것을 거의 보지 못했다. 아무리 일찍 일어나도 이미 해가 떠 있는 것이다. 내 기억에 거의 유일하게 여름 해뜨는 광경을 본 것은 밤새워 술 마시고 4시쯤 걸어서 기숙사로 돌아가던 때였다. 꼭두새벽에 해가 뜨다보니 집집마다 커튼이나 셔터시설이 잘 되어 있다. 이런 장치가 없으면 해가 너무 일찍부터 들어서 새벽잠을 설치게 된다.

한편 12월 21일에는 아침 8시 30분에 해가 떠서 오후 4시 반에 지므로 일조시간이 7시간 반밖에 안 된다. 아침에 일어나서 한참 활동을 하는 데에도 아직 해가 뜨지 않은 데다가 저녁 4시만 되면 벌써 어둑어둑해져 있으니 처음에는 이런 환경이 낯설고 힘들었다. 게다가 연이어 며칠 동안 추적추적 비까지 내리면 우울증 걸리기 십상이다. 유학생 중에 겨울에 자살하는 사람이 가끔 있는데, 이는 분명 날씨와도 관련이 있다. 그래서 가을과 겨울에는 뭔가 즐거운 일을 찾아서 하는 것이 중요하다. 이웃 나라 프랑스의 경우 11월 셋째주 목요일에 보졸레 누보(Beaujolais Nouveau) 포도주를 일시에 판매하는 것이 하나의 즐거운 이벤트인데, 물론 이는 탁월한 마케팅 전략에서 나온 것이지만 유럽의 음습한 날씨 속에서 살다보면 이런 것을 핑계로 포도주 한두 병 사가지고 친구와 즐겁게 노는 것도 그럴 만한 이유가 있는 것이다.

신은 세상을 만들고 네덜란드는 네덜란드인이 만들었다

낮은 땅, 높은 물

■■■ 네덜란드라는 말이 낮은 땅을 가리킨다는 것에서 알 수 있듯이 이 나라는 정말로 낮고 평평하다. 그들 자신의 말로 표현하면 판네쿠커(pannekoeke. 팬케이크)처럼 평평하다. 이 나라에서 가장 높은 고지대는 벨기에, 독일, 네덜란드 3국의 국경이 만나는 드리란덴퓐트(Drielandenpunt)라는 곳인데, 해발이 321미터나 된다(!). 최저점은 로테르담 근처의 뉴베르케 안 드 에이셀(Nieuwerke aan de Ijssel)로서 해발 마이너스 6.74미터이다. 네덜란드의 최대 공항인 스킵홀(Schiphol) 공항도 해발 마이너스 5미터인데, 원래 할렘 호수의 밑바닥 땅을 개간한 것이라고 한다. 이렇게 평평하고 낮은 땅 위로 라인강, 마스강, 스헬데강 등 3개의 큰 강이 동에서 서로 흐르고 그 강의 하구에는 수많은 작은 강들이 복잡하게 얽혀 있다.

많은 도시 이름이 '담(-dam)'으로 끝나는 이유는 강에 댐 · 제방을 쌓고 그 위에 거주지를 만들면서 도시가 유래했기 때문이다. 암스테르담(Amsterdam)은 암스텔(Amstel)강, 로테르담은 로테(Rotte)강, 에담은 에(Ee)강에 댐을 쌓아 사람이 살기 시작한 것이다.

땅이 낮다보니 자연히 홍수와 해일의 피해가 클 수밖에 없었다. 역사적으로도 수많은 홍수 사례들이 기록되어 있다. 13세기에는 35번의 대홍수들이 연이어서 저지대를 휩쓸어가 버렸다. 특히 1287년에는 거대한 호수의 북쪽 입구가 해일로 휩쓸려가는 통에 바다와 바로 연결되어서 민물호수였던 플레보(Flevo) 호수가 죄이더제(Zuiderzee. '남해'의 뜻)로 되었다. 역사 기록상 가장 큰 홍수는 1421년 성 엘리자베스 축일의 홍수인데, 1만 명이 죽고 20여 마을이 물에 잠겼다고 한다. 20세기 들어와서 큰 홍수로는 1953년의 홍수가 있다. 이때의 피해도 대단해서 642,000에이커가 물에 잠기고 1,835명이 사망했으며, 10만 명 이상의 사람들이 집을 잃었다. 가축의 피해도 매우 커서 1백만 두 이상의 손실을 보았다.

가장 최근에는 1995년의 홍수가 컸다. 이 해에 라인강과 마스강의 수위가 위험할 정도로 높게 올라가서 25만 명의 사람들과 1백만 마리에 달하는 가축들을 소개시켰다. 이것은 1953년 홍수 이래 가장 큰 물난리였으나 다행히 큰 피해 없이 수위가 내려가는 것으로 끝났다.

암스테르담의 한 공원에 가면 말뚝이 하나 있다. 그 말뚝에 역사상 유명한 홍수 때에 물이 들어찬 높이를 표시해 놓았다. 1953년의 눈금을 보면 내 키의 두 배 정도의 높이에 표시가 되어 있다. 저런 정도로 큰 물이 차올랐으면 홍수 피해가 정말로 대단했으리라는 것을 짐작할 수 있다. 최근에 과학자들이 지구온실 효과 때문에 빙하가 녹으면 해수면이 올라가고 그러면 저지대가 침수하게 되리라는 우울한 전망을 내놓곤 하는데, 이에 대해 이 나라만큼 예민하게 반응하는 나라도 없을 것이다. 그런 날이 반드시 닥치지 않더라도 워낙 물의 위협을 항상 느끼기

1421년 성 엘리자베스 축일의 대홍수. 사람들이 급히 가재도구를 보트에 싣고 피신하고 있다. 왼쪽 하단과 오른쪽 하단에는 물에 빠져 죽은 사람도 보인다.

때문일까, 이 나라의 학교에서는 수영 강습이 필수과목이다.

네덜란드의 역사는 물과의 전쟁으로 점철되어 있다. 네덜란드인들은 제방을 쌓고 간척사업을 하여 폴더(polder)라 불리는 간척지를 만들어왔다. 네덜란드의 상징물 중의 하나인 풍차 역시 가장 중요한 용도의 하나가 관개사업과 간척사업이었다. 최초의 관개용 풍차는 1414년에 도입된 것으로 알려져 있다.

17세기에는 얀 아드리안스존 레흐바터(Jan Adriaenszoon Leeghwater)라는 인물이 암스테르담 북쪽에 43채의 풍차를 이용하여 커다란 폴더를 만들었다. 그는 간척사업이 대단히 좋은 투자라고 생각한 암스테르담 재력가들의 위임을 받아 이 일을 추진하였으니, 이 시기에는 간척사업 역시 대규모 자본주의 방식의 '부동산 개발사업'이었던 것이다. 흥미로운 점은 그 개발업자의 이름인 레흐바터(Leeghwater)가 다름 아닌 '물을 비워내다'라는 뜻이라는 것이다. 이 사업이 1612년에 완성되자 7,200헥타르의 간척지를 확보했는데, 이를 벰스터 폴더(De Beemster-polder)라고 부른다. 이 폴더는 당시의 미학적 기준에 따라 완전한 사각형으로 만들고 다시 이를 185×930미터짜리의 단위로 구획하였다. 이것이 농사에 가장 적합한 규모라고 생각되었기 때문이다. 이 폴더의 도로, 수로, 제방 등은 모두 기하학적으로 구성되었는데 대부분이 원형 그대로 보존되어 있다. 이곳은 그 특이한 역사와 아름다움 덕분에 1999년 유네스코 세계유산에 등록되었다. 이곳에는 또한 암스테르담의 지주들이 피라미드 모양의 아름다운 지붕으로 농가를 지어서 여름 별장으로 사용하였다. 역시 많은 집들이 그대로 보존되어 있다.

19세기부터는 풍차를 대신하여 증기기관이 간척사업에 투입되었다. 특히 2세기 전에 레흐바터가 계획을 세웠으나 끝내 실현하지 못한 할렘머메어(Haarlemmermeer), 즉 할렘 호수의 간척사업이 착수되었다. 이 호수는 폭풍우가 몰아칠 때마다 늘 암스테르담과 레이덴에 큰 위협이 되었으므로 이를 간척하는 것이 중요했다. 1849년부터 1852년까지 8,800만m^3의 물을 퍼내는 작업을 하고 나자 1만 8천 헥타르의 간척지가 생겼다. 오늘날 네덜란드의 대표적 공항인 스킵홀 국제공항이 들어선 곳이 바로 이곳이다.

앞에서 소개한 대로 민물호수였다가 바다로 변한 바 있는 죄이더제는 인간의 힘에 의해 다시 민물호수로 바뀌었다. 이 거대한 계획을 실현한 인물은 코르넬리스 렐리(Cornelis Lely, 1854~1929)이다. 그의 계획은 우선 북홀란드주와 프리즐란드주를 연결하는 거대한 제방을 쌓아서 바닷물의 유입과 해일을 막고, 육지 쪽에 민물호수를 만들어서 토지의

한스 이야기

네덜란드의 제방과 관련해서는 용감한 소년 한스 이야기가 있다. 할렘의 영웅, 네덜란드를 온몸으로 구한 용감한 소년 한스 브링커의 이야기는 익히 알려져 있다. 한스가 어느 날 길을 가다가 제방에 작은 구멍이 뚫려 있는 것을 발견한다. 주변에 어른이 있으면 알리려 했으나 마침 그 시간에 지나가는 사람이 아무도 없었다. 그래서 할 수 없이 손가락으로 구멍을 막고 사람이 지나가기를 기다렸다. 그런데 여전히 지나가는 사람은 없고 구멍은 점점 커져서, 손, 팔뚝으로 막다가 급기야 새벽에는 온몸으로 구멍을 막았다. 이제 한스 소년은 거의 탈진해 있었다. 그때 일하러 가는 한 아저씨가 이를 보고 마을 사람들을 불러와서 제방이 무너지는 것을 막을 수 있었다.

이는 실화가 아니라 1873년에 미국의 소설가 메리 맵스 도지가 쓴 《한스 브링커, 또는 은 스케이트(*Hans Brinker or the Silver Skates*)》라는 동화책에 나오는 내용이다. 정작 네덜란드에서는 이 이야기가 그다지 알려져 있지 않다고 한다(비록 무대가 된 할렘 근처의 스파른담(Spaarndam)에 한스 브링커의 동상이 세워져 있기는 하지만). 그 대신 미국에서, 그리고 미국의 영향을 받아 교과서를 만들었던 우리나라에서 이 이야기가 널리 퍼져 있다. 나 역시 어렸을 때 교과서에서 이 이야기를 배웠으니까. 자기네 나라를 미화한 것인데도 불구하고 네덜란드에서는 왜 이 이야기가 퍼지지 않았을까? 그 이유는 신빙성이 없기 때문이라고 한다. 실제로 제방에 구멍이 생기면 곧 물이 커다란 담벼락처럼 폭발적으로 분출하며, 그 자리에는 그 엄청난 물의 힘으로 20~30미터짜리 거대한 구덩이(wielen)가 생겨난다. 이것을 어린이 손가락으로 막을 수는 없다. 그런 일을 할 사람은 슈퍼맨밖에 없다.

델타 플랜 사업으로 네덜란드 해안 지역에 많은 댐, 제방이 만들어져서 홍수 조절이 가능해졌다.

염분화를 막으며, 이 중 일부를 간척하여 폴더를 형성한다는 것이었다. 이 계획안은 1891년에 제출되었으나 1916년의 대홍수 피해를 입은 후인 1918년에 의회에서 통과된 다음에야 실천에 옮겨졌다. 1927년에 30킬로미터에 달하는 둑이 만들어졌고 이로 인하여 내륙 쪽에는 에이셀메어(Ijselmeer)라는 호수가 생겼으며 4군데의 폴더가 만들어졌다. 이 간척지는 모두 22만 5천 헥타르에 달한다.

물과의 싸움은 그 후에도 지속되었다. 1953년에 다시 엄청난 홍수 피해를 입었기 때문이다. 라인강과 마스강 하구의 델타 유역을 거대한 댐들로 봉쇄해서 홍수조절을 하는 델타 플랜(Delta Plan)이 기획되었다. 4개의 중요 댐과 여러 개의 보조 댐을 건설해서 델타 지역을 북해로부터 완전히 봉쇄해 버리는 이 야심찬 계획은 원래 1978년 완공이 목표였으나 1960년대부터 환경보호 문제 때문에 논란이 일어나서 완공이 미루어졌다.

물길을 열어서 환경을 원래대로 두어야 한다는 주장과 물을 가두어 사람을 안전하게 보호해야 한다는 주장이 맞섰던 것이다. 이 나라의 중요한 원칙대로 이 문제는 일방적으로 결정하지 않고 양측의 주장을 끝까지 듣고 타협안을 냈으니, 보통 때에는 물길을 열어두되 심한 폭풍우가 몰아칠 경우 닫는 방식으로 결론을 보았다. 계획 변경으로 인하여 공사기간이 8년 길어졌고 예산도 30퍼센트 증가했으나, 환경보호와 재난방지 이 두 가지를 최대한 살리는 데 성공한 것으로 보인다. 이 계획은 최종적으로 1986년에 완공되었다.

13세기 이래 이런 식으로 만든 땅이 1만 제곱킬로미터에 달하므로 현재 국토의 5분의 1 가량이 간척지인 셈이다. "신이 세상을 만들었다, 그러나 네덜란드인들은 네덜란드를 만들었다"는 말은 네덜란드인들이 자기 나라에 대해서 흔히 자랑스럽게 하는 말인데, 국토의 20퍼센트를 스스로 만들어낸 것이라면 이 말이 과장이라고 할 수도 없을 것이다. 그러나 환경 문제 때문에 더 이상 간척사업은 하지 않게 되었다. 이제는 인간과 함께 새나 조개도 살아가야 한다는 점까지 생각하기에 이른 것이다. 우리나라의 새만금 문제 같은 것도 이런 사례들을 참고하면 좋을 것 같다.

세상에서 가장 따라하기 힘든 발음

모국어에 대한 자부심과 능통한 외국어

■■■ 네덜란드어는 네덜란드의 1,600만 명과 벨기에 북부의 5백만 명을 포함하여 전세계에서 3천만 명이 사용하며, 서유럽에서 여섯 번째로 중요한 언어이다. 거의 같은 언어이기는 하지만 조금 더 자세히 구분을 하면 벨기에에서 사용하는 네덜란드어는 플람스(Vlaams), 남아프리카의 네덜란드어는 아프리칸스(Afrikaans)라고 부른다.

네덜란드어는 게르만 계통의 언어이지만 영어와 불어에서 많은 요소들이 들어왔다. 기본적으로는 독일어와 매우 유사하지만 문법적으로 보면 독일어보다 쉽다는 것이 일반적인 견해이다. 여러 언어로 표기한 성경의 제일 첫 구절을 비교해 보라.

태초에 하나님이 천지를 창조하시니라.—우리말

In den beginne schiep God de hemel en de aarde.—네덜란드어

Am Anfang schuf Gott Himmel und Erde.—독일어

In the beginning God created the heavens and the earth.—영어

Au commencement Dieu créa le ciel et la terre.—불어

이 작은 나라에도 방언이 꽤 많다. 그 중 어떤 것은 서로 의사소통하기가 힘들 정도이다. 흐로닝엔어의 경우 TV에서 이 사람들 말이 나오면 자막이 들어가야 이해할 수 있다고 한다. 그 외에도 볼렌담어, 브라방어, 드렌트어, 작센어, 헬더란드어, 젤란드어 등의 방언들이 있다. 특히 이 마지막 경우는 EU에 독립 언어로 등록시키려는 운동까지 벌이고 있다.

내가 네덜란드어를 배워보려고 한 것은 대학원 다닐 때의 일이었다. 석사 논문주제가 근대초 유럽의 무역발전에 관한 것이었는데, 16~17세기 유럽 경제의 중심지가 네덜란드이다보니 자연히 이 나라의 역사에 눈을 돌리게 되었고 네덜란드어를 배울 필요가 있었다. 그런데 영어나 독일어, 일본어, 중국어라면 몰라도 네덜란드어를 어디에서 어떻게 배워야 할지 감이 잡히지 않았다. 그래서 우선 급한 대로 도서관에서 책을 빌려서 독학을 해보기로 마음을 먹었다. 서울대학교 중앙도서관에서 목록을 보니 당시만 해도 20세기 후반에 나온 네덜란드어 교본은 없고 경성제국대학 시절의 책이 2권 있었다. 그 중 한 권을 빌려 보았다. 책 뒤에는 그동안 이 책을 빌려간 사람의 이름, 빌린 날짜, 반납 날짜가 기록된 쪽지가 붙어 있었는데, 문제의 네덜란드어 교본은 1930년대에 한 일본인이 빌려간 적이 한 번 있었고 그 다음이 1983년에 내 차례였다.

대부분의 구식 어학교본이 그렇듯이 제1장에서는 명사와 관사를 설명하고 있었다. 그 책에 이르기를 네덜란드어 명사는 남성 · 여성 ·

중성의 세 성이 있다는 것이다. '역시 예상대로 독일어와 비슷하군' 하면서 한동안 그 책을 읽고 단어도 외우는 척하면서 공부를 했으나, 역시 독학은 외롭고 힘든 법, 나의 네덜란드어 공부는 오래가지 못하고 중단되었다.

다시 네덜란드어를 배우게 된 것은 프랑스에 유학을 가서이다.

우선 불어가 능통하지 못한 딱한 형편인데, 지도교수께서는 인정사정없이 많은 것을 요구하는 스타일이었다. 예를 들면 600쪽짜리 불어책 한 권, 200쪽짜리 독일어책 한 권, 300쪽짜리 영어책 한 권을 던져주면서 열흘 뒤에 토론해 보자는 것이다. 책을 읽는 것도 고역인데 그것을 불어로 토론해 보라! 단단히 마음먹고 유학 왔는데 여기에서 나가떨어질 수는 없다는 비장한 마음에 이를 악물고 덤벼들었다. 그러기를 서너 달 하다보니 힘든 것도 어느 정도 적응이 되어서 이제 그나마 한숨 돌리게 되었다 싶었다. 그러나 그것도 잠시뿐……어느 날 지도교수께서 나를 호출하였다. 네덜란드 대사관에서 어학강좌를 열고 있으니 가서 배우라는 명령이시다. 그리하여 한국에서 온 총각 하나가 프랑스 주재 네덜란드 대사관에서 불어로 네덜란드어를 배우는, 아무리 생각해도 희한한 일이 벌어졌다.

초급반에 들어갔지만 그래도 나는 이미 한국에서 문법책을 한번 훑어보고 온 유리한 입장 아닌가! 프랑스 학생들은 네덜란드어 명사가 남성 · 여성 · 중성으로 되어 있다는 기초도 모르고 있겠거니……, 혼자 그런 생각을 하고 의연한 자세로 강의에 임했다. 그런데, 이게 웬일? 그 문법책에는 네덜란드어 명사는 통성(通性. 남성과 여성이 합쳐진 것)과 중성으로 되어 있다는 것이다! 그동안 문법체계가 바뀌었던 것이다.

어쨌든 나는 분명 그 교실에서 우수한 학생이었다. 그 정도를 넘어서 거의 선생 조교를 맡아서 했다. 불어의 독특한 발음 때문에 네덜란드어 발음을 비슷하게 흉내내는 자가 나밖에 없었던 것이다. 프랑스어에는 h 발음, 즉 우리말의 ㅎ 발음이 없다. 잘 알다시피 영어의 '호텔'이 꼼짝없이 '오텔'로 발음되지 않는가. 그래도 그렇지, 프랑스인들이 그 정도로 발음을 못할 줄은 꿈에도 생각지 못했다. 평소 발음을 안 하지만 '호텔'하고 큰 소리로 말하면 그 발음이 나올 줄 알았는데, 프랑스인들은 정말 h 발음을 죽었다 깨도 못하는 것 아닌가. 하긴 태어나서 단 한번도 '학교', '호랑이', '후추' 같은 발음을 해보지 않다가 갑자기 하려니 힘은 들 것이다. 그러니 het huis(헷 회이스 = the house)를 제대로 발음하는 사람은 내가 유일했다. 나머지 학생들은 배에 잔뜩 힘을 주고 '엣 오이스', '엣 오이스' 하고 있는 것이다.

네덜란드어 발음은 정말로 따라하기 힘들다. 발음 연습 문제로 나온 graatje(작은 생선뼈)를 그나마 비슷하게 발음한 사람 역시 우리 반에서 나밖에 없었다! 이 발음은 강한 '흐'(차라리 'ㅎㅎ'라고 표기하는 것이 맞을 것이다) 소리를 냄과 동시에 혀뿌리 부분을 진동시켜 특이한 r 발음을 내는 고난도의 기술이 필요하다.

네덜란드어 발음은 규칙적이기는 하지만 어려운 것으로 정평이 나 있다. 그 중에서도 가장 특징적인 것(혹은 가장 귀에 거슬리는 것)이 문제의 그 ㅎㅎ 발음이다. 네덜란드 사람들이 말하고 있는 것을 옆에서 들으면 정말 흑, 힉, 헉 소리를 많이 내고 있음을 알 수 있다. 하루 종일 이런 발음을 하고 나면 밤에 목이 아프지는 않을까 하는 생각이 들곤 했다. 독일어에도 이 비슷한 발음이 있지만 네덜란드어와는 다르며, 일부러 흉내내려고 해도 잘 안 된다고 한다. 여기에 얽힌 비화가 하나 있다.

제2차 세계대전 말기, 연합군의 노르망디 상륙작전이 성공한 후 독일군이 패퇴하여 본국으로 패잔병들이 도망갈 때이다. 이런 정보를 입수한 네덜란드인들이 이들을 체포하려고 했다. 그런데 독일군들이

민간인 옷을 입고 네덜란드인 흉내를 내면서 빠져나가고 있었다. 워낙 두 언어가 비슷한 데다가 상당 기간 네덜란드에 주둔한 독일인이라면 엇비슷하게 흉내를 낼 수는 있었을 것이다. 그러나 네덜란드어의 그 악명 높은 ㅎㅎ발음만은 제대로 되지 않았으니, 검문하는 사람이 시키는 대로 Scheveningen(스ㅎ헤버닝어)를 따라 하지 못해 모두 꼬리를 잡히고 말았다는 이야기가 전해 오고 있다.

흥미로운 점은 네덜란드인들이 워낙 무역과 식민지 활동을 활발히 했기 때문에 결과적으로 세계 각지에 그들의 단어를 많이 수출했다는 것이다. 특히 일본의 경우가 주목할 만한 사례이다. 일본은 17세기에 쇄국정책을 펴면서도 예외적으로 네덜란드 상인에 대해서만 출입을 제한적으로 허용하였다(제2부 제6장 참조). 이 시기에 일본의 서구문화 수입은 네덜란드 상인과 서적을 통해서 이루어질 수밖에 없었다. 따라서 많은 네덜란드 단어들이 일본어에 들어갔고, 이것이 최종적으로 우리말에까지 들어왔다. 많은 경우에는 그 말의 어원이 무엇인지도 모르는 상태이다. 하나의 예를 들어보면 '핀트'라는 말이 있다(흔히 '핀트가 안 맞는다'는 표현을 쓴다). 이것은 원래 punt라는 네덜란드어이다. 원래 발음은 '퓐트'에 가깝지만 외국어에 대한 일본어 발음이 그리 명확치 못한 고로 이것이 '삔트'가 되어 우리말에까지 들어온 것이다. 이 말은 다름 아니라 영어의 '포인트(point)'에 해당한다.

언어와 관련해서 특기할 점은 이 나라 사람들이 외국어에 강하다는 점이다. 한 통계를 보면 전 국민의 90퍼센트가 한 개 이상의 외국어를 구사한다고 한다. 44퍼센트는 두 개의 외국어(대개 영어와 독어)를 하고 12퍼센트는 3개의 외국어(대개 영어 · 독일어 · 불어)를 한다고 한다. 이렇게 된 데에는 우선 이 언어들이 상당히 유사하다는 점이 작용하였다. 따라서 우리가 영어나 독일어를 배우는 것과는 비교할 수 없게 유리한 입장에 있는 것이다. 또 문화 전반이 외국에 대해 개방적이어서 여러 방식으로 외국인과 외국어를 접할 기회가 많다. 특히 중요한 것은 TV인 듯하다. 5, 6세 정도의 아이들까지 영어를 웬만큼 하는데, 이는 이 어린이들이 집에서 BBC 방송을 통해 <톰과 제리> 같은 만화영화를 영어로 직접 보면서 자라기 때문이다. 많은 집에서 영국, 독일, 프랑스 방송을 수신해서 보고 있으며 길거리에서는 미국이나 프랑스 신문을 팔고 있다. 그만큼 자연스럽게 외국어를 접하며 배우고 연습할 수 있다.

그러다 보니 네덜란드인들은 자신들이 외국어를 잘 한다는 데 대해 자부심이 강하다. 네덜란드를 소개하는 글에서 거의 빠지지 않고 나오는 말 중의 하나가 이런 내용이다. 네덜란드인들은 남이 네덜란드어로 말하는 것을 원치 않는다. 외국인이 어눌하게 네덜란드어를 하려고 하면 금세 상대방 언어로 대답한다. 심지어는 네덜란드인과 결혼한 사람의 말을 들어보면 남편이 자기에게 네덜란드어로 말한 적이 한 번도 없었다고 할 정도이다. 그래서 네덜란드어를 어느 정도 배워도 실제 연습하기가 힘들다고 하는데 내 경험으로 볼 때도 이 말은 과장이 아니다. 누구에게 말을 걸면 상대방은 영어로 이야기하기 일쑤이고, 지식인들은 내가 프랑스에서 유학하다가 왔다고 하면 곧바로 자기가 얼마나 유창하게 불어를 구사하는지 보여주려고 열심이다.

여기에서 한 가지 생각나는 것이 있으니, 프랑스인들의 불어에 대한 사랑 이야기이다. 프랑스인에게 영어로 길을 물으면 그들은 불어로 대답을 한다. 그 이유는? 불어에 대한 자부심이 너무 강해서 차마 외국어를 하려고 하지 않기 때문이라는 것이다. 도대체 이런 거짓말이 어떻게 해서 우리나라에 그렇게 널리 그리고 끈질기게 유포되어 있는지 알다가도 모를 일이다. 여기에서 확실하게 정리를 하자. 프랑스에 가서 당신이 영어로 길을 묻는다. 그러면 대부분의 프랑스 사람들은 당신의 영어를 알아듣지 못한다. 그러나 당신이 알고자 하는 것이 무엇인지 감을 잡는다. 그리하여 거침없이 (불어로) 당신에게 길을 가르쳐준다. 당신은 불어를 잘 못하더라도 그 사람의 손가락을 보고, 또 육감으로 그 설명을 어느 정도 알아듣는다. 대충 스토리가 이렇게 되는 것이다. 만일 영어를 할 줄 아는 프랑스인이라면? 자기가 영어를 할 줄 안다는 사실을 강조하기 위해 매우 노력하며, 어떤 경우에는 친절하게 먼저 (영어로) 말을 걸어온다. May I help you? Do you have a ticket?(발음: help = 엘쁘, have = 아-브, ticket = 띠께)

부르다가 내가 죽을 이름이여

네덜란드인들의 이름

네덜란드에서는 19세기 초의 나폴레옹 점령기까지 대부분의 사람들에게 성이 없었다. 이건 그리 놀랄 일은 아니다. 다른 나라들도 사정이 비슷해서 과거에는 귀족들만 성이 있었고 대부분의 평민들은 성 없이 이름만 있었다. 일본만 하더라도 메이지 시대에 와서야 평민들이 성을 가지게 되었다고 하지 않는가.

성이 없던 시절, 네덜란드인들의 이름은 대부분 이런 식이다.

자기 이름 + (아버지 이름 + sen)

구체적으로는 이렇다. 얀 피터센(Jan Pietersen)이라는 사람이 있다고 하자. 이 사람은 자기 이름이 얀(Jan)이고 아버지 이름이 피터(Pieter)이다. 아버지 이름 뒤에 -sen이 붙은 것은 곧 자기가 피터의 아들임을 표시하는 것이다(영어의 sohn(아들)을 생각하면 된다). 뒤의 -sen 은 그 외에도 -zon, -ssen, 혹은 약칭으로 sz. 등으로 표기 가능하다. 그의 형제들은 예컨대 클라스 피터센, 디르크 피터센, 때로는 피터 피터센(피터의 아들 피터) 식의 이름을 갖는다.

이럴 때 재미있는 현상이 발생할 수 있다. 위에서 예로 든 얀 피터센이 다시 아들을 낳았다고 하자. 그러면 장남은 대개 아버지의 이름을 물려받는다. 그리하여 장남은 피터 얀센(Pieter Jansen)이 된다. 물론 이 이름은 얀의 아들 피터라는 뜻이다. 피터 얀센이 다시 아들을 낳게 되면 장남의 이름은 원래 출발점인 얀 피터센이 되기 쉽다. 그래서 할아버지와 손자 이름이 같게 되는 것이다. 얀 피터센(할아버지)—피터 얀센(아버지)—얀 피터센(나)—피터 얀센(아들)……. 박사논문을 쓰면서 16~17세기의 인물들을 추적하던 나는 때로 이름 때문에 정말로 혼동에 빠졌다. 이 인물이 할아버지인지 손자인지 알 길이 없는 경우가 생기곤 했다.

또 하나의 방식은 자기 이름과 아버지 이름 사이에 '반(van. 영어의 of)'이라는 단어를 넣는 것이다. 피터의 아들 얀, 디르크, 클라스는 각각 얀 반 피터, 디르크 반 피터, 클라스 반 피터가 된다.

이런 상황에서 나폴레옹이 모든 주민들에게 성을 가지도록 강요한 것은 다른 이유가 아니고 효과적으로 통치를 하기 위해서였다. 정확하게 세금을 받아내고 무엇보다 군대 징집을 하기 위해 각 개인의 신분을 정확히 파악해야 했기 때문이다. 그런데 이번 기회에 성을 하나씩 골라서 가지라고 하자 사람들 생각이 대개 비슷하게 돌아간 모양이다. 사는 동네 이름을 성으로 삼은 것이다. 디멘(Diemen)에 살고 있는 코르넬리스 반 피터(Cornelis van Pieter)가 이참에 코르넬리스 반 디멘(Cornelis van Diemen)으로 개명하는 식이다. 그러나 이런다고 문제가 해결되지는 않았다. 대도시에서는 같은 성을 가진 사람들이 수없이 등장해서 느닷없이 친척이 되어버린 것이다.

어떤 사람들은 갑자기 성을 만들어 가지라니까 장난기가 발동한 모양이다. 이때 이상한 성들이 많이 등장했으니 혼덴도르스트(Hondendorst. '개의 갈증'), 클로트(Kloot. '고환'), 에이켈(Eikel. '남자 음경'), 낙크트허보렌(Naaktgeboren. '벌거벗고 태어난 자'), 니만츠페르드리트(Niemandsverdriet. '누구의 슬픔도 아닌 자') 등의 괴이한 성들이 그것이다. 나폴레옹의 징집을 피하기 위해 일부러 이런 우스꽝스러운 이름을 지은 것이라는 말이 있는데 사실인지는 모르겠으나 어쨌든 할아버지의 한때 장난기로 말미암아 후손들이 대대손손 놀림감이 된 것이다.

서구에서는 오랫동안 결혼과 동시에 여성의 성이 사라지고 남자 성을 받아들이는 것이 전통이었다. 그러나 이런 전통도 많이 바뀌었다. 요즘은 결혼하면서 여자들이 자기 이름과 성을 남편 성에 붙이는 수가 많다(우리나라에서 어머니 성을 함께 표시해서 '주이은선' 식으로 표기하자는 운동과도 일견 통하는 점이 있다).

한편 원래부터 혈통이 고귀했던 사람들의 성과 이름은 어땠을까? 일반적인 원칙은 잘 모르겠으나, 성과 이름이 꽤 길다는 특성이 있다. 18세기 후반에 애국파의 중요한 문서를 작성했던 인물인 요안 데르크 반 데어 카펠렌 토트 덴 폴(Joan Derk van der Capellen tot den Pol), 그리고 특히 현 여왕의 아버지인 HRH 클라우스 게오르허 빌렘 오토 프레데릭 헤르트, 네덜란드 공, 용케어 반 암스베르크(HRH Claus George Willem Otto Frederik Geert, Prince of the Netherlands, Jonkheer van Amsberg)의 이름을 한번 보시라. 호랑이는 죽어서 가죽을 남기고 네덜란드 귀족은 죽어서 긴 이름을 남긴다.

그대는 아는가, 오렌지 꽃피는 저 남쪽 나라를

자유 수호의 상징이 된 왕실

■■■ 네덜란드는 입헌군주국이므로, 명목상으로는 군주가 통치권을 가지고 있다. 네덜란드 왕실은 오라녀-나사우(Orange-Nassau) 가문이며, 현재는 베아트릭스 여왕이 재위하고 있다.

월드컵 축구나 올림픽 경기 때 보면 네덜란드팀과 응원단이 늘 오렌지색으로 뒤덮여 있다. 네덜란드 왕실의 '오렌지(네덜란드어로 오라녀 oranje)'는 도대체 어디에서 유래한 것일까?

현재 왕실의 역사를 거슬러 올라가면 중세에 남부 프랑스의 프로방스 지방에 있던 오랑주(Orange) 공국에 뿌리가 가 닿는다. 현재에도 남부 프랑스에는 오랑주라는 아름다운 도시가 있다. 이곳의 지배 가문은 12세기에 신성로마제국의 신하인 백작이었다. 그리고 자신들의 위세를 드러내기 위해서 오랑주 공(prince)이라고 불렀다. 1530년에 필리베르 드 샬롱(Philibert de Chalon)이 죽자 오랑주 공이라는 타이틀은 그의 조카인 나사우의 르네(René of Nassau. 나사우는 서부 독일의 지방)가 이어 받았다. 1538년에 르네의 아버지가 사망하자 그는 나사우를 비롯한 독일 땅만이 아니라 네덜란드의 여러 곳에 분산되어 있는 영토를 물려받았다. 1544년에 그가 죽을 때 오랑주(이제 네덜란드식 발음으로 오라녀) 공이라는 타이틀은 그의 조카인 빌렘 1세(침묵공이라는 별명을 가진 네덜란드 독립의 아버지이자 국부(國父)이다)에게 물려주었다. 이렇게 해서 바다안개의 나라 네덜란드의 왕실이름이 오렌지 꽃피는 저 남쪽 나라의 향기를 띠게 된 것이다.

베아트릭스 여왕은 9월 셋째주 화요일에 황금마차를 타고 의회로 가서 의회 개최연설을 한다. 이런 식으로 왕실은 아직도 신화와 꿈과 환상의 요소를 심어주고 있다. 익히 아는 바이지만 꿈과 환상은 헛되기만 한 것이 아니라 현실을 움직이는 강한 힘을 발휘하기도 한다. 그것이 더욱 강하게 유지되기 위해서는 철저하게 이미지를 만들어야 한다. 그리고 현대의 신화는 언론에 의해 만들어진다. 따라서 네덜란드의 국가정보원(Rijksvoorlichtingsdienst)은 왕실과 관련된 언론 보도에 대해 약간 과도하다 싶을 정도로 간섭한다. 1997년에 빌렘-알렉산더 왕세자가 인터뷰를 한 내용 중에 약간의 문제가 있다고 판단한 국가정보원은 그 중 12초 분량을 삭제하고 난 후, 이 방송의 카피본을 금지시키고 심지어 모든 웹사이트에 인터뷰 전문을 삭제하라고 강요했다.

그러나 이것을 두고 음지에서 일하면서 양지를 지향하는 정보기관의 과잉 충성이라고만 볼 수는 없다. 이 나라에서 사생활의 보호는 철칙 중의 철칙이며, 왕실 역시 예외가 아니라고 보기 때문이다. 이 점에 대해서는 온 국민이 동의한 것으로 보인다. 만일 어느 파파라치가 여왕의 민망한 모습을 몰래 찍어서 신문사에 팔고 또 그 신문사가 그것을 대문짝만하게 실었다고 하자. 그런 일이 일어날 가능성은 거의 없지만,

여왕은 9월 셋째주 화요일에 황금마차를 타고 의회로 가서 의회 개최연설을 한다.

만일 그랬다가는 그 신문사는 국민들의 빗발치는 비난의 화살을 받아 조만간 쓰러지고 말 것이다.

여왕은 단지 상징적인 의미만 있을 뿐 정치에는 전혀 간여하지 않을까? '전혀'라고는 말할 수 없다. 여왕은 수상과 정기적인 대화를 하는데, 현재 돌아가는 사태에 대해 대단히 잘 이해하고 있으며 무엇보다도 기억력이 엄청나다고 한다. 그리하여 "질문하는 것, 끊임없이 질문하는 것이 여왕의 무기이다." 이런 방식으로 정권의 균형을 잡아주는 역할을 수행한다. 일본이나 태국 등 왕실(황실)이 강한 상징적 힘을 발휘하고 있는 경우에는 그 자체가 결코 무시할 수 없는 정치적 힘이 된다.

왕실은 국민의 폭넓은 지지와 사랑을 받고 있다. 개인적인 느낌으로는, 영국인들 역시 그들의 왕실을 사랑하지만 약간은 짓궂은 농담의 대상으로 삼기도 하는 데 비해 네덜란드인들은 그런 경향이 덜한 것 같다. 사실 우리처럼 왕실이 일찍 없어진 나라의 사람들이 볼 때에는 이웃 일본이나 유럽의 여러 나라에 존재하는 왕실이 도대체 무슨 의미일까 하는 생각이 든다. 걸핏하면 신문지상에 스캔들이 터져나오곤 하지 않는가. 특히 다이애나 비가 불륜(!)—우리의 느낌으로는 아무래도 이렇게 표현할 수밖에 없다—끝에 자동차 사고로 죽은 희대의 사건이 일어났을 때 우리의 일반적인 여론은 상당히 부정적이었던 것 같다.

네덜란드 왕실 역시 스캔들이 없는 것이 아니다. 이 나라의 왕실은 상당한 재산을 소유하고 있는 것으로 알려져 있는데, 그 재산의 출처를 정확히 모른다. 특히 지금 여왕의 아버지인 베른하르트(Bernhard) 공이 미국의 무기회사인 록히드사로부터 '헌금', 다시 말해서 뇌물을 수수한 사건이 폭로되었을 때는 여왕이 양위 압박의 여론에 몰리기도 하였다(베른하르트 공은 네덜란드 군 감찰관으로서 군 내에서 중요한 지위에 있었으며, 따라서 새로운 전투기 선정에 큰 영향력을 행사할 수 있었다. 이 점을 이용해서 록히드사가 뇌물을 준 것으로 알려져 있다).

거슬러 올라가면 베아트릭스 여왕이 클라우스 폰 암스베르크라는 독일인과의 결혼을 발표했을 때에도 왕실이 비난을 받았다. 당시만 해도 제2차 세계대전 당시 독일과의 적대적인 감정이 강하게 남아 있는 데다가 그 남자가 히틀러 청년단(Hitlerjugend)과 연관이 있다는 사실이 밝혀졌기 때문이다. 실제로 1966년 약혼식 때 약 1천 명의 항의 시위대가 "클라우스 나가라(Claus, raus)!"를 외쳐댔다. 그러나 이런 상황에서도 여론조사 결과는 대개 왕실에 대한 지지가 반대보다 훨씬 높게 나온다. 더구나 결혼 후 빌렘-알렉산더 왕자가 태어나자 암스베르크에 대한 분위기가 훨씬 부드러워졌고, 근자에는 그가 심한 우울증과 파킨슨씨병에 걸려서 고통받고 있다고 하자 대중은 이제 그를 동정하고 있다.

네덜란드 왕실의 왕위 계승권은 남녀차별 없이 첫째 자녀에게 돌

베아트릭스 여왕과 부군 클라우스 폰 암스베르크. 여왕은 권위적이기보다 친근한 이미지를 가지고 있다. 외국인이 네덜란드 텔레비전 뉴스를 볼 때 흔히 화면에 보이는 사람이 여왕이라는 것을 알아채지 못하는 수가 많다.

아간다는 것이 특징이다. 베아트릭스 여왕 다음에는 빌렘-알렉산더 왕세자에게 왕위가 돌아가는데, 네덜란드인들은 20세기 내내 여왕만 모시다가 모처럼만에 왕자를 계승자로 모시게 되었다.

왕세자 빌렘-알렉산더 역시 결혼과 관련하여 일반 대중들의 지대한 관심을 끌었다. 그의 약혼녀가 아르헨티나 출신의 막시마 조레기타 양이라는 것이 알려지자 그녀에게도 관심이 모아졌다. 그런데 이번에는 그녀의 아버지가 아르헨티나의 가혹한 독재정권과 연관이 있을 가능성이 제기되어서 말썽이 일었다. 그러나 이번에도 역시 실제적인 반대는 그리 심하지 않았다. 아버지의 문제는 아버지의 문제이고 젊은이들의 사랑은 다른 것이라는 식으로 정리한 모양이다. 왕세자의 결혼은 법률상 의회의 동의를 얻어야 한다. 만일 의회가 왕세자의 사랑을 인정하지 않는다면 어떻게 할 것인가라는 질문에 왕세자는 단연코 왕위를 포기하겠다고 대답했다. 그러나 민심의 동향을 읽어야 하는 의회가 이들의 사랑에 제동을 걸 가능성은 거의 없었다. 2001년 7월 3일, 의회는 두 사람의 결혼을 동의했고 왕자와 그의 연인은 2002년 2월 2일 암스테르담에서 결혼식을 올렸다.

네덜란드인들과 사업이나 친분으로 관계를 맺게 되었을 때 왕실에 대해서는 약간 조심스러울 필요가 있다. 네덜란드 국민들은 광적인 민족주의자는 아니지만 애국심이 상당히 강하며, 국가의 상징인 왕실에 대해 큰 애정을 품고 있기 때문이다. 굳이 이 사람들에게 "까짓거 혁명으로 확 없애버리지 뭘 귀찮게 그런 옛날 제도를 가지고 있어요?" 식으로 말해서 심기를 건드릴 필요는 없을 것이다. 사실 우리는 이미 왕실이 사라진 지 오래이기 때문에 군주제를 유지하는 나라 사람들의 심정을 알 수가 없지 않은가? 사실 국왕은 인민의 자유를 억압하는 세력의 상징일 수도 있고 아닐 수도 있다. 분명한 것은 네덜란드의 역사 진행의 결과, 국왕은 이 나라에서 자유 '수호'의 상징이 되었다는 점이다.

평화를 사랑하는 나라의 정치, 그리고 군대

합의를 통한 정치와 평화를 위한 군대

■ ■ ■ 네덜란드의 국체(國體)는 입헌군주국이지만 물론 국왕이 통치하는 것은 아니고 따로 민주적인 정부가 조직되어 있다. 정부 형태는 내각책임제이다. 국정 최고 의결기관인 내각은 수상이 의장을 맡고 있으며 그 아래 14개부가 있다.

의회는 상원과 하원의 양원제로 되어 있다. 하원은 비례대표제에 의한 직접선거로 선출된 4년 임기의 의원 150명으로 구성되는데, 법률안을 발의하고 수정할 수 있는 실질적인 힘을 가지고 있다. 상원은 12개 주의 지방의회에서 간접 선거에 의해 선출된 임기 6년의 의원 75명으로 구성되어 있다. 그리고 지방자치가 잘 이루어지고 있어서 672개의 기초 단위인 시(gemeente)마다 시장(burgermeester)과 시 의회가 구성되어 있다.

그 외에도 국왕 최고 자문위원회라는 특이한 기구가 있다. 이는 대개 원로 정치인들 가운데 여왕이 임명하여 구성되는데, 특정한 업무가 따로 있는 것은 아니고 필요한 경우에 여왕의 자문에 응하는 기구이다.

이와 같은 정부구성 문제를 따지기 이전에 더 중요한 것이 있다. 전반적으로 이 나라의 정치가들은 국민들에게서 상당히 존경을 받는다고 한다. 우리로서는 언뜻 이해하기 힘들 수도 있는데, 달리 생각하면 아마 우리나라만큼 정치가들이 비아냥거림을 받는 나라도 드물 것이다. 네덜란드의 정치가들은 우선 청렴하고 검소하다(많은 정치가들이 자전거를 타고 다닌다). 정치적인 성향에 따라 차이는 있지만, 일부 정치가들은 거의 목사와 비슷한 태도로 정치와 생활에 임하고 있다. 그에 비해서 우리나라의 정치가들에 대한 이미지는 많은 경우 '조폭'에 가깝다. 그러나 실제로는 우리나라 국회의원들 가운데에 전문성을 살려서 훌륭한 활동을 하는 사람이 적지 않다고 한다. 그 말을 믿고 싶다. 사실 정치에 대한 혐오와 무관심 자체가 상당히 나쁠 수 있다.

워낙 네덜란드의 정치에서는 갈등과 충돌 대신 합의가 주된 경향이었다. 어느 한 정당이 다수를 차지한 적은 한번도 없는 만큼 정부는 언제나 연정 형태였다. 따라서 각 정당은 극도로 조심스럽게 움직인다. 특히 격정적인 충돌을 절대적으로 피한다. 오늘의 적이 내일 연정 파트너가 될 수 있기 때문이다. 게다가 이데올로기가 사멸해 가는 오늘날 이런 경향은 더욱 강화되었다.

네덜란드의 정당은 수가 많기로 유명하다. 이것은 이 나라 사람들의 독특한 특질인 자유로운 의견 발표와 토론의 문화가 정치적으로 자연스럽게 표출된 결과인 것 같다. 그 가운데 가장 중요한 역할을 했던 정당은 기독교민주당(기민당)이었다. 이 정당은 제2차 세계대전 기간을 제외하면 20세기 거의 전 기간 동안 네덜란드의 정치에서 주도적인 역할을 하였다. 특히 제2차 세계대전 이후에는 계속 정부 구성에 참여하였다. 말하자면 기민당이 주도권을 잡고 때로는 노동당, 때로는 자유당을 파트너로 삼아 연정을 꾸린 것이다. 그 결과 오랫동안 네덜란드 정치는 안정적이고 예측가능한 상태에 있었다.

이런 상태는 1994년에 갑자기 변화하였다. 자유당과 노동당이 연합하여 기민당을 권력에서 배제해 버린 것이다. 생각해 보라. 좌파와 우파가 연합하여 중도파를 밀어내다니! 이것이 소위 자주색(Paars, purple) 연정이다. 노동당의 붉은색과 자유당의 푸른색이 합쳐져서 그 중간색인 자주색으로 되었다는 것인데, 이것은 전통적인 좌우익의 구분이 사라져간다는 의미이다. 빔 콕(Wim Kok) 수상 주도 하에 이 연정은 원활히 운영되어서 1998년에도 자주색 연정이 연장되었다. '자본'과 '노동'의 연합체가 정권을 잡아 정치를 순조롭게 이끌어가는 이 현상은 일단은 성공적인 대안정치의 하나로 평가받고 있다. 노조의 대부인 빔 콕이 수상이 되었고 이에 대해 실업계가 전적으로 지지하고 있는 형국이다. 그의 정책은 사회정책적 고려와 인센티브 중심의 시장법칙이 비교적 조화를 이루었다는 평가이다.

최근의 정치에서 가장 중요한 현상은 극우파의 급작스러운 등장과 쇠퇴이다. 극우파의 부상은 1990년대 이래 전 유럽에서 공통적으로 일어나고 있는 우려할 만한 현상이다. 네덜란드에서는 핌 포르튀인이라는 극우파가 외국인 노동자에 대한 억압을 공공연히 주장하는 파격적인 정치 행태로 단기간에 급격한 세력 향상을 이루어냈다. 사실 이것은 네덜란드의 전통과는 맞지 않는 일이다. 더군다나 그가 과격한 동물애호가에 의해 암살당하는 사건이 일어났다(핌 포르튀인은 네덜란드 여성들이 모피 옷을 마음껏 입을 수 있는 자유를 누려야 한다고 주장했다가 봉변을 당한 것이다). 이것이야말로 이 나라의 평화로운 정치 현상, 특히 대화를 통한 콘센서스의 도출이라는 대원칙과는 전혀 맞지 않는 일이다. 과연 이 나라의 정치도 큰 변화를 맞이하고 있는 것일까?

2003년 현재 수상은 발켄엔데(J. P. Balkenende)이며, 2002년 5월과 2003년 1월의 총선 결과 하원의석 분포를 보면 다음과 같다.

	2002년 5월	2003년 1월
노동당(PvdA/중도좌파)	23	42
기민당(CDA/온건중도)	43	44
핌 포르퇴인당(Pim Fortuyn/극우)	26	8
자민당(VVD/우파)	24	28
녹색당(GL)	10	8
민주66당(D66/중도)	6	7
사회당(SP/좌파)	9	9
기 타	8	5

여기에서 확인할 수 있는 것이 바로 핌 포르퇴인당(극우)의 급격한 상승과 쇠락이다. 핌 포르퇴인의 암살이 이미 일어난 사실이기 때문에 달리 분석할 방도는 없지만, 극우파의 급격한 상승이 원래 일시적 현상일 가능성이 있다. 그의 주장이 이 나라의 풍토와 너무나 크게 어긋나기 때문이다. 그의 당이 쇠퇴하는 것은 어쩌면 그가 살아 있어도 일어났을 법한 일이다.

정치 현상 역시 그 나라의 역사적 배경에서 나오는 산물이다. 다른 어느 나라보다도 네덜란드의 정치에서 대화와 타협이 중요한 것도 마찬가지이다. 단적으로 말해서 이 나라에서는 물에 빠져 죽지 않으려면 서로 협력해야 했다. 합의를 추구하는 민주주의는 생존의 문제에서 유래하여 장시간 동안 성숙한 결과인 것이다. 이에 비해 우리처럼 피가 뜨거운 민족(언제나 그래왔는지는 모르겠지만 어쨌든 현재 우리는 그렇다)에

네덜란드 의회의 모습. 격정적인 논쟁이나 극적인 다툼은 거의 볼 수 없고 단지 잔잔한 목소리로 원고를 읽는 모습이 대부분이다. 유능한 정치인은 차라리 복도에서 다른 의원들을 설득하곤 한다.

게는 차분히 서로 대화하되 남 이야기 끝까지 다 듣고, 생각해 보고, 자기 이야기 차분히 다 하고, 남도 내 이야기 다 듣고, 다시 생각하고……. 이런 방식이 맞지 않는지도 모르겠다.

그렇지만 역설적으로 네덜란드만큼 항의방식이 발달한 나라도 없다. 합의란 누구든지 자기 의견을 말할 권리가 전제되지 않으면 의미가 없는 일이기 때문이다. 의견 표출과 조정, 합의가 이 나라의 문화적 특성이고 또 그것을 제도화해 낸 것이 이 나라의 정치적 특성이다. 심지어 1960년대의 격정적인 항의와 충돌의 시기에도 사실은 항상 내적으로 의견 수렴을 하고 협의하는 통로가 열려 있었다.

이 나라 정치 현장에 대한 이야기들을 들어보면 한 가지 공통점이 있다. 정말로 지루하다못해 지겹기 짝이 없다는 것이다! 삿대질, 멱살잡이, 날치기 통과 같은 드라마틱한 사태가 거의 없을 뿐 아니라, 심지어는 격정적이고 멋진 연설 같은 것도 없다. 오히려 멋있는 표현을 써 가며 남의 심금을 울리는 말을 하는 정치인에게는 사람들이 약간 의심을 품는다고 한다. 많은 정치가들이 준비해 온 원고를 손에 들고 나지막한 소리로 읽어내려 갈 뿐이다. 정치가가 말 잘 하는 것이 오히려 흠이 된다는 것은 정말로 독특한 문화이다. 그 대신 필요한 자질은 협상

보스니아 내전과 네덜란드군

보스니아 내전은 1992년 보스니아-헤르체고비나 공화국이 옛 유고연방으로부터 독립을 선언한 뒤 발발했다. 독립을 주장하는 이슬람계와 이에 반대하는 세르비아계 사이에 싸움이 일어난 것인데, 4년간의 내전 동안 무려 25만 명이 목숨을 잃어서 '인종청소'라는 말이 나왔다. 스레브레니차는 보스니아 내의 이슬람 내륙국 중 하나이다. 내전이 막바지로 치닫던 1995년 7월 세르비아계가 스레브레니차를 공격하였다. 스레브레니차를 점령한 라트코 믈라딕 장군은 이슬람계 주민 중 남자만 골라 학살을 자행하였다. 당시 보스니아에 평화유지군을 파병한 유엔은 스레브레니차를 보호지역으로 선포한 상태였지만 세르비아계는 유엔 평화유지군의 제지를 전혀 받지 않았다. 서방 국가들의 평화유지군은 세르비아계에 포로로 잡혀 있던 사람들을 석방시키기 위해서 세르비아계를 공격하지 않기로 믈라딕 장군과 묵계를 맺었다는 의혹을 사고 있다.

평화유지군에 참여했던 네덜란드군 역시 호된 비판을 받았다. 카레만스(Karremans) 대령은 믈라딕 장군에게 잡혀간 무슬림의 운명이 어떻게 될지 물어볼 생각을 못했다고 대답하여 물의를 일으켰다. 게다가 네덜란드군은 부상당한 무슬림을 도와주지 않았을 뿐 아니라 학살이 진행되는 순간 파티를 벌이고 있었다는 사실이 밝혀진 것이다.

력이다. 자유당 의원인 볼켄스테인(F. Bolkenstein)이 말하듯 정치가 지루할수록 국민은 행복한 것이다.

역사적으로 네덜란드의 특징은 평화주의를 지향하는 것이었다. 그래서 군사력도 대체로 미약하였다. 이 나라는 제1차 세계대전까지도 평화주의와 중립을 지켰으나 제2차 세계대전 이후 이를 포기하고 나토에 참여하여 집단 안보체제에 편입되어 있다.

네덜란드의 국방 문제는 1996년에 징병제에서 모병제로 바뀜으로써 근본적인 변화를 겪었다. 현재 5만 3천 명의 전문 직업군인이 있어서, 영국이나 벨기에가 쳐들어오면(!) 이들이 나라를 지키게 되어 있다. 이 가운데 육군 23,500명, 해군 13,100명, 공군 11,400명, 그리고 마레쇼세(Marechaussee)라는 특이한 카테고리의 군인이 4,600명 존재한다. 마지막에 언급한 군인들은 일종의 헌병으로서 국경을 감시하고 공항, 왕궁 등을 지키는 임무를 맡고 있다.

의무병제일 때 이 나라 역시 양심적 군 거부 문제를 겪었다. 군 거부자 중에도 두 종류가 있다. 일반적인 군 거부자(diesnt weigeraar)는 민간 분야에서의 대체복무를 받아들인다. 이와 달리 완전거부자(totaal weigeraar)는 대체복무마저 거부함으로써 2년 동안 수감생활을 한다. 이들의 주장에 의하면 대체복무라는 것은 자신이 직접 군 복무를 하지 않는다고 하지만 그 대신 다른 누군가가 결국은 살상 행위를 한다는 의미이기 때문에 이마저 전적으로 거부한다는 것이다.

군대 문제도 이제는 좀더 큰 차원에서 생각해 볼 일이다. 세계는 변화하고 있으며 그에 맞추어서 군대 역시 바뀌어야 한다. 따라서 군대의 역할과 기능을 재정의해야 할 필요가 있는 것이다. 이 점과 관련해서 네덜란드의 사례는 긍정적으로나 부정적으로나 살펴볼 요소들이 많다. 이 나라는 자국 군대의 역할을 다음 두 가지로 정리하였다.

1. 네덜란드 본국과 NATO 동맹국의 영토 보존.

2. 위기 예방 및 관리.

두 번째 것은 평화유지군 활동을 말한다. 이제는 군인이 단지 자국 영토를 지키는 일만을 하는 것이 아니라 세계화 시대에 국가의 여러 정책을 수행하는 기능을 맡아야 한다는 것이다. 그러기 위해서는 무엇보다도 필요한 것이 장교의 재교육이다. 이제 군인은 '단순무식의 싸움꾼'이어서는 안 되고 외교관의 역할까지 해야 하며, 전문가의 식견이 있어야 한다. 군인의 임무는 전투 외에도 군축 문제, 피난민 보호, 인도주의적 원조, 선거 보조, 경제재건, 사업원조 등을 해야 한다는 것이다. 이런 업무를 원활히 수행하기 위해서는 군대가 정치계 및 시민사회와 긴밀한 관계를 유지해야 하고 그에 필요한 교육을 받아야 한다.

그런데 이론적으로는 이렇게 잘 정리했건만 실제로 네덜란드군은 최근에 참담한 실패를 맛보았다. 보스니아-헤르체고비나 지역에 유엔 평화유지군의 일원으로 파견된 네덜란드 평화유지군(Dutch Bat)이 그들이 지키기로 한 스레브레니차(Srebrenica)를 세르비아계에게 빼앗긴 데다가 수천 명의 무슬림들이 학살당하는 비극을 수수방관했기 때문이다. 이 사태로 군에 대한 신뢰가 바닥을 헤매게 되었다. 그렇지 않아도 워낙 네덜란드인들이 군대를 싫어하는 경향이 강했으므로 이제는 모병이 더더욱 쉽지 않게 되었다.

평화를 사랑하는 나라에서 군대 문제는 앞으로 어떻게 전개될 것인가?

거위는 깃털이 있는 한 계속 털을 뽑힌다

그늘의 역사, 식민지

■■■ 네덜란드는 근대에 들어와서 세계 각지로 식민지 팽창을 해나갔다. 그 결과 아직까지도 이전의 식민지 지역과 여러 형태로 관련을 맺고 있다. 네덜란드의 식민화 과정 역시 다른 식민 국가들의 경우와 다를 바 없이 가혹하였고 식민지 지역에 지울 수 없는 상처를 주었다. 다만 네덜란드의 식민화가 가진 독특한 특징으로 인해서 다른 나라의 식민지 지배와는 다른 성격을 띠었는데 굳이 이야기하면 '결과적으로는' 이 나라의 식민 지배가 그나마 덜 나쁜 결과를 남겼다. 예컨대 프랑스는 식민지를 문화적으로 지배하려는 경향이 있었는데, 그 뜻은 현지 문화를 존중한다는 것이 아니라 정반대로 유럽 문화를 강제로 이식시킴으로써 현지민을 '문명화'시키겠다는 것이었다. 말이 좋아 '문명화'이지 그것은 현지민의 정신세계를 파괴해 버릴 위험이 있었다. 일본의 식민지 지배 과정에서 우리의 언어를 없애고 이름마저 강제로 바꾸게 했던 것이 얼마나 폭력적이었으며 얼마나

큰 피해를 주었는지 우리는 잘 알고 있다. 이에 비해 네덜란드의 식민 지배는 솔직하게 경제적 이익만을 추구했으며, 식민지 문화와는 어느 정도 거리를 유지하려고 했다. 이런 태도가 차라리 장기적으로는 폐해가 적었다고 할 수 있다. 게다가 19세기에 들어서면서 칼뱅주의의 영향으로 식민지인들을 극빈 상태로 몰아넣어서는 안 된다는 주장이 영향을 끼치기도 하였다. 그러나 이것은 네덜란드 경제가 극히 어려워지면 언제든지 방향을 바꾸어 후안무치(厚顔無恥)의 착취로 돌아서곤 했다.

구체적인 식민지 팽창과정에 대해서는 제2부 제6장에서 다루기로 하고 여기에서는 개괄적인 면모만 간단히 살펴보도록 하자.

인도네시아는 네덜란드 식민지 가운데 가장 중요한 재원이었다. 16세기에 아시아로 먼저 식민지 팽창을 해 들어온 국가는 포르투갈이었다. 포르투갈은 거의 1세기 동안이나 아시아의 향신료 무역을 독점하고 있었으나, 16세기 말부터 유럽의 여타 국가들이 여기에 도전장을 내밀었다. 여기에서 가장 큰 성공을 거둔 것이 다름 아닌 네덜란드로서, 동인도회사가 아시아에 들어와서 인도네시아를 중심으로 하는 식민지 지배체제를 구축하였다. 단순화시켜 이야기한다면, 네덜란드가 초기에 인도네시아에서 지나치게 큰 성공을 거두었기 때문에 인도로 식민지 지배를 확대하지 않은 것이라 할 수 있다. 그 결과 후발국가인 영국이 네덜란드 세력에 밀려서 인도로 들어갔고 다음 시기에는 인도 지배를 기반으로 해서 중국으로 향한 것이 아시아 식민 지배 역사의 역설이다.

인도네시아는 20세기 중엽까지 네덜란드의 지배를 받았다. 특히 1930년대에 네덜란드가 경제 위기를 넘기는 데 인도네시아는 매우 중요한 역할을 했다. 네덜란드의 식민 지배가 깨진 것은 제2차 세계대전 중에 일본군이 동남아시아를 점령하면서였다. 일본 제국주의 세력은 네덜란드의 지배를 깨기 위해 현지 독립세력을 부추겼는데 이들이 제2

차 세계대전 이후에 인도네시아 독립의 주축세력이 된 것이다. 일본이 패배하자 네덜란드는 이전의 식민지를 다시 찾겠다는 뻔뻔스럽기 그지없는 태도를 보였다. 그리하여 인도네시아에 군대를 파견하였으나 인도네시아 측이 거세게 저항하고 국제 여론이 비등한 데다가 미국이 냉전시대 세계전략의 일환으로 인도네시아 독립을 지지하자 네덜란드는 할 수 없이 손을 떼야 했다.

뻔뻔스러운 것은 일본 역시 마찬가지이다. 일본의 제국주의 팽창 목적이 인도네시아를 비롯한 동남아시아의 해방이 아니라 그들의 지배 확대에 불과하다는 것쯤이야 누가 모르랴만은, 굳이 동남아시아 '해방전쟁'으로 미화하고 있는 것이다. 결과적으로 인도네시아가 다른 구식민지 지역보다 상대적으로 일찍 해방되었고 이후 제3세계 운동의 중심 국가가 되었다. 그러나 탈식민화 이후 네덜란드와 인도네시아의 관계는 그리 좋지 않다. 특히 최근에 인도네시아 정부가 군대를 동원하여 만행을 저지른 데 대해 네덜란드가 공개적으로 비난한 이후 더욱 좋지 않게 되었다.

현재 네덜란드에는 약 50만 명의 인도네시아 출신 사람들이 이민으로 들어왔고 그 자연스러운 결과로 인도네시아 문화가 네덜란드 지역에 유입되었다. 곳곳에 인도네시아 쌀 음식을 파는 레스토랑이 들어섰고 자바 커피가 많이 들어온 것이 상징적인 결과물이다.

또 다른 중요한 식민지는 수리남이다. 이곳에는 원래 영국인들이 먼저 도착했지만 1667년에 영국에 뉴욕을 주고 맞교환한 뒤 네덜란드령이 되었다. 뉴욕을 주고 수리남 지역을 차지한 것이 오늘날의 관점에서 보면 크게 밑지는 장사처럼 보이지만 그 당시에는 반드시 그런 것도 아니었다. 네덜란드인들은 곧바로 이 섬에 노예를 도입하여 사탕수수 농장을 건설했는데, 이것이 훨씬 사업 전망이 좋아 보였던 것이다. 곧

이 섬에서 커피 재배를 시작했다. 커피는 당시 '떠오르는' 중요 품목이었다. 이때 주의할 점은 커피가 브라질로 유출되지 못하도록 비밀리에 재배해야 한다는 것이었다. 그러나 결국은 브라질의 산업 스파이가 커피를 유출시키고 말았다. 그 결과 네덜란드의 커피 독점이 깨지고 종래에는 노예 무역마저 끊어져 결국 수리남 경제는 쇠퇴하였다.

이 지역은 1954년에 자치가 허용되었고, 1975년 독립국이 되었다. 이때 많은 사람들이 네덜란드로 이민을 가서 현지에서는 기술인력이 태부족이 되었다. 현지 인구가 45만 명인 데 비해 네덜란드에 수리남인이 30만 3천 명이나 될 정도로 많은 사람들이 이민 대열에 합류했다. 그 후 1980년대에 군부독재가 잔혹행위를 저지르자 네덜란드는 재정지원을 중단하였고, 따라서 오늘날 양국간의 관계가 그리 좋지 않다.

남아프리카공화국도 네덜란드 식민 팽창과 관계가 있으나 공식적으로 네덜란드 식민지이거나 영토인 적은 없었다. 이곳은 1652년에 항해 중간기착지로서 개발되기 시작했다. 당시 유럽과 아시아 사이의 항해는 길고도 힘든 여정이어서 중간에 유럽과 기후와 풍토가 비슷한 기착지가 절실히 필요했는데, 이 지역이 그런 조건을 갖춘 곳이라는 점이 알려지게 되었다. 그런데 이 지역에 함께 들어온 영국계 사람들과 네덜란드계 사람들 사이에 갈등이 생겨 이를 피하기 위해서 네덜란드인들이 북동쪽으로 이주해 갔다. 그리고 그곳에서 트란스발(Transvaal), 오렌지 자유국 같은 자치체를 만들었다. 이들은 자신의 정체성에 대해서 네덜란드 후손이라기보다는 아프리칸스(Afrikaans)라는 독립적인 존재라고 생각하는 경향이 있다.

이 지역의 역사 발전에서 중요한 사건은 1870년대에 있었던 금과 다이아몬드의 발견을 들 수 있다. 이로 인하여 영국 정부가 이 지역의 자치체들을 전복시키고 그 지역들을 점령하기 위해 보어 전쟁을 일으

물타툴리

1859년 다우베스 데커가 물타툴리(Multatuli. '나는 많은 고통을 받았다'라는 뜻의 라틴어)라는 필명으로 쓴 소설 《막스 하블라르(*Max Havelaar*), 또는 네덜란드 동인도회사의 커피 경매》는 네덜란드의 식민지 지배에 대한 비판적인 반응을 불러일으켰다(제2부 제6장 참조). 1986년 멕시코 커피 재배인들은 네덜란드 정부에게 제3세계를 따로 원조하기보다 커피 원두값을 제대로 계산해 주는 것이 차라리 낫겠다는 의견을 전했다. 이에 공감한 인사들이 막스 하블라르 재단을 설립했다. 이들의 목표는 제3세계 커피 재배자들이 최소한의 생계가 보장되도록 원두값을 계산해 주고 중간상인들이 과도하게 착취하지 못하도록 조치하는 것이다.

이런 뜻에 동참하는 회사 상품에는 막스 하블라르 로고를 붙이고 있다. 네덜란드를 비롯해서 덴마크, 벨기에, 독일 등지의 시장에서 이런 상품의 비율이 높아가고 있다. 1990년대부터는 커피 외에 코코아(따라서 초콜릿이 포함된다), 차, 꿀, 바나나 등이 추가되었다.

이처럼 '공정한 무역'을 위한 단체들이 유럽과 미국에 여럿 결성되었는데 막스 하블라르 재단 외에도 국제 대안 무역 연합(International Federation of Alternative Trade), 유럽 공정 무역 협회(European Fair Trade Association), 국제 트랜스페어(Transfair International), 미국 트랜스 페어(Transfair USA), 유럽 세계상점 네트워크(Network of European World Shop) 등이 있다.

한편 최근(2003년)에는 네덜란드의 최대 은행인 로보방크가 아프리카와 남미의 커피 생산자들을 돕기 위해서 연이율 3퍼센트에 해당하는 커피를 이자로 지불하는 저축상품을 개발했다. 원래 이 은행은 농민을 돕기 위한 목적으로 설립되었는데, 이제 그 대상을 제3세계 농민으로 확대했다는 것이 이 은행의 설명이다.

켰는데 이때 네덜란드가 적절한 지원을 하지 못하자 네덜란드계 사람들과 본국과의 마지막 유대마저 끊어졌다. 사실 이 지역에서는 언어도 약간 다르게 진화해서 네덜란드 본국의 언어와 다르게 되었다. 이를 그들은 아프리칸스어라고 부르며, 1925년 영어에 이어 아프리칸스어가 공용어가 되었다.

이 지역은 20세기에 가장 악랄한 인종차별정책(apartheid)을 시행한 것으로 유명하다. 네덜란드 본국의 문화가 무엇보다도 관용을 특징으로 하는 데 비해서 같은 조상을 가진 이곳 주민들이 차마 눈뜨고 보기

미국에 남아 있는 네덜란드 지명

미국에 네덜란드계 주민들이 많이 살았다는 것은 현재 미국의 지명에 남아 있는 네덜란드식 이름들에서 확인할 수 있다. 특히 뉴욕이 전형적인 경우이다. 원래 이 도시의 이름은 뉴욕 이전에 뉴암스테르담이었다. 할렘(Harlem)은 네덜란드의 도시인 할렘(Haarlem)에서, 브루클린(Brooklyn)은 유트레히트주의 도시인 브뢰켈렌(Breukelen)에서 나온 이름이다. 월스트리트(Wall Street)는 네덜란드식 거리 이름인 발스트라트(Walstraat)에서 나왔는데(wal = wall, straat = street), 이는 네덜란드에서 아주 흔한 이름이다. 이는 원래 방어용 성벽을 따라 난 거리 이름이었다. 네덜란드의 데벤터(Deventer), 엠멘(Emmen), 즈볼레(Zwolle) 등에 이 이름의 거리가 있고 네이메헨(Nijmegen)에는 제1, 제2, 제3 발스트라트(Eerste-, Tweede-, Derde- Walstraat)까지 있다. 뉴욕의 월스트리트 역시 같은 기원에서 나온 것이다. 아메리카 식민지 총독이었던 스튀브산트(Peter Stuyvesant)가 쌓은 맨해튼섬 방어용 벽을 따라서 난 길로서 원래 발스트라트라고 불리다가 영국식으로 월스트리트가 된 것이다.

힘든 참혹한 인종차별정책을 편 것을 보면 고착된 국민성 같은 것은 없다는 것을 알 수 있다. 네덜란드계 혹은 영국계 백인들이 그토록 심한 차별정책을 편 것은 흑인이 대다수인 지역에 그들만이 소수로서 고립되어 있었기 때문에 그들의 문화 · 인종주의 등에 강고하게 집착한 탓으로 보인다.

그 외에도 여러 지역으로 네덜란드인들이 이주해 갔다. 오스트레일리아와 뉴질랜드, 미국의 뉴욕과 미시간 지역에도 네덜란드계 후손들이 많이 퍼져 있다. 때로 모국을 떠난 사람들이 모국보다도 과거의 문화와 생활관습 등을 잘 보존하는 경우가 있다(떠나온 곳에서는 문화와 생활이 변화해 갔지만 외국의 정착지에서는 이전의 것들을 그대로 유지하려고 하기 때문일 것이다). 미시간 같은 곳이 그런 사례라 할 만하다. 이 지역의 네덜란드계 후손들은 그림같이 아름다운 곳에서 튤립을 재배하고 풍차도 세우면서 자기 조상의 문화를 계속 이어가고 있다.

돈에는 국적이 없다

합리적인 상인정신과 세계화의 첨병

■■■ 최근 네덜란드의 경제 상황은 좋은 편이다. 경제성장률이 4퍼센트로서 선진국 가운데에서는 대단히 견실한 편이고 동시에 실업률은 2~3퍼센트대로 유럽 최저를 기록하고 있다. GDP는 3,884억 달러이고, 1인당 GDP는 24,400달러로서 최상위 선진국 중의 하나이다(우리나라의 경우 2002년에 1인당 GDP가 1만 달러를 채 넘지 못했다). 부의 분배와 빈민 보호도 매우 양호한 편이다. 극빈자가 없는 대신 최고의 부자들도 그리 많지 않다고 한다. 극심한 가계부채에 시달리는 비율이 0.05퍼센트라고 하니 빚더미에 올라앉은 파산 가정은 거의 없다고 할 수 있다. 극빈자가 많지 않은 것은 정부의 보조 때문이기도 하다. 이 나라에서는 순식간에 돈을 벌어 사회 상층으로 올라가는 것도 힘들지만 한순간에 망해서 최하층의 나락으로 떨어지는 것도 힘들다(빠른 속도로 패가망신하는 길은 마약에 손대는 것인데, 이렇게 되면 다음에 보듯이 국가와 사회가 나서서 이 약자들을 돌봐준다).

자동화 설비 덕분에 생산성이 매우 높은 화훼 재배소.

서비스 분야 종사 인구가 전체 경제 인구의 75퍼센트로서 명백히 탈산업화 사회로 진입했지만 동시에 농업과 상공업 분야가 골고루 발전해 있어서 균형이 잡혀 있다. 우리나라가 활기찬 경제성장을 이루고 있지만, 농촌이 붕괴되어 가면서 국토 이용에 불균형을 보이고 있는 점을 볼 때 네덜란드 경제 모형은 긍정적으로 보인다. 이 나라는 낙농업이 매우 발달해서 돼지, 송아지, 닭 등을 많이 키우고 있으며, 꽃과 과일, 야채 재배 역시 잘 발달해 있다. 이 나라는 농산물 수출액에서 미국, 프랑스 다음의 3위를 차지하고 있다. 화훼의 경우 허름한 비닐하우스에서 마구잡이로 생산하는 것이 아니라 최첨단의 재배 기술과 체계적인 수집과 유통체제를 갖추고 있기 때문에 세계적인 경쟁력을 가지고 있다.

이처럼 네덜란드에서는 농업이 대단히 발달해 있지만 정작 농업 인구는 인구 전체의 3퍼센트에 불과하다. 이것이 가능한 이유는 농업의 생산성을 살리는 적극적인 정책을 시행했기 때문이다. 1950년대 이후 기술 발전을 따라가지 못하는 농가는 국가가 농지를 매입해서 이웃 농민들에게 판매하거나 대여하였다. 이렇게 함으로써 기술 발전을 진작시키고 농업 경영 규모를 대단위로 만들었다. 여기에서 잠깐 우리나라의 농촌을 되돌아보자. 우리나라 농촌의 공동화(空洞化)가 크게 진행되고 있는 것은 잘 알려진 사실이다. 할아버지, 할머니들만 남아 있는 마을들이 많아서 조만간 우리 농촌은 폐허처럼 될 우려가 있다. 농업의 생산액은 공업 · 서비스업에 비해 대단히 적지만, 식량 안보의 문제와 국토의 균형잡힌 발전을 생각해 볼 때 지금 이런 식으로 방치하는 것은 문제가 있어 보인다. 현재의 할아버지와 할머니 다음 세대에 새로운 농촌 · 농업 구조를 만들 때에 네덜란드 모형을 연구해 볼 만하다고 생각된다.

그러나 네덜란드의 농업이라고 문제가 없는 것은 아니다. WTO 체제에서 정부의 보조금이 줄자 큰 타격을 입고 채산성을 맞추지 못하는 농가들이 생겨나고 있는 것이다. 아직 다수는 아니지만 이런 농민들 가운데 해외의 싼 농토를 찾아서 이민을 가는 경우가 속출하고 있다. 네덜란드는 워낙 국토가 좁다보니 땅값이 대단히 비싸다. 따라서 땅을 매각한 자금을 가지고 오스트레일리아나 뉴질랜드처럼 땅이 넓고 지가가 낮은 곳으로 이민을 가면 대규모 농업을 운영하는 것이 가능하다.

이미 오래 전 이야기이지만 일본 농부들이 브라질로 농업 이민을 가서 초대형 농장을 운영하였다. 일본의 발달한 농학 기술 지원을 받아서 브라질의 넓은 땅과 싼 인력을 이용하여 농사를 지은 결과 일본계 사람들의 농업 생산량이 엄청나다는 것을 들은 적이 있다. 이런 사람들이 고국과의 관계를 끊지 않기 때문에 일본에서는 식량 확보에 문제가 없다는 것이다(이에 비해 우리나라 농부들은 남미로 농업 이민을 간다고 해

필립스

1891년 헤라르트 필립스(Gerard Philips)가 아인트호벤 지역에 에디슨이 발명한 전구를 조립하는 회사를 창립한 것이 필립스 회사의 기원이다. 5년 후에 그의 동생인 안톤(Anton)이 회사에 참여하였는데 이 시기부터 사업이 크게 번창하였다. 이때에는 라디오 밸브, 엑스레이 튜브, 의료 기구 등을 만들었다. 1914년에는 과학 실험실을 열었는데, 이곳이 신기술 개발의 중심지가 되었다. 1955년에 설립한 기술대학은 나중에 아인트호벤 공대가 되었다. 이미 1920년경에 이 회사의 직원 수가 2만 명 정도가 되어서 아인트호벤시가 이 회사 직원들을 위한 시설을 제공하기 힘들 정도가 되었다. 그러자 회사가 스스로 거주 공간을 만들고(필립스마을. Philipsdorp) 극장, 도서관, 학교 등을 건설했다. 특히 이 회사의 스포츠클럽이 활발하여 이곳에서 운영하는 아인트호벤 축구팀은 세계적인 강팀이 되었다. 허정무 씨가 아인트호벤 축구팀에서 선수 생활을 했고 최근에 이영표 선수가 이 팀에 합류했다. 그러나 1998년부터는 필립스가 아인트호벤을 떠나 암스테르담에 본부를 두었다. 필립스는 우리나라의 한 기업과 손을 잡고 회사를 만들었다. 2003년 완공 계획으로 파주에 초대형 공장 단지를 짓는다고 하는데 이곳이 제2의 아인트호벤이 될 것인가?

놓고는 대부분 미국으로 밀입국해 버렸다고 한다). 열린 마음으로 생각하면 우리 역시 이런 방식에서 농업 문제를 적극적으로 풀어갈 실마리를 찾을 수 있을 것이다.

네덜란드에는 필립스, 셸, 유니레버, 하이네켄 등 세계 굴지의 대기업들이 많다. 이런 대기업들은 이미 국적과는 상관없는 다국적기업이 되어 있다. 사실 요즘 경제활동에서는 우리나라, 남의 나라라는 구분이 희미한 편이다. 따라서 회사의 영업활동에 필요하다고 생각될 경

셸

흔히 셸(Shell)이라 부르는 로열더치-셸 그룹(The 'Royal Dutch/Shell Group')은 전세계에 1,700여 개의 회사가 있는데 이중 약 60퍼센트는 네덜란드의 로열더치에 속하고 40퍼센트는 영국의 셸 수송 교역 그룹에 속해 있다. 원래 1890년에 인도네시아의 유전 개발을 위하여 네덜란드에 로열더치석유회사가 설립되었고, 1897년에 영국의 새뮤얼상회가 보르네오의 유전을 획득하여 셸무역운송회사를 세웠다. 두 회사는 1903년부터 함께 사업을 운영하다가 1907년에는 자산을 합쳐서 수송 · 판매를 위한 앵글로색슨석유회사를 영국에, 채유 · 정제(精製)를 위한 바타비아석유회사를 네덜란드에 설립하고, 지주회사(持株會社)가 됨으로써 로열더치셸 그룹이 형성되었다.

이 그룹의 석유 채굴 지역 가운데 가장 중요한 곳 중의 하나가 나이지리아의 오고니 지역이다. 그런데 셸이 이 지역에 석유 시추공을 뚫은 이래 환경 재앙이 들이닥쳤고, 주민들은 생업에 막대한 지장을 받았으며, 건강상에 치명적인 피해를 입었다. 나이지리아 독재 정부는 다국적기업에게 자금을 받는 것만 생각하고는 현지민의 피해에 눈을 감고 더 나아가서 주민들의 항의를 무참하게 탄압하였다. 1995년, 셸의 환경 파괴에 항의하는 '오고니족 생존권 운동'의 대표 9명을 체포하여 처형함으로써 국제적인 분노를 샀다. 켄 사로위와를 비롯한 이 운동가들은 나이지리아 정부의 특수 군사법정에서 변호사의 접근도 봉쇄된 채 재판을 받고 사형 언도가 내려진 지 일주일 뒤에 교수형에 처해졌다. 일부 증인들은 셸 측이 돈과 취업 보장 등을 미끼로 증인들을 매수했다고 주장하였다.

일부 네덜란드 회사들이 자국 내에서는 인간적인 기업 풍토를 조성하면서, 제3세계에 대해서는 냉혹한 인권탄압과 환경파괴를 스스럼없이 자행하는 이 사실을 어떻게 받아들여야 할까?

우 바로 외국으로 본사를 옮겨간다. 이런 다국적기업은 전세계를 상대로 이윤 획득을 위해 활동하므로 때로 제3세계 국가들에게 혹심한 피해를 입히기도 한다.

네덜란드 산업의 특징은 고품질 중심의 전략을 쓴다는 점이다. 싸구려 물건을 대량 판매하는 방식은 대체로 피한다. 우리나라의 경제성장 과정에서—그리고 최근 중국과 동남아 국가들의 경우—저가품을 대량 판매하는 단계를 거칠 수밖에 없었지만 이제는 그런 전략으로는 살아남기 힘들 것이고 우리 역시 고품질 · 고가품을 판매하는 방향으로 나아가야 할 것이다.

이 나라 경제 운용의 특징 중 하나는 기술을 직접 개발하기보다는 최정상의 뒤를 바짝 뒤쫓아가면서 큰 이윤을 얻는다는 것이다. 19세기 후반부터 현재까지 네덜란드는 이웃 국가들의 경제성장의 파급 효과를 최대한 이용했다. 특히 독일이라는 거대한 경제가 이웃해 있다는 점이 중요한 역할을 했다. 우리나라의 경제발전 역시 이 점에서 보면 유사한 점이 있다. 바로 세계 최고 경제대국의 하나인 일본이 이웃해 있으면서 여러 가지 측면에서 도움을 받았다는 점이 그것이다. 이 점에 대해 민족감정을 발휘하여 기분 나빠할 이유는 없다. 사실은 사실이기 때문이다. 선두 일본의 뒤를 바짝 뒤쫓는다는 것이 우리로서는 나쁠 이유가 없었다. 앞으로는 세계 최고 덩치의 중국 경제가 급성장할 경우 그 파급 효과를 최대한 이용하는 것이 우리의 살길이 아닐까? 작고 행복한 부국(富國)이 되는 길은 그런 길이다.

무엇보다도 이 나라 경제의 핵심은 무역이다. 수출입액이 GDP 중 50~60퍼센트를 차지할 정도로 무역의 비중이 높으며, 무역 규모로는 세계 6위(미국, 일본, 프랑스, 영국, 이탈리아, 네덜란드 순)이다. 이 나라 수출액은 전세계 교역의 4퍼센트를 차지하는데, 이 중 80퍼센트 가까이는 유럽 내로 수출되고 있고, 특히 독일이 가장 중요한 대상국이다. 네덜란드는 유럽의 관문 역할을 한다. 특히 로테르담이 가장 중요한 항구로서 유럽으로 들어오는 물량의 60퍼센트를 차지하고 있다.

네덜란드 경제의 최대 강점은 한마디로 '개방성'이라 할 수 있다. 돈이 오가는 데에 이미 국경은 문제될 것이 없다. 그런 사실을 이 나라만큼 확실하게 보여주는 나라도 없을 것이다. 네덜란드에는 외국계 기업 혹은 다국적기업이 5천여 개나 들어와 있다. 네덜란드는 아예 외국인투자청을 만들어서 외국 기업의 투자를 적극 유치하고 있다. 또 외국돈이 네덜란드에 투자되는 만큼 네덜란드돈이 외국에 투자된다. 이쯤되면 가히 세계화의 첨병이라 할 만하다. 그리 잘 알려져 있지 않지만, 최근 우리나라에 투자한 외국자본의 규모에서 네덜란드는 3위이다.

흔히 네덜란드가 부존자원이 거의 없는 상태에서 오직 근면과 창의적 정신자세로 막강한 경제를 이룩했다고 한다. 이것은 대체로 맞는 말이지만 여기에서 한 가지 지적할 사실이 있다. 1960년에 흐로닝엔 지역에서 대규모 가스전을 발견했는데, 이는 매장량이 1조 8천억 세제곱미터로 추정되는 세계 최대 규모의 가스전 중 하나이다. 30개 가까운 가스 추출 중심지가 있는데 그 중에서 슬로히테른(Slochteren)이 가장 크다. 이곳에서 생산되는 천연가스는 파이프라인을 통해서 벨기에, 프랑스, 독일, 이탈리아로 판매된다. 네덜란드 경제가 크게 발전하고 복지국가의 이상을 구현한 데에는 가스사업의 이익이 큰 공헌을 한 것이 분명하다. 그러나 오히려 이 가스사업의 과실을 너무 믿고 있다가 1970~80년대에 경제 사정이 악화되었다는 분석도 있다. 갑작스러운 자원 발견으로 오히려 경제가 악화되는 이런 현상을 '네덜란드 병(Dutch disease)'이라고 지칭한다.

네덜란드는 개인들이 부자이기보다 사회가 부유한 편에 가깝다.

로테르담 항구. 물동량이 3억 톤이 넘는 세계 최대의 항구 중 하나이다. 유럽 내륙으로 연결되는 두 개의 큰 강, 도로와 철도의 중심지, 인접해 있는 두 개의 대형 공항(스킵홀과 제스틴호벤) 등 입지 조건이 워낙 좋아서 로테르담은 유럽의 관문 역할을 하고 있다. 300개가 넘는 정기 항해 노선이 연결되어 있고 한 해 3만 척 이상의 배가 입항하는데 이를 효율적으로 처리하는 자동화된 물류 시스템을 자랑하고 있다. 우리나라도 네덜란드에 유럽 진출을 위한 물류기지를 구축하는 계획을 세우고 있다.

그것은 많은 사회보장 혜택 때문이다. 그러나 이를 위해서 국민들이 내는 세금 비중이 아주 높다. 소득의 33~60퍼센트를 세금으로 내므로 이 나라는 세계에서 가장 조세 부담이 큰 나라 중의 하나이다. 60퍼센트라면 12달 월급 중 7달치가 세금으로 나가는 꼴이다.

복지국가의 이상이 인류가 이룩한 가장 좋은 것 중의 하나인 것은 분명하다. 오갈 데 없는 노인들을 국가가 맡아서 돌본다든가, 가난한 사람이 아이를 낳았을 때 국가가 우유값과 산모의 건강회복 비용을 지불해 주는 것은 정말 아름다운 일이지 않는가. 우리에게는 아직 이런 제도가 완비되지 않았기 때문에 상당히 낯설기까지 하다. 유럽에서 어느 유학생 부인이 아이를 낳았는데, 복지담당원이 다녀가더니 아기에게 필요한 모든 용품을 지급하고 우리 돈으로 1백만 원 정도의 돈까지 주었다. 한국인 산모는 그 일로 많은 의문을 가졌다고 한다. "내가 애를 낳았는데, 왜 남의 나라 정부가 나한테 돈을 주었을까?" 굳이 알고자 한다면 이렇게 이야기할 수 있다. 유학생은 수입이 제로인 사람이므로 극빈자로 처리되고 그래서 사회가 극빈자를 도와준 것이다.

이처럼 사회가 약자를 돕는 것은 좋은 일이지만 이것이 자칫 경제에 큰 부담이 될 수도 있다. 네덜란드를 비롯한 서구 사회에서는 이 문제가 앞으로 더 심각해질 수 있다. 아이를 가지지 않은 여성의 수가 지난 10년 동안 10퍼센트에서 20퍼센트로 증가했다. 이 말은 곧 젊은이의 수가 줄어든다는 의미이다. 반면 노인 인구는 갈수록 늘어나고 있다. 현재 65세 이상 인구가 전체 인구의 14퍼센트이지만 앞으로 30년 후면 2배가 될 것이다. 그러므로 사회가 노령화되어 가면서 일할 사람 수에 비해 보호받아야 할 사람의 수가 많아지게 된다. 이들에 대한 지원을 줄일 수는 없으므로 결국 세금 부담이 더 늘어나게 될 것이다. 이것은 남의 나라 일이 아니라 조만간 우리나라에도 닥칠 문제이다.

그리고 복지국가체제의 문제는 동시에 서로간 믿음의 문제이기도 하다. 내가 일해서 번 것 중의 일부를 사회와 국가에 내면 그것이 가난한 사람들에게 쓰인다는 대원칙을 모두 받아들일 때 이 체제가 성립되는 것이다. 그런데 1980~90년대에 복지 혜택의 부정에 대한 대대적인 적발이 사회적 이슈가 되었다. 능력껏 내는 것을 모아서 필요한 만큼 주는 것이 원칙이어야 하는데, 우리가 낸 돈을 누군가 빼돌릴지도 모른다는 의심을 사게 되면 일이 안 되는 것이다. 한번 합의가 무너지면 가급적 자신의 몫을 덜 내면서 가급적 더 타먹으려고 하게 된다. 슬픈 일이 아닐 수 없다. 이제 네덜란드인은 언제나 하느님이 내려다보시므로 경건한 마음을 가지고 살아가며, 부자들은 사치를 자랑하지 말고 가난한 사람들을 위해 힘쓰는 그런 사람들이 아닌 것 같다.*

* 암스테르담에 있을 때 신기한 일 중의 하나는 전차와 버스의 표 검사였다. 표는 각자 구입해서 직접 검표기에 찍어야 한다. 운전사는 단지 운전만 할 뿐 누가 표를 사고 탔는지 아닌지 신경 쓰지 않는다. 가끔 검표원이 느닷없이 들이닥쳐 검사를 해서 표 없이 탄 사람들을 적발하기는 한다. 이 정도면 유럽 어느 곳이든지 다 있는 일이다. 특이한 것은 그 다음이다. 벌금을 물리기 위해서 주소를 불러달라고 할 때 다른 나라 같으면 적발된 사람이 거짓말로 불러줄 수 있으므로 신분증을 보여달라고 요구한다(표 사는 것을 속인 사람이 주소 불러주는 것을 속이지 않으리). 그런데 이 나라에서는 그렇게 하지 않는다. 신분증 제시 요구 자체가 불법이었다. 그래서 내가 아는 한 한국인은 가끔 검표원에게 들키면 주소를 불러주되 번지수를 엉뚱하게 불러준다. 이것이 네덜란드의 관용과 그것이 갖는 현실적인 문제를 상징해 주는 것 같다. 그런데 최근에 와서 드디어 검표원이 신분증을 보여달라는 요구한다고 한다. 세상에 변하지 않는 것은 없는 모양이다.

여자 친구 만나기 전에 일부터 해라

노동, 그리고 삶의 여유

■■■ 경제가 튼튼하고 삶의 질이 높은 뒷면에는 강고한 노동의 전통이 있다. 네덜란드인들은 한마디로 유능하고 성실한 일꾼들이다.

여자 친구 만나기 전에 일부터 하라!(Werk gaat voor het meisje.)

이런 속담을 가지고 있는 나라이다(물론 이들이 여자 친구를 멀리하는 사람들은 결코 아니지만).

이 나라 사람들은 일과 관련해서는 '확실한' 사람들이다. 이들은 자기가 맡고 있는 일에 대해서는 항상 정통할 것을 요구받고 있다. 자기 일을 분명하게 처리해야지 대충 하면 큰일난다. 네덜란드 사람들의 일하는 성격은 꼼꼼함과 철저한 노동윤리를 특징으로 한다. 여기에는 교육이 중요한 역할을 했다. 전통적으로 학교에서는 깨끗한 필기와 정확한 계산을 강조해 왔다고 하는데, 이런 것들 역시 확실한 사업 태도를 키우는 데에 일조했을 것이다. 그리고 어릴 때부터 '아르바이트로

단련된' 확실한 돈 개념과 노동에 대한 성실한 자세를 갖추고 있다. 경제 성장과 사회적 요인들을 함께 고려하여 진보·발전을 측정한 결과, 네덜란드 인적 자원의 수준은 유럽 내에서는 수위를 차지하고 전 지구적으로는 4위인 것으로 나타났다(캐나다, 미국, 일본, 네덜란드 순. UN Human Development Report).

물론 이들이라고 일만 하는 것은 아니다. 가끔 "우리나라 노동자만큼 많이 노는 나라가 없다"고들 하는데, 이건 아무리 생각해도 새빨간 거짓말 같다. 혹시 유럽의 대부분 국가에서 여름 한 달 동안 바캉스 가는 것을 일부러 빼고 말하는 것은 아닐까? 네덜란드 노동자들 역시 최소 연 25일의 바캉스를 간다. "우리나라 사정에서 아직 한 달을 유급휴가로 갖는다는 것은 현실적으로 어렵고 아직은 일을 더 해야 한다" 정도로 말을 하면 그건 생각해 볼 일이다. 그러나 "우리나라 노동자가 세계에서 가장 많이 논다" 식의 말을 하는 것을 보면 참을 수가 없다.

네덜란드의 노동조합은 온건하다. 이들의 태도를 보면 차라리 노동계가 경제성장을 돕고 그 성과를 노동계급이 함께 나누어 갖는다는 데에 합의를 한 것으로 보인다. 우선 노조 가입률이 29퍼센트에 불과하다(이에 비해 바로 이웃 국가를 보더라도 벨기에가 67퍼센트, 영국이 43퍼센트이다). 게다가 노동단체가 있다 하더라도 기업이나 고용주들을 적대시하는 노동단체는 지지를 받지 못한다. 이것을 어떻게 해석해야 할 것인가. 호황기 현상일 수도 있고, 복지국가의 이상이 어느 정도 충족되어 격렬한 투쟁이 필요하지 않은 상황이라고 이해할 수도 있겠다.

그러나 이는 기본적으로 이 나라의 사회문화적 배경에서 나온 것으로 보인다. 앞으로 자주 이야기할 점이지만, 이 나라 사람들은 지배자나 직장 상사 등과 우호적이며 그들을 믿는 성향이 강하다. 피고용자들은 회사 간부들이 기본적으로는 선의를 가진 것으로 간주하며, 더 일반적으로 이야기해서 사업가들을 존경하고 있다. 그리고 조직 내에서 합의를 이끌어내는 것이 이 나라의 기본 철학이기 때문에 노동 문제가 격하게 흐르지 않는다. 여기에 이 나라의 강점이 있지만, 과연 이것이 긍정적이기만 할까 하는 의문은 계속 남는다. 싸울 필요가 있을 때에는 싸워야 하는 법인데, 그보다는 우선 합의를 지향하기 때문에 정말로 본질적인 문제에서 잘못을 저지르는 위험이 있는 것은 아닐까……. 그러나 분명한 것은 노동운동이 격하지 않은 데에는 국가가 사회경제적 약자들을 최대한 지켜준다는 기본 배경이 깔려 있기 때문일 것이다.

네덜란드 노동계의 큰 특징은 파트타임 노동자의 비중이 높다는 점이다. 이런 사람들이 전체 노동 인구의 20퍼센트나 차지하고 있다. 이는 '고용불안정'과 '유연성'을 다 의미한다. 전체 경제로 보면 이런 유연성이 중요한 역할을 한다. 경제의 흐름상 어쩔 수 없이 일어나게 마련인 경기순환의 문제에 탄력적으로 대처하는 데에 이보다 더 좋은 방법이 어디 있겠는가. 일시적으로 사업 규모를 줄일 필요가 있을 때 별다른 부담 없이 인력을 해고할 수 있는 것이다. 그러나 파트타임 노동을 하는 당사자들로서는 낮은 임금을 감내해야 하고, 질병 · 재해 · 실업에 대한 보장을 받지 못한다. 파트타임으로 일하는 사람들은 대개 저학력이거나 여성들이다. 이렇게 보면 역시 자본주의의 핵심은 불평등이다. 이런 불평등의 요소가 있어야 자본주의가 성장하는 것일까?

여기에서도 한 가지 고려해야 할 사항은, 정식 고용된 경우에는 해고가 지극히 어렵다는 점이다. 바로 이 점이 파트타임 노동자의 비중이 높은 이유이다. 즉 정식 고용은 평생 고용보장과 유사하기 때문에 회사는 신중하게 사람을 쓰려 하고, 그러다 보니 파트타임 고용이 늘어나고 있는 것이다.

네덜란드 노동자들의 의식에서는 일자리를 안정적으로 유지하는 것이 많은 월급을 받는 것보다 더 중요하다. 이것은 고용주 역시 공유하고 있으며 이 사회 전반이 합의하고 있는 점이다. 이를 바탕으로 제2차 세계대전 이후 해고에 관한 사항을 법으로 정해 해고 자체를 대단히 어렵게 만들었다. 미국식으로 사장이 노동자를 마음대로 내쫓는 것은 꿈도 꾸지 못한다. 만일 직원을 해고하고 싶으면 고용주가 그 직원에게 줄 일거리가 없음을 입증하는 문서를 제시해야 한다. 그러므로 많은 회사에서 특별한 이유로 감원을 해야 할 때를 대비해서 해고의 우선 순위를 미리 정하고 있다. 젊은 사람부터 나가는 방식도 있고, 신참일수록 먼저 나가는 수도 있다. 어떻든 결과는 같다. 오래 붙어 있던 사람일수록 더 오래 남아 있을 수 있다! 어떤 사람이 '맘에 안 들어서' 해고한다는 것은 사실상 불가능한 일이다.

1980년대 경제 위기시에 노동자는 임금 하락을 감내하고 고용주는 고용을 안정적으로 유지 혹은 확대하며, 정부는 조세정책을 통해서 이를 지지하는 소위 폴더모델을 만든 것이 이런 철학의 결과물인 것이다 (제2부 제8장 참조).

번 돈 1길더보다 아낀 돈 1센트가 더 낫다

철저한 자린고비 정신

▪▪▪ 네덜란드인들은 돈에 민감하다. 이들은 분명 아끼고 절약하고 돈 모으는 데 일가견이 있는 민족이다.

이제는 유럽 각국의 화폐가 유로화로 통일되었지만, 이전 길더화 시절의 동전들은 그냥 사라지기에는 아까운 명품들이었다. 동전을 그렇게 작게 만드는 것도 국민성과 무관하지 않을 것이다. 돈에 대해 야무진 이 나라 사람들의 태도가 거기에 드러나는 것 같다. 특히 10센트짜리 동전(dubbeltje)은 와이셔츠 단추만 한데, 손이 둔한 사람들은 이 돈을 '집는' 것이 아니라 손끝으로 꾹 눌러서 손끝에 '묻혀서' 집어올린다.

옷 쇼핑 행태를 보자. 옷 가게에서 물건을 뒤지는 사람 중에는 하자 있는 옷을 찾는 사람들이 있다. 운 좋게라도 흠 있는 옷을 찾아내면 값을 깎기 위해서이다. '세일'을 지나치게 좋아하는 국민성을 말해 주는 것으로 기차표 가격 할인제도가 있다. 기차를 제 돈 다 주고 타는 법이 없다. 왜냐하면 적어도 20가지 이상의 각종 할인방식들이 있기 때문이다. 이 나라 사람들은 돈 아끼는 것에 희열을 느끼는 것 같기도 하다. 그런 거 보면 우리나라 사람들의 과소비는 약간 진정시킬 필요가 있다. 그렇지만 여기에서 무슨 애국계몽운동하는 것처럼 절약만이 살길이라고 외치고 싶지는 않다. 각자 자기 빛깔대로 사는 것이다. 사실 우리나라 사람들이 흔히 하는 대로 한턱 내는(요즘 젊은이 표현으로 '한번 쏘는', 그리고 늙은이 표현으로는 기마에 한번 하는) 문화가 나쁘다고 생각하지는 않는다. 이와 같은 일종의 포트라치(potlatch) 문화는 인류학적으로 고찰할 필요가 있을 터인데, 여기에는 그 나름의 합리성과 필요가 있어 보인다. 다만 그것이 때로는 서로 피곤한 상황을 가져오기도 한다는 것을 경험해 보았을 것이다.

이에 비해서 네덜란드에서는 정말로 '더치 페이'가 원칙이다(사실 'Dutch pay'라는 표현은 없고 'go Dutch' 혹은 'Dutch treat'라고 해야 정확한 영어 표현이다). 그러니 공짜 점심은 기대하지 않는 것이 좋다. 식당에 같이 가자고 했을 때 누군가가 점심값을 내겠다고 분명히 말하지 않는 한 '더치 페이'라고 보아야 한다. 그런데 사실 이것은 네덜란드만이 아니라 대부분의 서구 국가에서 흔한 일이다.

정말로 네덜란드에서만 볼 수 있는 상황은 이렇다. 비즈니스 상담을 하다가 점심 때가 되었다. 그러면 상대방이 당신에게 점심 식사를 사겠다고 말한다. 그러고는 가까운 식당에 가서 샌드위치를 하나 시킨다. 하나?! 당신에게 그걸 먹으라고 하고 그 사람은 태연히 자기가 싸온 샌드위치를 꺼내서 먹는다. 이런 정도면 '더치 페이'에 익숙한 유럽인이나 미국인들도 대개는 놀란다고 한다. 우리는 이런 식으로 하는 데에 그리 익숙지 않다.

예전에 유학시절, 프랑스의 소도시에서 어학연수를 할 때이다. 어느 날 한국 학생들이 함께 논의할 일이 있어서 시내의 한 카페에 모이기로 했다. 1980년대 유학생들은 지금보다 훨씬 가난했고 모두들 돈을 철저히 아끼는 편이었지만, 그래도 카페에서 커피 한 잔 정도는 마실 수 있었다. 그런데 그 중 한 사람은 돈을 철저히 아끼기로 유명했다. 자기는 커피값을 아껴야 하니까 테이블에 앉지 않겠다는 것이다. 그래서 다른 사람들은 테이블에 앉고 그 사람만 가까운 벤치에 앉아서 '원격 대화'를 했다. 당시 우리 유학생들은 네덜란드인 이상의 네덜란드 기질을 발휘하고 있었던 것이다(사실은 유럽의 카페에서 여러 사람 중 한 사람이 음료수를 마시지 않는다고 그 사람이 테이블에 앉지 못하는 것은 아니다).

왜 그렇게 돈을 사랑하는 국민성이 생긴 걸까? 그렇게 묻는 것은 우문일 수밖에 없다. 역사적으로 그렇게 형성되었다고밖에 할 말이 또 있겠는가. 그래도 어떤 답을 구한다면 흔히 하는 말은 칼뱅주의의 영향이라는 것이다. 그러나 구원받을 사람은 이미 하느님에 의해 예정되어 있다는 예정설 교리가 현실 사회에서 자본주의 발전의 윤리가 되었다는 막스 베버의 그 유명한 책을 읽어보아도 오늘날 네덜란드인의 자린고비 정신의 연원이 그리 명료하게 떠오르진 않는다. 다만 이 세상의 헛된 일들에 마음을 빼앗기지 말라는 칼뱅의 가르침이 과시소비와 어울리지 않는 것은 분명하다.

이와 관련해 부의 과시를 금기시하는 강한 전통이 있다.

"부자들은 그들 주위에 가시가 많이 돋혀 있다는 것을 기억하도록 하라. 그리하여 가시에 찔리는 일이 없도록 특히 조심하라."

칼뱅의 이 말은 그대로 부(富)에 대한 네덜란드인들의 태도를 말해 준다. 부자들일수록 그들의 부유함에 대해서 극도로 조심해야 한다. 네덜란드의 부자들은 일부러라도 소박한 척 해야 한다. 그들이 내세우는 것이 '우아함' 정도라면 몰라도 그 이상으로 나아가서 천박하게 부를 자랑했다가는 곧 극심한 경멸을 당하게 된다. 그렇게 보면 사실 이 사회는 그렇게 재미있는 사회는 아닐 수도 있다. 제 멋대로 살아가는 데 자기 규제가 강요되고 있으므로.

이상에서 네덜란드인의 절약에 대한 내용은 단지 일반적인 차원의 이야기일 뿐이지, 실제로는 사람마다 다르다. 모든 네덜란드인들이 다 자린고비라고 할 수는 없다. 그리고 '더치 페이'이기는커녕 낯선 사람에게 먼저 맥주 한 잔 사는 카페 문화도 발달되어 있다. 암스테르담에 살던 시절 어느 날 저녁에 친구와 카페에 앉아서 맥주를 마시고 있었다. 그런데 갑자기 카페 주인이 맥주 두 잔을 가지고 왔다. 깜짝 놀라서 우리는 맥주를 주문한 적 없다고 하자, 한쪽 구석에 앉은 사람을 손가락으로 가리켰다. 그곳에 한 사람이 우리를 보고 싱긋 웃어 보이는 것이었다. 이때 카페 주인이 흔히 하는 농담은 "오늘 저 사람 생일이랍니다"이다. 나는 그런 일을 처음 당하는지라 순간적으로 '저 사람 호모구나! 우리한테 마음을 두고 있군!' 하는 생각이 머리를 스쳤다. 그건 오해였다. 동양 남자 둘이 뭔가 열심히 얘기하고 있으니 흥미로워 보여 맥주 한 잔씩 사 보낸 것인데, 이런 일은 네덜란드의 카페에서 자주 있는 일이다.

또 한 가지, 네덜란드의 자린고비 정신과 어울릴 것 같지 않은 점은 네덜란드가 국제원조를 가장 많이 하는 나라 중의 하나라는 것이다. 네덜란드는 북유럽 국가들과 함께 개도국 원조에 가장 성실한 나라에 속한다. GNP의 적어도 0.7퍼센트를 사용하자는 선진국간의 원조 공약을 충실하게 지키고 있는 나라는 유럽에서 스웨덴과 네덜란드뿐이라고 한다. 자금만 보내는 것이 아니라 전문인력을 많이 보내서 경제개발을 도와주려는 갸륵한 마음씨도 엿볼 수 있다. 원조를 받다가 이제 서서히 원조를 하는 나라로 이행해 가는 우리나라 역시 어떤 방식과 전략으로 원조를 해야 할지 고민할 때가 된 것 같다(자신의 세계전략에 비추어 맘에 맞는 소수 국가들에게 엄청난 물량을 쏟아붓는 미국 방식, 인도적인 기준을 정하고 거기에 따라 우선 가난한 사람을 돕는 북유럽 국가들 방식, 장래 자국의 영향력을 고려하여 일종의 선투자로 생각하고 전략적으로 도와주는 방식……).

내 삶의 기둥과 타인의 기둥들

약자를 위한 합의와 관용

■■■ 네덜란드 사회를 이야기할 때 가장 중요한 단어 중의 하나는 페르죄일링(verzuiling)이다. 이 말을 우리말로 어떻게 옮기는 것이 정확한지 모르겠다. 《네덜란드어-한국어 사전》에서는 "(각자의 이데올로기에 따른) 분리, 분화"라고 옮겨놓았고, 네덜란드를 소개하는 책들에서는 원래 단어의 어원을 살려서 지주화(支柱化)라고 했다. 영어 소개서에서도 역시 정확한 번역어를 찾으려는 노력의 산물로 compartmentalization, 혹은 pillarization 등의 여러 용어가 사용되었다. 이 말의 뜻은 종교나 정치적 성향에 따라 사람들의 친분관계가 형성되어서 이것을 삶의 중요한 기둥(zuil)으로 삼는다는 것이다. 개신교 교도들은 개신교 교도들끼리 만나고, 가톨릭 교도들은 가톨릭 교도들끼리 만난다. 그들끼리만 학교를 따로 다니고 그들만의 스포츠클럽을 이용하며 그들만의 문화클럽을 만드는 식이다. 제2차 세계대전 이후 한참 주택건설이 이루어질 때에는 같은 집단의 사람들이 그들끼리 주

택단지를 만들어서 그들끼리 살기도 했다. 심지어 그들만의 텔레비전과 라디오, 신문이 따로 있다. 종교만이 아니라 정치적 신념 역시 중요한 기준이 된다. 사회주의 성향이 강한 사람들은 역시 그들만의 세계를 따로 만들고, 우파는 우파 나름의 세계를 따로 만든다. 대부분의 사람들이 모두 자기에게 맞는 삶의 기둥을 가지고 그것을 중심으로 사는 것, 이런 원칙이 일반화되어 있다는 것이 바로 네덜란드 사회의 특징인 것이다.

이렇게 사회가 나누어져 있다면 이쪽 '기둥' 사람들은 다른편 '기둥' 사람들과는 원수처럼 지낸단 말인가? 그런 의미가 아니라 차라리 무시하고 신경 쓰지 않으면서 산다는 것이 더 맞을 것 같다. 그러므로 언뜻 드는 생각보다 오히려 평화로울 수 있다. 물론 서로가 직접 마주치는 때에는 상대방에 대한 편견이 작동하여서, 예컨대 가톨릭 교도는 신교도에게 집을 팔려고 하지 않으려는 따위의 일이 일어나기도 한다. 그러나 전반적으로는 서로 상대방을 존중하고 공존하는 길을 택한 것이다. 그리고 이런 지주 집단들을 넘어서 이 틀 전체를 유지하기 위한 국가운영의 차원에서는 최대한 '합의(consensus)'를 추구한다.

이것이 1960년대 이전 네덜란드 사회의 면모이다. 그런데 1960년대에 들어와서 이런 방식이 붕괴되기 시작했다. 무엇보다도 종교가 크게 약화된 것이 가장 큰 원인이다. 그것은 가장 중요한 기둥들이 무너진 것을 뜻한다. 그리고 각 지주 집단에 속해서만 자기 삶의 안전과 의미를 찾는 방식으로부터 각 개인의 자유를 최대한 보장하는 방향으로 사회 분위기가 바뀌어갔다. 이것이 곧 1960년대 네덜란드의 사회혁명이다. 현재 20대 젊은이들에게 지주화가 남아 있는가를 물어보면 많은 사람들이 전혀 남아 있지 않다고 대답한다고 한다. 네덜란드의 '20～30세대'의 생각이 윗세대와는 달라졌다는 증거이다.

간단히 말해서 현재의 네덜란드 사회는 지주(支柱)들이 붕괴된 이후의 사회라 할 수 있다. 자기 삶의 기둥이라고까지 부를 정도로 강한 소속감과 유대감을 제공하던 틀이 깨진다는 것이 전적으로 좋은 일인가는 또 다른 문제이다. 개인의 고독과 불안이 더 심화되고 특히 노인들에게 이 문제가 심각해질 우려가 있으며, 마약 사용이 늘어날지 모른다는 우려가 일고 있다.

네덜란드 사회의 구성 원칙은 변해 가지만 그 기저에 변함없이 깔려 있는 기본 배경은 관용이다. 홍세화 씨의 저서 이후 '똘레랑스'라는 말과 그 뜻이 우리에게도 낯설지는 않다. 다만 네덜란드라는 또 다른 사회에서 이 말이 가진 구체적 의미는 무엇일까?

네덜란드인들은 의견이 다를 때 쉽게 동의하지 않는다. 종교도, 정치신념도, 각자의 입장도 다를 수밖에 없다. 그런 사람들이 모여 사는 사회에서 의견 충돌은 당연한 일이다. 그렇다면 어떻게 해야 하는가? 과거에는 칼을 빼들고 상대방을 아예 없애버리겠다고 하던 때도 있었다. 그렇지만 그런다고 일이 해결되는 것은 아니고 오히려 더 큰 문제가 일어난다는 것은 이미 역사를 통해 충분히 배웠다. 네덜란드식 해결 방식은 법과 규제를 마련하되 그것을 대단히 느슨하게 해석해서 실질적으로 많은 자유를 누리도록 하고, 심하게 위반하는 경우에만 제재를 한다는 것이다.

이 방식이 어떻게 작용하는지를 보여주는 하나의 사례로서 불법점유자(krakers. 영어의 squatters) 문제를 보도록 하자. 땅이 좁은 나라에서는 피할 수 없는 문제가 부동산 투기일 것이다. 그런데 대개 부동산 문제라 함은 이미 많은 부를 가진 사람이 부동산 가격의 상승을 기대하고 더 많은 땅과 집을 소유하는 데에서 기인한다. 그러면 빈집이 널려 있는데 다른 한편에서는 집 없는 사람들이 노천에서 지내게 된다. 이것이

심해지면 집 없는 사람들의 분노가 폭발한다. 이 사람들이 빈집, 빈 아파트, 빈 오피스 건물로 쳐들어가서 눌러 앉아버리고 집주인이 오면 벽돌을 집어던지며 항의하는 것이다. 네덜란드에서도 이 문제가 심각해서 1980년대에 심한 충돌이 일어났다.

우리나라에서라면 용납되지 않을 일이다. 경찰에 전화 한 통 걸면 경찰들이 득달같이 달려와서 이 무엄한 자들을 즉각 연행 체포해 버림으로써 '상황 끝'이 되고 말 것이다. 사실 우리 감각으로는 당연히 그래야만 할 것이다. 엄연히 집주인이 있는데 낯선 사람들이 쳐들어와서 벽돌을 던지며 주인 행세를 하면 그 사람은 도둑 아니냐는 것이다.

그렇지만 그것은 집주인의 입장만 고려한 것이다. 집 없는 사람들 입장에서 보면 진짜 도둑은 집주인일 수 있다. 노천에서 덜덜 떨며 밤을 새는 사람이 있는데 '있는 사람들'이 빈집을 놔두고 그걸 이용해서 더 큰 돈을 벌려고 하는 것은 결코 정당한 일이 아니다. 일년 새에 집값이 대폭 올라서 손 하나 까딱 안 하고 몇억 원을 벌었다면, 말이 좋아 돈을 '번' 것이지 사실 그것은 '도둑질'이다. 왜 그런가? 1년 동안 1억 원을 벌었다고 치자. 평범한 봉급쟁이가 지독하게 아껴 살며 1년에 저축하는 돈이 대략 1천만 원 정도라고 치면, 이 사람은 10명의 샐러리맨이 1년 동안 저축한 돈을 그냥 앉아서 번 것이다. 겉으로는 돈을 번 사람만 있고 잃은 사람은 한 명도 없어 보이지만, 집값 상승이란 결국 국민 모두가 일해서 얻은 부의 일부가 부당하게 집주인에게 옮겨간 것에 불과하므로 결국은 남이 열심히 일해서 얻은 성과를 훔쳐간 것이다.

어느 사회에서나 이런 류의 문제가 있겠지만 그것을 어떻게 풀어나가는가는 사회마다 다르다. 이 점을 주목해 보면 그 사회가 어떤 성격이고 어떤 수준에 와 있는가를 볼 수 있지 않을까? 우리나라는 앞서 말한 대로 경찰들이 달려와서 불법 점거자들을 잡아가는 방식으로 처리하겠지만, 네덜란드 방식은 어떤 것인가? 네덜란드 당국은 이들이 점거한 건물들 가운데 일부를 수리하고 작은 단위의 거주공간으로 분리하여 그들에게 임대하기로 했는데 그 비용으로 약 50만 유로가 들었다. 그리고 빈집으로 방치되어 있는 부동산은 집주인이 새로 개발하기 전까지 싼 집세를 내고 눌러앉아 사는 것도 허용하였다. 그러자 드디어 불법 점거자들이 벽돌 던지기를 중단하고 합의에 들어갔다.

"이제 우리는 불법 점거자들을 어느 정도 통제할 수 있게 되었다. 작은 사회적 불안요인을 처리하는 것치고는 비싸지만, 이것이 네덜란드 방식이다."

주택 관련 담당 직원의 이 말에는 이 나라의 사회 문제 해결방식에 대한 자부심을 읽을 수 있다.

의견이 다른 사람들, 특히 사회적 약자들에 대해서 한편의 일방적인 힘을 강요하지 말고 가급적이면 온건하게 대하는 것, 그래도 해결이 안 되면 정부가 나서서 최대한 합의를 이끌어내는 것, 이것이 성숙한 사회의 방식이 아닐까?

나는 항의한다, 고로 존재한다

항의와 불평의 문화

■■■ 네덜란드를 여행하다보면 사람들의 친절함이 금세 느껴질 것이다. 이 사람들은 싸움 같은 것은 전혀 모르고 지낼 것 같기도 하다. 그러나 그것은 어디까지나 관광객 차원의 생각이다. 1년 이상 살다보면 이 사람들의 태도가 겉모습과는 다르다는 것을 알게 된다. 표현이 좀 이상하지만, 이 사람들만큼 서로가 서로에게 야단을 잘 치는 사람들도 흔치 않다. 그것은 싸움을 좋아한다거나 공격적이라기보다는 자신들의 생각을 피력하고 남과 토론하는 것이 습관화되어 있다는 뜻이다. 그것은 '항의'라고 해도 좋고, '토론', 혹은 '불평', '협의', '고려' 등등 여러 뜻을 포함한 이 나라의 독특한 문화현상인 오버레흐(overleg)를 가져왔다.

이 나라 문화의 특성을 '항의와 불평의 문화'라고 불러도 무방할 정도이다. 인간은 누구나 양도할 수 없는 권리를 가지고 태어났으니 곧 불평할 권리이다. 누구든 할 말은 반드시 하라!

이 점을 잘 보여주는 것이 엄청나게 긴 회의시간이다. 회의가 잘 이루어진다는 것은 참석한 모든 사람이 남김없이 자기 의견을 다 피력한다는 것을 뜻한다. 그러기 전까지는 회의가 끝나지 않은 것과 같다. 이것이 그 유명한(혹은 악명높은) 오버레흐이다. 어느 부서에 전화해서 사람을 찾는데 지금 오버레흐 중이라고 하면 '상황 끝'이다. 이날은 그 사람 찾을 생각을 포기하는 것이 좋다.

이 현상에 대해 잘 생각해 보면 이야말로 좋은 점도 있고 나쁜 점도 있다. 나도 지겨울 만큼 많은 회의를 해보았다(아마 직장 다니는 사람들 대부분이 그렇지 않을까 싶다). 망하는 회사일수록 회의 많고 공산당이 회의가 많다고 하는데, 내가 다니는 학교도 망하는 공산당만큼 회의가 많다. 그런데 그 회의가 유익했다는 느낌이 드는 적이 별로 없다. 어떤 회의는 장시간이 걸리기도 했고 그 결과 중요한 결정이 내려지기도 했지만 다음 회의 때에는 이전의 결정이 뒤집어지기도 하고 오히려 정반대의 내용이 오가기도 한다. 이런저런 경험을 해본 결과, 회의가 길어지는 것이 좋은 것은 아니지만 충분한 논의 없이 무슨 일이 결정되고 진행되는 것보다는 훨씬 낫다는 생각을 하게 되었다. 문제는 회의 방식이 개선되어야 한다는 점이다. 좋은 의견들이 충분히 나오도록 하고 무엇보다도 솔직하게 의견들을 개진할 수 있어야 한다. '윗사람들', 다시 말해서 결정권자는 그 의견들을 다 듣고 여러 의견들을 잘 조정한 다음 합의를 끌어내야 하는데, 그건 정말로 중요한 기술이다. 네덜란드에서 하는 말로, 논의 없는 합의보다는 합의 없는 논의가 낫다.

항의의 중요한 표현수단은 역시 '데모'이다. 그리고 이것은 대표적인 '선진국' 유형이다. 모든 데모는 원칙적으로 경찰에 사전 신고해야 한다. 날짜와 시간, 이동경로 등을 미리 알려주면, 경찰이 교통통제를 하고 다른 사고가 일어나지 않도록 보호한다. 우리는 데모가 일어나면 곧바로 경찰과 전투경찰이 달려와서 페퍼포그를 쏘고 진압봉으로 사람들 머리통을 깨놓는 방식에 익숙한 나머지 경찰에다 대고 '우리 내일 오전 10시에 독재정권 철폐를 위한 모임을 가지려고 합니다' 하는 신고를 한다는 생각 자체를 못했다. 그러나 최근에 드디어 평화적인 방식의 집회가 자리를 잡아가는 것 같다. 2003년도 봄에 있었던 광화문 촛불시위 경우, 미국 대사관 앞에서 충돌이 일어나기는 했지만 아마도 10년 전이라면 상상도 못할 정도로 평화적이고 질서 있는 시위였던 것이다.

물론 아직도 이런 방식의 시위가 안 되는 경우가 많고(잘못을 범한 쪽이 데모대일 수도 있고 경찰일 수도 있다) 때로는 다른 집단이 먼저 선수쳐서 사전신고해 버림으로써 데모 장소를 원천 봉쇄해 버리는 식으로 제도가 악용되는 사례도 있다. 시위란 원래 목적대로 자신들의 뜻을 널리 알리는 것이어야 하지 날이면 날마다 데모가 일어나는 것도 사실 피곤한 일이고 그렇게 되면 주장이 진부해져서 오히려 원래 의도한 목적을 상실할 수도 있다. 한편 시위는 그 자체가 악이라는 생각으로 시위 기미만 보이면 곧바로 잔인하게 탄압함으로써 인간의 양도할 수 없는 천부적 권리인 불평과 항의의 권리를 짓밟는 것도 잘못이다. 이런 여러 사정들을 놓고 볼 때 데모할 의사가 있는 집단은 가급적 짧고 효과적으로 시위 프로그램을 짜고 그것을 경찰에게 알림으로써 다른 사람들과의 불필요한 충돌도 피하고 피해도 없애는 방식으로 나아가야 할 것 같다. 우리 사회가 놀라울 정도로 빠른 속도로 성숙해지고 있는 만큼 아마 조만간 이런 방식으로 바뀌지 않을까 싶다.

이런 시위문화의 발전이 극단적인 폭력성을 줄인다고 하는데 이는 충분히 이해할 만한 일이다. 유신 시절과 전두환 정권 시절 대학생활을 보낸 나로서는 유럽의 데모를 처음 보았을 때 진지해 보이지도 않을 뿐 아니라 시시하다는 느낌을 받았다. 파리에서 있었던 만델라 석방을 요구하는 국제데모는 숱한 인파가 모이긴 했지만 강아지를 끌고 나와서 실실 웃으면서 걸어가는 사람들을 보고 이건 데모가 아니라 산보라는 생각을 했다. 그러나 그것은 우리 느낌의 문제였던 것 같다. 자신의 뜻을 세상에 알리는 것이 시위의 목적이라면 반드시 최루탄을 마셔야 뭔가 한 것 같다고 여길 일은 아닌 것이다.

쇼윈도 같은 집

언제나 편안하고 안락한 집

■■■ 네덜란드의 집은 작지만 깨끗하고 아름답다. 이 나라는 권력자나 부자들이 큰 성을 가지는 나라가 아니다. 심지어 오라녀 가문의 저택도 베르사유나 윈저 같은 성과는 비교가 안 되게 작은 규모이다. 그보다는 누구라도 "절약과 근면을 통해 성과 같은 집을 지을 수 있다"고 믿는 편이다.

네덜란드의 인상은 대체로 깨끗하다는 것이다(암스테르담 같은 대도시는 물론 예외이지만). 특히 집이 깔끔하게 정돈되어 있다. 그리고 방의 커튼을 항상 열어두어서 바깥에서 지나가는 사람이 보더라도 청결해야 하는 것이 이 나라의 관습이다. 아무리 가난한 사람이라도 최소한 앞방만은 보기 좋게 꾸며야 하고 늘 깨끗하게 해야 한다. 그러니까 사람들은 일종의 쇼윈도 속에서 살아가는 식이다. 이것 역시 칼뱅주의 전통과 관련이 있다. 부지런히 집안을 가꾸어 깨끗하게 살아가되 겉으로 드러나는 것만이 아니라 내적으로도 집안에 '죄스러운' 일이 일어나지

네덜란드 도시의 건물들은 다양한 박공(gable)들이 특징이다. 사진 왼쪽 건물은 '까마귀 계단(crow steps) 박공', 가운데 건물은 '네덜란드 박공', 오른쪽 건물은 '스파우트(spout) 박공'이다. 그리고 위로 올라갈수록 창이 작아져서 전체적으로 수직 상승하는 이미지를 강조하고 있다.

않는다는 것을 행인들에게까지 공개한다는 의미이다. 그런데 누구나 집안을 볼 수 있도록 한다고 통상 말은 하지만 정말로 누가 집안을 빤히 들여다보는 것이 유쾌한 일만은 아니므로 요즘은 창 앞에 화초를 가꾸는 식으로 약간 '캄프라치'를 하기도 한다. 이제 종교적 의미는 많이 사라졌다고 하지만 집안을 깨끗하게 하는 것은 사회 관습으로 정착되었다. 집 내부만이 아니라 외부도 마찬가지여서, 특히 잔디밭이 있는 경우에는 신경써서 관리해야 한다. 혹시 잡초가 무성해지도록 내버려두면 이웃들의 항의를 받게 되고(이웃집 잔디밭으로 잡초가 퍼질 우려가 있다는 주장이다) 조만간 '왕따당할' 각오를 해야 한다.

그리고 표면적으로 깨끗한 것만이 아니라 전반적으로 다정하고 편안한 분위기를 조성하는 것이 중요하다. 이것을 나타내는 중요한 말이 허젤리히(gezellig)라는 단어이다. 편안함, 안락함, 다정함 등 여러 뉘앙스를 가지고 있는 이 말은 네덜란드인들이 가장 중요하게 여기는 단어 중의 하나이다. 파티에 가서도 허젤리히, 좋은 식당에서 친구를 만나도 허젤리히, 동창회 모임도 허젤리히, 축구시합에 가서 응원을 열심히 한 것도 허젤리히……. 네덜란드인들이 모이면 최대한 서로 노력해서 허젤리히하게 만드는 것이 신성한 의무인 것이다.

네덜란드의 집은 국토가 좁다는 특징을 반영한 것 같다. 암스테르담 같은 도시에는 17세기에 지어진 건물들이 많이 남아 있는데, 이 건물들을 보면 폭보다 높이를 강조해서 전체적으로 위로 쭉 뻗도록 노력하였다. 운하 옆에 있는 높은 집들이 대표적인 사례들이다. 이 건물들은 위층으로 올라갈수록 창문의 크기가 작아져서 건물이 더 높아 보이도록 하는 효과를 내고 있다.*

이런 건물은 밖에서 볼 때는 멋있어 보이지만, 안에 들어가보면 불편한 점이 한둘이 아니다. 특히 놀라운 것은 계단이 지나치게 좁고 가파르다는 점이리라. 계단 한 단의 폭이 너무 좁아서 발 전체가 닿지 않고 반만 걸칠 수 있을 정도이다. 따라서 층계가 아니라 사다리에 가깝다. 내 경우 이 계단을 오르려면 나도 모르게 윗 계단을 손으로 잡고 반쯤 기어올라가곤 했다. 좁은 대지를 이용해서 집을 지으려다 보니 필요 없는 공간을 최대한 줄이려고 한 것이 아닌가 싶다(이런 점은 화장실도

* 암스테르담의 오래된 건물들 가운데 폭이 놀라울 정도로 좁은 건물들이 있다. 예전에 건물 전면의 폭에 따라 세금을 부과했기 때문에 폭이 좁고 높은 건물을 지었다고 한다. 건물 전면의 폭이 가장 좁은 건물은 싱엘(Singel) 거리에 있는 것으로서 폭이 1.8미터이다. 그러나 이 건물은 뒤로 갈수록 커져서 후면의 폭은 5미터에 달한다. 아우더 호흐스트라트(Oude Hoogstraat) 거리에 있는 또 다른 건물은 전면 폭이 2.02미터이다. 이 두 건물이 가장 폭이 좁은 건물의 유력한 후보이다.

마찬가지이다. 어찌나 좁은지 뚱뚱한 사람은 들어간 후에 뒤로 돌아앉기가 불편하지 않을까 싶다). 이런 상황에서 계단을 통해서 이삿짐을 올리는 것은 불가능하다. 그래서 건물 위에 툭 튀어나온 고리가 있어서 짐을 올리는 곤돌라를 올리는 데 쓰인다. 이렇게 짐을 들어올려서 집안에 들여야 하므로 첫째, 창틀을 뜯기 좋게 해놓았고, 둘째, 고급 가구의 경우 해체 조립이 쉽도록 만들었다.

집을 깨끗하게 유지하기 위해서는 유리창 닦는 일이 고역이다. 네덜란드나 독일 할머니들에 대해 내가 가진 전형적인 이미지는 언제나 창을 닦고 있다는 것이다. 고층 건물의 경우에는 집주인이 직접 닦을 수 없으므로 전문적으로 창문 닦는 사람들과 계약해서 청소를 맡긴다. 대개 4주 간격으로 창을 닦는데, 이 사람들은 비가 오나 눈이 오나, 창문이 깨끗하든 더럽든 정해진 날에 항상 창을 닦는다. 처음 네덜란드를 방문한 사람들을 가끔 놀래키는 것이 이 사람들이다. 내가 암스테르담 교외의 아파트에 세들어 살 때였다. 어느 날 아침, 늦잠을 자느라고 침대에 누워 있었다. 약간 잠이 덜 깨서 눈을 떠보니, 창밖 공중에 한 남자가 둥둥 떠 있는 것이 아닌가!

네덜란드의 집과 관련해서 특기할 것은 보트-집(woonboten)이다. 많은 사람들이 운하나 작은 개천가에 보트를 띄워놓고 이 안에서 산다. 전국에 걸쳐서 약 1만 척 이상이 있는데, 특히 암스테르담에 많아서 2,200척 정도가 있다. 이 집들은 원래 제2차 세계대전 이후 땅이 좁고 집이 부족해서 집 없는 사람들의 임시 거처로 시작된 것이므로 원래의 기원으로 보면 낭만적인 것은 아니었다. 게다가 이것이 수질오염 같은 환경 문제를 일으키므로 시 당국은 점차 이를 줄여나가는 계획을 세우고 있다.

배 위에서 흔들흔들 살아가는 것이 멋있어 보이지만 실제 살아보면 불편한 점도 있다. 화장실은 일반 집보다 좁고, 부엌에서는 부탄가스통을 이용해서 요리를 하므로 꽤 위험하다. 무엇보다 여름에는 환기가 잘 되지 않아서 엄청나게 덥다고 한다. 이런 단점에도 불구하고 역시 배에서 산다는 낭만적 이유 때문인지 현지인들 사이에는 인기가 높다.

살아보고 결혼합시다

결혼과 동거, 여성과 아동

▪▪▪ 네덜란드를 포함해 유럽 일반의 결혼과 동거에 대해서 이야기하는 것은 한편으로 놀라운 일이고 한편으로 익숙한 일이다. 무슨 말이냐 하면 지금까지 우리의 관습적 사고에 비교하면 유럽의 결혼과 동거는 파격적인 것으로 보이는데, 우리나라의 사정이 하도 빨리 변해서 이미 유럽과 비슷한 상황으로 거의 진입해 들어간 것으로 보인다는 것이다.

젊은이들은 정식 결혼보다는 먼저 '동거(samenwonen)'를 한다. '동거'라고 할 때에 우리에게 드는 느낌은 아직까지는 불륜, 철없는 불장난, 숨기고 싶은 과거……이런 것들이다. 그러나 네덜란드(혹은 유럽 전체)에서 이것은 일반화되어 있고 더 나아가서 법적인 지위를 획득하였다. 즉 미혼과 결혼의 중간쯤 된다. 동거를 원하는 남녀는 공식적으로 '함께 살아갈 계약서'를 작성한다. 가난한 커플인 경우 국가로부터 복지관련 보조를 받을 수도 있다. 27세 이하 여성 중 55퍼센트가 파트너와 살고 있는데 많은 경우 임신하면 정식으로 결혼하려고 한다.

이런 현상이 도대체 언제 시작된 것일까? 1960년대 이전에는 동거나 혼전 성경험 같은 것이 수치스러운 일이었다. 네덜란드 사회의 혁명적인 변화는 바로 1960년대에 있었다. 피임약의 보편화가 여기에 큰 기여를 했지만, 이 모든 것이 '알약'의 결과라고 할 수는 없다. 그것은 단지 보조적인 수단을 제공했을 뿐 기본적으로는 문화적 변화의 결과인 것이다. 지주(支柱), 즉 동질적 집단에 대한 소속감이 없어지고, 교회와 세속 당국에 대한 존경심이 사라지면서 행동과 사고의 규범이 크게 바뀐 것이다.

혹시 약간 나이 드신 분들은 혼전동거에 대해 기가 막힐 일이라고 하실지 모르겠으나 요즘 우리나라 대학가 주변에도 이런 '서구식 동거'가 심심치 않게 존재한다. 위에서 이야기한 사고와 행동 규범의 변화가 이미 일어난 것이다. 만일 우리의 젊은이들이 유럽식의 길을 밟아나간다면 조만간 많은 남녀가 먼저 살아보고 결혼하는 방식, 혹은 여러 번 파트너를 바꿔가며 살다가 가장 맘에 드는 사람을 만났을 경우, 특히 아이를 가졌을 경우 결혼하는 방식을 택할 것이다. 그러나 정작 유럽에서는 1990년대를 지나면서 오히려 이런 방식이 약간 수그러들기 시작하고 예전의 전통적인 방식의 결혼이 더 많아진다는 연구 결과가 나왔다. 그렇지만 우리나라의 경우는 어떻게 될지 아직 예단하기 힘들다.

이혼율은 상당히 높다. 결혼한 부부 중 33퍼센트가 이혼으로 끝난다고 한다. 이때 12세 이상의 어린이는 부모 중 누구와 살 것인지 스스로 결정할 권리가 있다. 이혼율이 33퍼센트면 높은 것일까? 그렇지 않다. 2002년 통계를 보면 우리나라에서는 결혼한 부부 중 40퍼센트가 이혼했다고 한다. 우리나라가 유럽보다 앞서가기 시작한 것이다!

동성애에 대해서는 다른 어느 사회보다도 관용적이다. 동성애자들이 사회로 나온 것 역시 1960년대의 일이다. 네덜란드는 이들에 대해서 좋은 대우를 해주는 편이다. 적어도 우리 기준으로 보면 이 나라는 대단히 앞서 나가고 있다. 네덜란드는 2001년 게이 부부를 합법적으로 인정한 최초의 국가가 되었다. 또 레즈비언 커플이 인공수정을 하여 아이를 가져도 복지 혜택을 받을 수 있다. 8월에는 전세계의 동성애자들이 모여드는 게이 축제(Gay Pride)가 열린다. 이 나라에서는 게이들이 합법적인 권리를 획득하는 데 다른 나라에 비해 고통이 덜했다. 그것은 유독 이 문제에 대해서만 후했다기보다 이 나라 특유의 방식대로, 즉 장시간의 토론과 비폭력적인 데모행진 등을 통해 관용의 정신에 호소했고, 그것이 먹혀들어간 것이다. 대개 게이들이 문화적 · 예술적인 감각이 뛰어난 경우가 많기 때문에 일반인들도 이 점을 좋게 받아들인다.

그렇다고 해서 네덜란드인 전체가 이들에게 관용적이라는 뜻은 아니다. 특히 시골로 가면 자기 아들이 동성애자라는 사실을 알게 된 아버지가 충격을 받아 어쩔 줄 몰라한다고 한다.

지금까지 이야기한 것에 비추어보면 네덜란드의 여성 문제는 약간 의외이다. 네덜란드 사회가 '진보적'이라고 생각하기 쉬우나 어떤 부분에서는 오히려 보수적인 측면이 강하다. 대표적인 사례가 여성 분야이다. 지금까지 여성들은 사회로 진출하기보다는 집에 머물며 아이 키우는 것에 주력하였다. 흔히 네덜란드를 평가할 때 가장 뒤처진 점수를 받는 분야 중의 하나가 여성에 관련된 분야이다.

여기에는 이 사회의 전통이 가정적이었다는 점, 또 악착같이 돈 벌어 성공하는 것에 대해 사회 분위기가 비판적이라는 점이 작용한 결과이다. 과도한 야망은 분명 이 사회의 덕목이 아니다. 사실 이 악물고 달려드는 점에서는 우리를 따라올 민족이 드물지 않을까? 그게 우리의 다이너미즘이고 최근 이루어낸 우리의 성공 요인이 아니었을까?

네덜란드 여성들의 사회 진출이 그리 많지 않은 원인을 캐묻는다면, 여성들이 사회로 진출해서 무언가 할 필요를 크게 느끼지 않는다는 점을 들 수 있다. 돈 버는 것이 목적이라면, 사실 정부의 복지제도가 잘 되어 있기 때문에 그다지 중요하지 않다. 그보다는 가정을 지키고 아이를 잘 키우는 데에서 작은 행복을 찾으려는 경향이 크다. 따라서 일하는 여성에 대한 배려가 분명 모자란다. 우선 3~4세 아이를 맡아줄 탁아시설이 부족하다. 또 학교 다니는 아이들이 집에 와서 점심을 먹게 되어 있는데, 이는 엄마가 항상 집에 있다는 것을 전제로 한 시스템이다. 그러다 보니 아이 가진 여성으로서 일하는 사람의 75퍼센트가 파트타임이라고 한다. 그리고 여성의 월급이 남성보다 적다는 점은 뭐라고 해도 성차별적이라고 하지 않을 수 없다.

물론 이것은 그 사회가 알아서 해결할 문제이다. 무슨 뜻이냐 하면, 우리 생각으로는 여성이 부당한 취급을 받고 있다는 데 분개하고 특히 젊은 페미니스트들 같으면 공격적으로 문제제기를 할 가능성이 크다. 그런데 네덜란드의 의견은 사뭇 다르다. 오히려 각박한 현대사회에서 여성을 집 밖으로 몰아서 고생시키는 데 반대하며, 진정 행복한 삶을 얻는 것은 가정이므로 여성이 가정을 지킬 권리를 달라는 가족주의의 목소리가 제법 높다. 그러므로 이 정도로 정리를 하자. 여성이 가정을 지킬 권리를 인정하고, 동시에 사회로 진출하고 싶은 여성들에게는 그것을 보장하는 사회 시스템을 갖추어야 한다는 것이다.

아닌게 아니라 네덜란드 사회 역시 여성의 사회 진출이 갈수록 늘고 있다. 이는 통계로도 확인되는데, 1981년 일하는 여성 비율이 30퍼센트였던 것이 1994년에는 42퍼센트, 1999년에는 58퍼센트가 되었으며 앞으로 10년 후에는 67퍼센트가 될 것으로 내다보고 있다.

과거와 비교해 볼 때 이것은 대단히 큰 변화이다. 20세기 전반만 해도 네덜란드 사회가 이 문제와 관련해서 어느 정도로 보수적이었는지는 몇 개의 관련 법률을 보면 알 수 있다. 1934년에는 남편이 있는 사람의 공직 참여를 금지시켰고, 1935년에는 결혼한 여자를 해고할 수 있었다. 1937년에는 가정 이외에서 여성이 유급 직업을 갖는 것을 아예 금지시키려는 법안을 제출했는데, 통과는 되지 않았으나 이 사회의 태도가 어땠는지 엿볼 수 있는 좋은 자료이다. 1950년에 가톨릭 노조(Katholieke Arbeiders Beweging)의 모토가 '어머니는 공장이 아니라 가정으로'였다는 점을 보면 이 시기까지도 예전의 보수적인 분위기가 강하게 남아 있었다는 것을 알 수 있다. 유럽 사회에서 이런 모든 것을 바꾸게 한 1960년대의 변화는 가히 혁명적이었다.

이런 점을 보여주는 또 하나의 지표는 여성 1인당 출산수이다. 제2차 세계대전 이후 베이비붐은 각국마다 있었던 현상이지만 네덜란드에서는 유독 오래 지속되었다. 제2차 세계대전이 끝난 지 20년이 지난 1960년대까지도 여성 1인당 아이 수가 3.2로서, 이 수치는 가톨릭 국가인 아일랜드 다음으로 높았다. 그런데 그 후 이것이 1985년 1.5로 떨어져서 급격한 하락세를 보였다. 출산율의 급격한 하락이라는 측면에서도 네덜란드와 우리나라는 비슷한 점이 많아 보인다.

한편, 아동교육 문제를 보자면 우선 네덜란드에서는 아이들을 상당히 관대하게 키운다. 가정을 워낙 중요시하는 전통과 관련이 있을 것이다. 무슨 근거가 있는 것은 아니지만, 아이들을 관대하게 키운다고 해서 응석받이가 되는 것 같지는 않다(식당에서 이리 뛰고 저리 뛰는 아이들은 우리 '코리안 키드(Korean kid)' 들이 많다. 또 그걸 야단치지 않고 자랑스럽게 쳐다보는 '코리안 패어런츠(Korean parents)' 들 때문에 약간 민망할 때가 많다). 아이를 애정과 배려 속에서 키운다는 것과 버릇없게 키우는 것은 분명 다른 일이다. 오히려 내가 받은 느낌으로는 네덜란드의 아이들이 자기 주관이 뚜렷하였다. 그건 아마도 이 나라의 문화적 특징, 앞에서 언급한 것처럼 누구나 자기 의견을 이야기할 수 있도록 한다는 원칙 때문일 것으로 보인다. 아이들 말이라 하더라도 부모가 들어주고 진지하게 대답해 주는 것이 이 나라의 교육 방침이기 때문이다.

그러다 보니 자기가 생각하고 원하는 것에 대해 거침이 없다. 이 나라 청소년들이 하는 일들에 대해 일반적으로 하는 이야기들을 정리하면 이런 순서가 된다.

16세부터 할 수 있는 것—맥주, 와인, 섹스, 담배
18세부터 가능한 것 —결혼, 브랜디, 순한 마약

16세와 18세라면 우리의 고등학교 1학년과 3학년에 해당하는 나이인데 좀 빠른 것 아닐까? 그러나 모르긴 몰라도 우리의 청소년들 역시 이 방향으로 나아가는 것으로 보인다.

청소년들은 언제 어떤 식으로 사고를 칠지 모르므로, 늘 신중한 네덜란드 학부모들은 이에 대비를 하고 있다. 흥미로운 점은 자녀가 학교에서 사고칠 것에 대비해 보험을 든다는 것이다. 아이가 유리창을 깨든, 친구의 이를 몇 개 부러뜨리든, 경찰에 잡혀가든 준비가 되어 있으니 이 얼마나 든든한 일인가(이 나라 학교에서는 이 보험 가입이 강력 권고사항—요즘 학생들 표현대로 '강추'—이다).

학교 문제는 네덜란드 현대사를 달군 가장 중요한 이슈 중의 하나였다(제2부 제7장 참조). 중요한 논쟁은 사립학교를 자유로이 세울 수 있는가, 사립학교를 정부가 보조해야 하는가의 문제였다. 결론적으로 최소의 기준을 충족시킬 경우 어떤 종류의 사립학교도 세울 수 있게 되었다. 개신교 학교, 가톨릭 학교, 이슬람 학교, 힌두교 학교, 유대인 학교,

개방학교, 대안학교, 몬테소리 학교……. 학부모들은 공립과 사립 가운데 자유롭게 학교를 골라서 아이들을 보낼 수 있다. 현재 전체 학생의 3분의 1이 공립학교, 3분의 2가 사립학교에 다닌다. 정부는 양측 모두 재정적으로 지원한다(정확히 말하면 '지원해야 한다'). 그러나 사립학교라고 해서 교육 내용에 전적인 재량이 있는 것은 아니고 교육부가 정한 대체적인 가이드라인을 지켜야 한다. 학비는 원칙적으로 무료이며, 특별 활동에 대해서만 비용을 내면 된다. 한 가지 흥미로운 것은 이 나라는 어느 하나의 원칙을 강요하지 않는다는 전통 때문에 교복을 입는 경우가 거의 없다는 점이다.

의무교육 기간은 5세부터 18세까지인데, 마지막 2년 동안은 직업교육을 병행할 수 있다. 대학교 진학비율을 보면 18세부터 22세까지의 인구 중 22퍼센트가 대학에 다니는 것으로 되어 있다. 학비는 국가가 정한 기준에 따르므로 학교에 따라 등록금 액수가 다른 우리나라와는 다르다. 그리고 학생들은 싼 이자의 대여금을 이용할 수 있다.

오늘날 학교와 교육 문제는 우리 사회에서도 가장 큰 문제 중의 하나이다. 오죽하면 유엔에서 이 문제를 걱정할 정도이겠는가. 우리나라는 2003년에 아동인권보호에 관한 국제협약인 아동권리협약의 이행 상황을 심의받았는데, 과도한 교육경쟁으로 아이들이 행복한 삶을 저해받음으로써 아동의 인권이 침해받았다는 지적을 받은 것이다. 여기에서 한 가지 분명히 밝힐 일은 유럽의 학교 상황을 보면 전반적으로는 우리의 입시지옥과는 비교가 안 되게 자유로운 분위기이지만, 열심히 공부해야 나중에 엘리트가 된다는 것은 변함없는 사실이라는 점이다. 핵심적인 차이는 엘리트가 아닌 중간 이하의 성적을 내는 학생들에 관한 일일 텐데, 이 학생들도 자기 나름대로 행복하게 잘살 수 있는 길이 열려 있고 무엇보다도 공부 못한다고 인간 이하의 취급을 당하지는 않는다.

참을 수 없는 존재의 고통

존엄하게 죽을 권리, 안락사

■■■ 네덜란드 사회가 여러모로 앞서 간다는 것은 안락사(euthanasia)에서도 드러난다. 네덜란드에서는 1980년대부터 안락사가 사실상 허용되었다가 2002년에 법제화되었다. 그 이전 시기에 안락사는 처벌 대상이 되는 불법 행위이지만 기술적으로 몇 가지 전제조건을 충족시키면 일종의 묵인을 하였다(바로 이것이 앞에서 말한 규제를 느슨하게 풀어서 사실상 허가를 하는 이 나라 특유의 방식이다). 환자가 치유불가능한 병에 걸려 참을 수 없는 고통을 당하고 있을 것, 환자 자신과 가족들의 요청이 있을 것, 다른 모든 조건들을 환자가 잘 알고 있을 것 등 몇 가지 조건을 충족시켜야 한다. 그러면 의사가 고통 없이 죽도록 주사를 놓는다.

그동안 네덜란드에서는 안락사를 '인간이 존엄하게 죽을 권리'로 보는 운동을 벌여왔고 실제로 많은 수의 사람들이 안락사로 죽었다. 1990년에 2,189명이었던 안락사 숫자는 1995년에 3,253명으로 집계되었고, 이런 공식적인 집계에 들어가지 않은 비공식 · 불법 안락사 숫자도 많을 것으로 보인다. 현재 연간 사망자의 3퍼센트가 안락사에 의한 사망자일 것으로 추산된다. 1998년의 여론조사에서는 전 국민의 98퍼센트가 안락사에 찬성하는 것으로 나타났다. 드디어 2002년에 네덜란드 정부는 세계 최초로 안락사를 합법화했다. 법 이름은 직역하면 '요청에 의한 생명 종식과 도움을 받는 자살(Termination of Life on Request and Assisted Suicide)에 관한 법'으로서 2002년 4월 1일부터 적용되었다. 이것은 '죽음의 권리장전'일까 생명경시의 악마적 행위일까?

네덜란드에서 안락사에 관한 입법의 역사를 살펴보면 이 문제에 대한 이 나라의 태도를 이해하는 데에 도움이 될 것이다.*

안락사 문제가 처음 법적인 문제로 떠오른 것은 1973년이다. 포스트마(G. Postma)라는 프리즐란드의 한 여의사가 뇌출혈로 고생하는 어머니에게 치사량의 모르핀을 투여한 사건이 있었다. 이 사건의 형사소송을 계기로 네덜란드 자유의사(自由意思) 안락사연맹(De Nederlandse Vereniging voor vrijwillige Euthanatie)이 결성되어서 그 여의사를 옹호하였다. 이 사건에 대한 판결에서 법원은 집행유예 1주일을 선고함으로써 사실상 안락사를 인정하는 결과를 가져왔다.

이러한 정상참작 수준이 아니라 공식 입법화 노력은 1984년에 중요한 전기를 맞이했다. D66당의 의원인 베셀-퇴인스트라(E. Wessel-Tuinstra)가 안락사에 관한 최초의 법안을 상정했는데, 물론 여기에는 환자의 상태에 대한 엄격한 의학적 검증을 명문화하였다. 또 이 해에 알크마르의 스혼헤임(P. Schoonheim)이 대법원에 제기한 항소가 받아들여졌는데, 그 내용은 95세의 여자 환자로부터 안락사에 대해 문서화된 요

* http://www.amsterda m.co.kr/general/euthanasia.htm에서 많은 도움을 얻었다.

청을 받고 이를 행한 일이었다. 골반 골절을 당한 이 고령의 할머니는 병상에서 이루 말할 수 없는 고통을 겪고 있어서 다량의 진통제에 의존해야만 했는데 대법원은 이 경우에 의사에게 법적 책임이 없다고 판결을 내린 것이다. 이제 의사들은 처벌의 위험 없이 안락사를 할 수 있게 되었다.

그러나 이때에도 안락사는 불법이었다. 다만 미리 규정된 절차를 두어서 일정한 조건을 만족시키는 경우에는 '예외'로 안락사가 가능하다는 식으로 이 문제에 대한 해결책을 만들어갔다. 그 절차는 1994년에 정부 주도의 위원회에서 준비했다. 그러는 동안 이 해에 정신과 의사 차보트(Chabot) 사건이 있었다. 그는 두 아이를 잃은 슬픔 때문에 심한 우울증을 앓고 있는 한 중년 여인에게 안락사를 시행했다. 법원은 이 의사에게 다른 의사진과의 상담을 제대로 하지 않은 책임을 물어 유죄를 선고하였지만 실형을 내리지는 않았다. 이를 계기로 '참을 수 없고 희망이 없는 상태'에 정신과적 고통까지 포함하게 되었다.

우울증이 과연 안락사의 조건이 될 수 있는 것일까? 여기서부터는 정말로 의견이 엇갈릴 것 같다. 그런데 네덜란드 의회가 이에 관한 법안을 논의하는 과정에서 흥미로운 일이 있었다. 전직 노동당 상원의원이었던 브롱어르스마(E. Brongersma)가 자신은 참을 수 없는 육체적 고통을 겪는 것은 아니지만 우울증 때문에 참을 수 없는 '삶에 대한 고통'을 겪고 있다고 생각하고 적법한 절차를 거쳐 의사에게 안락사를 요청한 것이다.

이런 과정을 거치면서 네덜란드는 안락사를 합법화하기에 이르렀다. 그 성격을 다시 정리하면, 엄격한 육체적 · 정신적 전제조건, 환자와 가족들의 명백한 요구, 안락사 판정의 자격을 갖춘 의사진과의 협의 등을 통해서 안락사 시행이 가능해진 것이다.

유사한 것으로서 낙태 문제가 있다. 1960년대의 급격한 사회변화, 특히 성개방의 결과로 자연스럽게 낙태 문제가 제기되었다. 페미니스트들의 주장인 "자기 배(腹)의 주인이 되라"는 것은 곧 낙태의 권리 주장으로 발전하였다. 여기에서도 네덜란드는 특유의 방식으로 대처해 갔다. 법적으로는 낙태가 불가능했지만 의사들은 이미 시행하고 있었다(우리나라의 현재 상황도 이와 같다). 의사들의 주장은 만일 그들이 하지 않으면 더 위험한 방식으로 낙태가 이루어진다는 것이다(우리나라 의사들의 주장도 이 비슷한 것으로 알고 있다). 종교단체들의 강한 반발로 논란 끝에 임신 3개월까지는 낙태가 합법적이라고 결론을 보았다. 그러면 임신 3개월이 지난 경우에는? 실제로는 역시 낙태를 한다. 그렇다고 6개월이 넘은 태아를 마음놓고 지우는 것 같지는 않다. 이에 대해서는 막연하고 느슨한 대응을 할 뿐이다.

네덜란드에서 이루어진 이 과정에 대해서 성급한 결정이라든지 심사숙고가 부족하다는 식의 비판을 하기는 힘들 것 같다. 그 나름대로 최선의 노력을 다해서 어려운 합의에 이른 것이라고 말하는 것이 합당한 일일 것이다. 그리고 주변에서 말기 암 환자가 겪는 처참한 고통을 목도한 사람이라면 품위 있는 죽음을 맞을 수 있도록 허용하는 것이 올바른 일이라고 생각하지 않을까 싶다.

동시에 네덜란드 식의 합의 과정이 100퍼센트 만족스러운 것은 아니라는 느낌도 든다. 유연하고 관대한 대응이라는 것이 대체로는 사회를 매끄럽게 돌아가게 하지만, 정말로 중요한 사항, 진짜로 문제 제기를 해야 하는 상황에서 문제를 회피하는 요소가 있는 것은 아닐까? 안락사 허용에 일면 진보적인 측면이 있지만 생명윤리에 대한 심각한 문제가 납득할 만큼 해결되지 않은 채 있는 것이다.

안락사라는 말 자체가 대단히 상징적이다. 이 말은 원래 히틀러가

인종말살을 획책하면서 썼다고 한다. 살 가치가 없는 사람들은 차라리 편안하게 죽는 것이 낫다는 의미인데, 살 가치의 있고 없음을 도대체 누가 결정한단 말인가? 안락사 문제는 정말로 풀기 힘든 난제임에 틀림 없고, 네덜란드에서 지난 30년간 그 어려운 문제를 접근해 들어가는 방식에는 정말로 배울 점이 많다고 보인다. 다만 여전히 위험성이 잠재해 있다는 점을 지적하고 싶다. 네덜란드의 순응주의가 유독 이 나라에서 제일 심각한 유대인 학살을 가져왔다고 하는 데에서 알 수 있듯이(제2부 제8장 참조), 순응과 관용정책이 뜻하지 않은 재앙을 불러올 수 있는 것이다.

죄와 벌

너무나 많은 좀도둑, 너무나 인간적인 교도소

■■■ 네덜란드는 비교적 범죄가 적고 평온한 국가이다. 굳이 위험한 지역에 가지 않는 한 비교적 안전하게 살 수 있다. 이 점은 미국의 대도시와 비교하면 알 수 있다. 워싱턴 DC를 여행했을 때를 떠올려보면 지금도 끔찍하다. 밤에 차를 몰고 가다 길을 잃었는데, 그 지역은 진정 누아르 영화의 분위기가 물씬 났다. 마침 길 건너에 경찰차가 보이길래 길을 물어보려고 차를 세우고 길을 건너서 경찰차로 다가갔다. 그런데 가까이 가보니 긴장한 경찰 6명이 총을 빼들고 있지 않은가. 어느 대도시에서나 암울한 경험을 할 수는 있지만, 비교를 하자면 유럽의 대도시들이 미국 대도시들에 비하면 훨씬 '온건한' 편이다.

네덜란드에서는 심각한 폭력은 아주 적지만 대신 소소한 범죄들이 많다. 예컨대 주차된 차를 부수고 라디오를 훔쳐가는 일이 빈발한다. 이것은 유럽과 미국 대도시 일반에서 자주 일어나는 일인데, 다행히도 우리나라에는 아직 수입되지 않았다. 이 좀도둑들은 정말로 궁하면 차 시트에 떨어져 있는 동전 한 닢 때문에 차 유리를 부수기까지 한다. 그래서 차를 주차한 다음에는 돈 될 만한 것은 눈에 띄지 않게 모두 트렁크에 넣어야 한다. 문제는 라디오인데, 이 역시 탈착식으로 만들어서 주차시에 라디오를 빼서 트렁크에 넣어두었다가 떠날 때에 도로 낀다. 그리고 더 확실하게 하기 위해 차 앞에 '라디오 없음'이라고 써 붙이기도 한다. 사실 차 유리창이 부서지는 화를 당하면 정말 황당하다. 수리비도 문제이지만 집에 돌아갈 때 고속도로를 탈 수 없게 된다. 바람이 심하게 들이쳐서 운전을 하지 못하기 때문이다.

이런 식의 자동차 도둑은 유럽 전역에 걸쳐 일반적이지만 네덜란드에서 유독 많은 범죄는 자전거 도둑이다. 자전거가 많은 만큼 자전거 도둑이 가장 흔한 범죄 중의 하나일 수밖에 없다. 네덜란드 경찰은 1년에 도둑맞는 자전거가 18만 대 정도일 것이라고 추산하고 있다. 반 젤스트(Van Zelst)라는 인물은 1980년대에 최소한 5만 대의 자전거를 훔쳤다고 자신의 회상록에서 고백하였다. 이래서 자전거 사용을 포기하는 사람이 상당히 많아졌다. 자전거를 도둑맞고 난 후 새로 산 지 하루만에 또 도둑맞고……. 그러기를 서너 번 하면 징그러워서 자전거를 다시 사고 싶지 않을 것이다. 그러니까 좋은 자전거는 살 것이 못된다. 중고품이나 장물로 나온 허름한 자전거를 사는 것이 여러모로 마음 편하다. 아마 자기가 잃어버린 자전거를 그곳에서 반갑게 다시 볼 수도 있을 것이다.

네덜란드는 자전거 도둑만이 아니라 소소한 도둑질이 많은 것으로 유명하다. 암스테르담에 살 때 들은 것이라 확인은 못했지만 그 동네에서 제법 잘사는 어떤 사람의 취미가 도둑질이라는 것이다. 남의 집에 들어가서 한두 가지 물건을 들고 나와서 싸게 판다는 것이다. 그런데 구매자가 물건이 맘에 들지 않는다고 항의하면 교환도 해줘서 그날 저녁 다른 집에 들어가서 다른 물건을 훔쳐서 바꿔준다는 것이다.

소소한 범죄가 기승을 부리는 데에는 이런 일에 대해 이 사회가 관대한 것도 하나의 원인일 듯싶다. 관용도 지나치면 문제인 것이다. 이런 상황을 생각해 보자(실제로 있었던 일이다). 어떤 사람이 도둑을 맞았다고 하자. 밤에 모로코 사람 둘이 물건을 훔쳐서 황급히 나가는 모습을 목격하고, 경찰에 신고했다. 며칠 뒤 그 모로코 사람들이 한 동네 살고 있으며 그 사람들이 훔쳐간 랩탑이 이 동네 카페에서 매매되었다는 사실을 이웃에게 들었다. 그런데 경찰에게 이 사실을 알려도 경찰은 이 정보를 확인하려고 하지 않을 뿐 아니라, 이 일을 그냥 두는 것이 낫겠다고 한다. 잘못하면 보복당할 위험이 있다는 것이다. 그들은 당신이 누구인지, 언제 집을 비우는지 다 알고 있으므로 자칫하면 오히려 더 큰 위험을 당할지도 모른다는 것이다. 이것이 경찰로서 할 이야기인지는 모르겠다. 이런 정도라면 좀 너무 하는 것 아닌가?

범죄인들에게도 가급적 관용적인 태도를 취하는 것은 이 나라의 전반적인 태도와 어울리는 인도적인 일이다. 교도소의 모습을 보면 이를 확인할 수 있다. 이 나라 교도소는 가능하면 정상적 삶을 제공한다는 아이디어를 가지고 있다. 알크마르의 스휘터르스베이(Schutterswei) 교도소에 대한 이야기를 정리해 보도록 하자(이 점이야말로 가보고 쓸 수는 없고 들은 말에 불과하다는 점을 양해해 주시기를). 이곳에 수용된 사람들은 주급을 받는데 이 돈으로 TV, 스테레오, 애완동물, 커피머신 등을 사서 자기 방을 꾸민다. TV, 비디오 게임, 인터넷 시설 등이 골고루 갖추어진 방(technozuil)도 마련되어 있다. 또 다른 방은 일명 섹스방(sex cell)이라 하여 방문객들과 '친밀하게' 지내는 데 필요한 가구들이 갖춰져 있다. 수용자들은 모두 자기 옷을 입을 권리가 있고, 원하면 부엌에

가서 음식을 직접 요리해 먹을 수 있다. 이것은 '사회의 희생자'들을 위한 '대안 처벌(alternative punishment)', 혹은 '교육 계획(educational project)'을 제공한다는 철학을 구현한 것이다. 흔히 이야기하는 대로 교도소가 정말 '교도'를 하는 것이 아니라 오히려 조직범죄를 조장한다든지, 한번 잘못을 저지른 이후 사회로의 복귀가 사실상 불가능하게 되어서 계속 재범에 빠진다는 비판의 관점에서 보면 이런 교도소 시스템은 모범적이라고 할 만하다. 무엇보다도 교도소에 갇힌 사람들이라도 인권을 지켜주고 인간적인 삶을 살도록 해주어야 한다는 입장에서 보면 이는 정말로 인도적인 제도이다.

섹스와 마약의 자유, 자기가 책임질 수만 있다면

금기가 없는 사회

■■■ 네덜란드가 성에 대해 개방적이라는 점은 널리 알려져 있다. 과연 실제 사정이 어떤지 궁금하지 않을 수 없다. 그러나 이 문제에 대해서는 느낌만으로 안 되고 구체적인 자료를 가지고 이야기해야 한다.

우선 18세 청소년들을 대상으로 한 인터뷰 결과를 보자. 이에 의하면 25퍼센트의 사람들만이 남녀가 함께 자기 전에 지속적인 만남(steady relationship)이 필요하다고 답했다. 이 자료를 어떻게 해석할 수 있을까? 문자 그대로 해석하면 75퍼센트의 사람들은 지속적인 관계없이도 남녀가 섹스를 할 수 있다고 생각한다는 것인데, 이는 곧 사람들은 만나서 바로 섹스를 위한 섹스를 하는 것도 가능하다고 보는 것을 뜻한다. 사실 이건 파격적인 결과라고 할 수 있다. 만일 이 자료만 가지고 본다면 네덜란드는 정말로 프리섹스의 천국일 수 있다.

그런데 두 번째 자료를 보면 그렇지도 않다는 것을 알 수 있다. 정작 18세 청소년들의 50퍼센트는 이 나이에 아직 성관계가 없었다고 한다. 18세 청소년의 50퍼센트가 성관계를 가졌다는 것이 어떻게 보면 놀라울 수 있지만 이 나라의 유명한 성적 관용 및 개방의 태도를 생각해 보건대 그 나머지 50퍼센트가 아직 경험이 없다는 사실이 오히려 놀라울 수도 있다. 하여튼 이런 문제는 막연히 생각하는 것과 실제가 상당히 다르다는 점을 다시 확인하게 된다.

그런데 적어도 우리의 눈으로 볼 때 이 나라의 성 개방이 매우 진척되어 있는 것은 사실이다. 딸이 초경을 하면 어머니는 즉시 성교육을 하며 동시에 피임법을 숙지시킨 다음 피임기구를 챙겨준다고 한다. 사람들은 섹스를 일상적인 일로 여긴다. 이 나라에서 섹스는 일종의 스포츠와 같다는 느낌을 준다. 어쩌면 그보다 더해서 마치 이 닦는 것처럼 흔한 일로 여기는 것 같기도 하다. 우리는 아직 성과 관련된 이야기를 나누는 것이 어쩐지 민망한데, 네덜란드에서는 섹스에 대해 아무 때나 아무하고 거침없이 대화를 한다.

옷을 벗는 데에는 정말 거리낌이 없다. 그래서 누가 옷을 벗는 것을 보고 나를 유혹하는구나 하고 속단해서는 곤란하다. 이런 일이 있었다고 한다. 외국에 사는 먼 친척이 네덜란드에 찾아와 처음 만나는 사촌에게 옷을 선물했다. 그러자 옷을 받은 네덜란드 여인, 그 자리에서 옷을 훌렁 벗고 만인 주시 하에 새 옷을 입어보는 것이었다. 또 이런 이야기도 있다. 네덜란드의 병원에 가면 가운이 따로 없기 때문에 의사, 직원, 의대생들이 왔다갔다 하는 데에서 그냥 다 벗고 기다려야 한다. 이와는 반대되는 상황의

안전한 섹스를 위한 캠페인용 스티커이다. "나는 (콘돔을) 끼고 해요"라고 씌어 있다.

이야기도 있다. 네덜란드 여자가 외국에 나갔다가 병원에 갈 일이 있었다. 미국의 병원에 가본 사람은 알겠지만, 환자들이 작은 방에 들어가서 기다리고 있으면 의사가 한 방씩 차례로 들어가서 환자를 진찰한다. 네덜란드 여인이 빈 진찰실에 들어갔다고 한다. 거기에는 가운이 하나 있었지만 고국의 미풍양속에 따라서 가운을 입지 않고 의사를 기다렸다. 얼마 후 의사가 이 방에 들어왔는데 여자가 옷을 전부 벗고 베드에 길게 누워 있는 것을 보고는 기겁을 했다는 것이다.

네덜란드의 성 문제와 관련해서 홍등가를 빼놓을 수 없다.

원래 항구 도시에는 창녀촌이 발달한다. 암스테르담, 로테르담 등지에 자연스럽게 홍등가가 형성되어서 바다 위에서 외롭게 갈매기만 벗삼았던 사나이들을 맞이해 주게 마련이었다. 특히 암스테르담의 드 발렌(de Wallen) 지역이 홍등가로 유명해서 관광코스의 하나로 각광받고 있다. 통상 홍등가는 위험한 곳인데, 그나마 이곳은 상대적으로 큰 위험은 없는 편이다. 관광객들이 줄을 지어 이곳을 구경하므로 으슥한 곳에서 깡패를 만날 일은 생각보다 적은 편이고, 이 지역 한가운데에 경찰서가 있어서 안전을 책임져 준다(그러나 소매치기가 득실거리는 곳이므로 주의해야 한다).

이 지역이 박사논문과 관련된 곳이라서 나는 전공 공부도 할 겸 이곳을 몇 번 찾아가 보았다. 내 박사논문에 나오는 17세기 세계 최고의 부상(富商)들이 살던 곳이 바르무스 거리(Warmoesstraat)인데 세월이 흘러서 이곳이 창녀촌이 되었다니, 나는 그곳에 갈 때마다 인생무상을 느끼곤 했다. 인생무상은 인생무상이고, 그곳에 역사 탐방을 갈 때마다 동시에 섹스산업 현장 탐방을 하지 않을 수가 없었다. 내가 관찰한 바에 의하면 관광객들이 줄지어 우르르 몰려다니면서 구경만 할 뿐 실제로 '점포' 안으로 들어가는 경우가 그리 많지 않았다. 용감한 일본 관광객과 아랍계로 보이는 사람이 흥정 끝에 점포 안으로 들어가는 것을 본 적이 있는데, 그렇게 손님이 들어가면 쇼윈도의 커튼을 휙 닫아버리는 것이다. 그 다음에야 낸들 어찌 알리오.

이 거리에서 가장 인상적인 깨달음이 하나 있었다면 사람들의 성적 취향이 참으로 다양하다는 것이었다. 예쁘장한 아가씨들한테는 전혀 손님이 없고, 엄청나게 살집이 좋으신 '아줌마'들은 손님—주로 아랍계 아저씨들—을 계속 받고 있었다. 혹시 관심이 있는 분들은 이 지역에 대한 친절한 안내서를 참고할 수 있는데, 그 중에는 이런 구절도 있다. "당신이 찾아들어간 곳의 아가씨가 당신이 생각하는 것처럼 반드시 여자인 것은 아니라는 점을 주의하라."

이곳에서는 현찰, 크레디트 카드, 수표, 외국 화폐 등을 다 받는다(유로화 통합 이후 더 편해졌다). 아가씨들은 자기 직업에 자부심이 강하고, 당국으로서는 규칙적으로 건강검진을 해서 안전하고 즐거운 노동 환경을 조성해 준다.

이곳에서 일하는 사람들은 그들만의 조합을 결성하였는데, 이름도 홍등가에 걸맞게 '붉은 실(Rode Draad)'로 정해졌다. 이들의 목적은 원래 그들의 일을 합법화하고 권익을 옹호한다는 것이었다. 질병 휴가, 세금 혜택, 연금, 임신 휴가, 월경 휴업시 보상 문제 등이 주요 의제였다. 이런 활동이 성과가 있어서 드디어 2001년 섹스산업이 합법화되었다. 이제 이들은 당당하게 세금 내고 정식으로 노동하는 존재로 인정받고 있다. 그러나 그 이후에도 붉은 실 멤버들은 여전히 활발하게 투쟁 중이다. 해결해야 할 일들이 많은 것이다. 이들의 주장에 따르면 당국이 관료제적인 태도로 임하기 때문에 지극히 사소한 것까지 간섭하려 하므로 이를 개선해야 한다는 것이다. 예를 들면 모든 아가씨들이 손톱을 깨끗이 깎아서 손님들과 관계하는 동안 병이 전염되지 않도록 해야 한다는 규정까지 두었다는 것이다.

성과 관련해서 네덜란드의 태도가 개방적이고 적극적이라는 점은 법원의 흥미로운 판결에서도 찾아볼 수 있다. 한 중증장애인에게 '섹스 도우미 여성 노동자(female sex aid worker)'를 방문할 수 있는 비용을 지방 당국이 지불하라는 판결이 있었다. 우선 용어부터 인간적이지 않은가. 섹스 도우미 여성 노동자라. 이 사나이의 주장의 근거가 된 것은 이 사람에게 한 달에 한 번 정도의 섹스 욕구가 있다는 심리학적 보고서이다. 그럴진대 국민의 행복을 책임져야 할 정부 당국으로서 마땅히 이 남자에게 도움을 주어야 한다는 취지의 판결이 내려진 것이다.

네덜란드 심리치료 간호사협회와 관련된 일화도 흥미롭다. 마스트리히트(Maastricht) 병원에서 일부 환자들이 창녀촌에 갔다가 부당한 대우를 받고 돌아온 것을 알게 된 이 협회가 시 당국에 항의를 했다(거듭 강조하는 바이지만 항의는 이 나라 문화의 핵심 사안이다). 시 당국이 이 항의를 접수한 후, 마담들을 설득해서 환자들에게 안전하게 그리고 즐겁게 대해 줄 것을 부탁했다. 마담들은 이에 적극 호응하여 흔쾌히 정부 당국의 일에 협조하기로 하고 더 나아가서 환자들에게 할인 혜택까지 해주었다고 한다.

섹스는 인간이 누려야 할 소중한 권리이며 이것을 박탈당할 위험에 처한 사람들에게는 국가가 복지정책 차원에서 도와주어야 한다는 것이 이들의 생각이다. 이를 몸소 실천하는 사람들 중에 가장 주목할 사람들은 중증장애인들의 성생활을 돕는 자원봉사자들이다. 잘못하면 평생 섹스의 즐거움을 누리지 못할 사람들을 위해 기꺼이 '몸바쳐' 헌신하는 이 사람들의 행위는 아름다워 보이기도 하고 어째 이상해 보이기도 하다. 이건 생각하기 나름이다. 아주 성(聖/性)스러운 일로 보이기도 하고 인륜에 어긋나는 야만적인 일로 보이기도 하고……. 여러분은 어떻게 생각하시는지.

섹스가 인간이 누려야 하는 권리라는 그 원칙에 대해서는 기꺼이 동의하는 바이고, 그것을 자유롭게 누리도록 사회가 동의하고 있는 것도 그리 나쁘게 생각하지 않는다. 무엇보다도 그 솔직함이 맘에 든다. 하여튼 이 나라에는 섹스와 관련된 여러 가지 일들이 많이—어쩌면 너무 많이—발전되어 있다. 발광 콘돔, 향기 나는 콘돔, 식용 속옷 등 섹스 관련 물건들이 넘쳐나고 있다. 그런데 오히려 이렇게 함으로써 성이 진부화되어서 의미와 재미 모두를 잃는 것은 아닐까?

한 가지 단서를 붙일 것이 있다. 위의 내용이 대체로 네덜란드의 중요한 현상인 것은 사실이지만, 그렇다고 네덜란드의 모든 사람들이 다 그런 것은 결코 아니라는 점이다. 앞서 이야기했지만 네덜란드는 매우 진보적인가 하면 동시에 의외로 보수적인 측면이 있다. 한편으로는 '게이의 수도'라는 별명이 붙을 정도로 개방적인 곳이 있지만, 다른 한편 지극히 종교적인 지역도 있어서 그런 곳에서는 극히 보수적인 분위기 일색이다.

성과 함께 네덜란드 사회에서 중요한 문제가 마약이다.

우선 표면적으로 보면 네덜란드는 마약에 대해서 분명 가장 관대한 나라이다. 마리화나를 가정에서, 심지어는 공공 공원에서 재배할 정도이다. 그렇다고 집집마다 엄마 · 아빠 · 할머니……온 가족이 둘러앉아 다정하게 마약을 하는 식으로 오해하지는 말 일이다. 마약 사용이 정말로 100퍼센트 자유로운 것은 아니고 허용 구역이 따로 있어서 주로 그 안에서만 사용한다. 마약을 구할 수 있는 곳을 속칭 커피숍이라고 부른다. 커피를 마시고 싶은 사람은 따라서 가려 들어가야 한다. 대개 마약을 파는 커피숍은 앞유리에 마리화나 잎사귀가 넓게 그려져 있으므로 (또 그렇지 않더라도 분위기상) 커피 파는 가게와 마리화나 파는 가게는 쉽게 구분할 수 있을 것이다(정확하게 말하면 커피 파는 가게는 커피하우스(koffiehuis)이고, 마약을 파는 가게는 커피숍(koffieshop)이라 한다).

마약이라고 하지만 이곳에서 합법적으로 살 수 있는 것은 말하자면 소프트 드럭(soft drug), 즉 순한 마약이다. 이것을 합법화한 것은 의학적인 견해에 근거한 것이다. 의학적으로 볼 때 마리화나 같은 소프트 드럭은 알코올 음료보다 유해성이 약하다고 한다.

그렇다고 마약 사용을 장려한다든지 마구 허용하는 것은 아니다. 여기에서도 네덜란드는 특유의 유연한 방식을 발휘하고 있다. 마약과 관련한 광고를 금지하고 있으며 치안을 어지럽혀서는 안 되고 18세 미만의 사람에게 팔지 못한다는 정도의 최소한의 규제를 지키는 한에서 소프트 드럭을 허용한다. 그 대신 대규모 매매를 금지하고, 무엇보다 하드 드럭(hard drug) 단속에 경찰력을 집중한다.

1976년 아편법에 의하면 법률적으로는 마약의 수입, 소지, 매매를 금지시켰다. 그래 놓고 5그램 이하의 소지와 매매를 사실상 허용하는 것이다. 도대체 이러한 정책의 의도는 무엇일까? 그들의 의견으로는 소프트 드럭 그 자체가 위험한 것은 아니라는 것이다. 때가 되면 대부분의 사람들이 이것을 끊는다. 다만 하드 드럭으로 가지 않도록 하는 것이 중요하다.

하드 드럭의 경우는 불법이다. 그런데 여기에서도 한 번 더 유연성을 발휘해서 하드 드럭 '사용자'는 체포하지 않으며, 다만 대량으로 매매하는 상인들만 구속한다.

마약과 관련해서 네덜란드와 가장 대조적인 정책을 펴는 나라는 싱가포르일 것이다. 껌만 버려도 높은 벌금을 물리는 나라이니 마약에 대해서는 오죽하겠는가(2002년 말에 싱가포르에서도 껌 판매가 다시 허용되었다. 마약이 아니고 껌 이야기이다! 그러나 껌을 구매하려면 치과의사의 소견서

가 필요하다). 싱가포르에 입국할 때 신고증에는 "만일 싱가포르에서 마약 매매를 하다가 잡히면 사형당할 수 있다"는 경고 문구가 씌어 있다.

마약 사범에게는 최고 사형이고 그렇지 않은 경우 악명 높은 태형에 처해진다. 교도소에 있는 동안 한 달에 한 번씩 끌려가서 태형을 당하는데 이게 정말 끔찍하다. 무술 고단자가 몇 미터 뒤에서 뛰어오면서 특수 몽둥이로 엉덩이를 한 번 가격하면 피부가 좌악 찢어지면서 그대로 졸도한다고 한다. 한 달 동안 제대로 눕지도 못하고 엎어져 자면서 전전긍긍하는데, 다음달 또 맞을 생각을 하면 악몽에 시달리게 된다. 피부가 찢어진 상처가 겨우 나을 때쯤 다시 끌려가 같은 일을 반복한다. 이러기를 10년! 그 안에서 정신병에 걸릴 것 같지 않은가.

'악의 씨를 말려버리겠다'는 싱가포르 방식이 옳은 것일까? 마약의 폐해를 생각해 보면 이것도 옳을 수 있을 것이다(이 글을 쓰면서 염려되는 것은 혹시 마약 복용을 은근히 옹호하는 인상을 주지는 않을까 하는 점이다). 그렇지만 싱가포르 방식이 마음에 들지는 않는다. 사회 질서를 잡겠다고 범죄자들을 꽁꽁 묶어서 비행기에서 바다로 떨어뜨려 죽인다든지, 폭행죄 한 번에 감옥에서 10~20년을 썩고 다 늙어서 나온 다음 릭쇼(자전거를 이용한 인력거)를 몰아야 한다는, 전설의 이광요 방식이 현대 국가에서 먹혀들어갈 것인가.

이에 비해 네덜란드 방식은 정반대이다. 중독자들은 병든 사람이므로 도와주어야 하지 처벌해서는 안 된다는 것이다(중독자들에 대한 정형화된 이미지는 '돈을 구하기 위해서 개를 훔쳐다가 파는 사람들'이다. 다른 것을 훔칠 기운도 없는 인간들이기 때문이다.). 대표적인 것으로 헤로인 중독자들을 구제하기 위해 대응 마약인 메타돈을 제공하는 메타돈 버스(methadone bus)를 들 수 있다. 일정한 시간, 정해진 장소에 버스가 와서 한 시간 반 정도 중독자들에게 메타돈을 나누어주는 것이다. 그런데 이

건 반대로 너무 물렁물렁한 거 아닌가?

과연 어느 방식이 더 나은가? 사실 주변 국가에서도 네덜란드의 마약사범 대응방식을 비난하고 있다. 대표적인 나라가 프랑스이다. 프랑스는 네덜란드를 두고 '마약 국가', '마약을 찾는 관광객의 천국'이라고 비판해 왔다. 1996년 커피숍에서 한 사람에게 판매할 수 있는 소프트 드럭 양을 30그램에서 5그램으로 줄인 것도 외국의 비판 때문이라고 한다. 한번에 30그램씩을 살 수 있으므로 손쉽게 마약을 구입해 자국으로 들여온다는 것이다(언젠가 암스테르담에서 파리로 가는 야간 버스를 탔다가 국경에서 프랑스 경찰에게 밤이 이슥하도록 '적나라한' 검사를 받은 적이 있다. 메르드(merde)!) 원래 네덜란드가 유럽의 관문 역할을 하기에 마약에 대해서도 역시 유럽의 관문이 되고 있다.

그런데 네덜란드가 자신 있게 관대한 정책을 펴는 데에는 근거가 없지 않다. 억압적이기보다 관대한 정책을 펼 때 오히려 마약 사범수가 줄어든다는 것이다. 적어도 통계숫자를 보면 그 말을 믿지 않을 수 없다. 인구 1천 명당 마약사용자(junk)의 수를 보면 유럽 평균 2.7명에 비해 네덜란드는 1.6명으로 오히려 적은 편이다. 마약사용에 관한 통계라는 것 자체가 워낙 적기 때문에 거의 유일하게 비교가 가능한 수치는 마약 남용으로 죽는 사람의 수이다. 1995년 통계를 보면 네덜란드에서는 1백만 명당 2.4명으로 프랑스 9.5명, 독일 20명, 스웨덴 23.5명, 스페인 27.1명 등 다른 나라와 비교해 보면 월등히 낮은 것을 확인할 수 있다.

평화가 있는 곳에 신神이 있다

네덜란드의 종교

■■■ 네덜란드 역사에서 가장 중요한 요소 중의 하나가 칼뱅주의이다. 네덜란드가 하나의 국가로 독립하는 데 결정적인 역할을 한 것이 종교개혁, 특히 칼뱅주의의 신앙 자유에 관한 문제였다. 16세기 당시 이 지역의 지배자였던 합스부르크 제국(이 시대에 네덜란드를 포함해서 스페인과 오스트리아 및 독일 지역을 통치하고 있었다)이 가톨릭 신앙만을 강요하는 데 항의하여 네덜란드의 17개 주 가운데 북부 7주가 독립을 선언한 것이 결국 네덜란드라는 하나의 국가를 형성하기에 이른 것이다. 그 후 네덜란드는 칼뱅교를 국교로 삼게 되었다.

그러나 이 나라의 종교적 실상은 그렇게 단순하지 않다. 간략히 이야기한다면 가톨릭 단일 종교의 강요에 반대하여 칼뱅교의 단일 종교로 간 것이 아니라, 칼뱅교가 종교적 주류이되 다른 모든 종교에 대해 '사실상의' 관용을 허용하는 것이었다(즉 가톨릭 대 칼뱅주의의 대립이 아

칼뱅

"인간의 자연스러운 재능들만을 본다면 두개골에서 발끝까지 인간에게서 아주 작은 선(善)의 흔적조차도 찾아낼 수 없다. 인간에게서 아직 칭찬할 만한 것은 하느님의 은총에서 나오는 것이다……. 우리의 모든 정의는 불의요, 우리의 공덕은 모두 쓰레기이며, 우리의 명성은 수치이다. 우리에게서 나오는 가장 좋은 것들은 육체의 불순함을 통해 오염되고 죄악이 되며 더러움만을 키운다."

"칼뱅이 통치한 처음 5년 동안 13명이 교수대에 매달리고, 10명의 목이 잘리고, 35명이 화형당하고, 76명이 추방당했다."

• 츠바이크, 《카스텔리오》, 70~71, 80쪽

절대적 진리를 자처하는 종교가 권력을 쥐었을 때 어떤 일이 일어날 수 있는지를 가장 잘 보여주는 사례의 하나가 칼뱅의 제네바 통치이다. 신의 뜻을 구현한다는 명목으로 칼뱅은 심지어 어린아이까지 사형에 처했다.

니라, 가톨릭 단일종교 대 종교적 관용이라는 성격이 강하다). 그런데 이것은 당시 상황에서 보면 성립되기 아주 힘든 기적 같은 일이었다. 칼뱅교는 교리가 극히 엄격하고 정치 · 경제 · 사회 · 문화 등 모든 영역을 종교 원리에 맞추어 통제하려는 경향이 강했으며, 따라서 신정정치(神政政治)가 되려 하였다. 칼뱅 자신의 행태를 보면 이를 알 수 있다. 제네바에서 자신의 원칙에 따른 통치를 구현해 본 역사 경험은 문자 그대로 삶의 모든 것을 지배하는 종교적 독재였다. 그의 원칙을 따르지 않는 사람은 모두 사형에 처하는 가혹한 통치를 했던 것이다.

쉽게 말해서 20세기 후반 이란의 호메이니를 연상하면 된다. '모든' 것을 종교적 원리에 맞추어 조직해 내는 것이다. 이런 경향과 종교적 관용이라는 어울릴 수 없는 두 원칙이 공존하는 사회가 네덜란드 사회였던 것이다.

칼뱅주의의 가장 큰 특징은 자신이 구원받을지 영원한 지옥불에 떨어질지 이미 하느님에 의해 정해져 있다는 예정설(predestination)이다. 이미 하느님이 지옥에 떨어질 자로 정해 놓았다면 우리가 이 세상에서 아무리 인간적으로 선한 일을 해도 하느님의 결정을 되돌릴 수는 없다. 그런데 태어날 때 이미 결정되어 있다면 우리는 도대체 어떻게 하라는 것인가? 이렇게 하든 저렇게 하든 다 정해져 있으니까 우리 멋대로 살아도 된단 말인가? 아니다. 오히려 정반대이다! 우리는 우리에게 정해진 운명에 대해 책임을 지고 이 세상을 살아야 한다. 우리가 하느님에

네덜란드의 종교

네덜란드의 종교 분포에 대한 공식적 수치를 보면 역사적으로 이 나라의 국교였던 칼뱅주의는 오히려 소수가 되었고 다른 종교가 더 큰 비중을 차지하고 있으며, 전반적으로는 종교가 없다고 응답한 사람이 가장 많다는 것을 확인할 수 있다.

가톨릭	31퍼센트
개신교	14퍼센트
칼뱅파	7퍼센트
이슬람교	5퍼센트
기타 종교	3퍼센트
비종교	40퍼센트

의해 구원을 받는다는 확신을 가지고 살아가는 사람들이라면 거기에 걸맞게 죄를 짓지 말고 경박하지 않은 삶을 살아야 한다. 극장에 간다든지 모여서 춤을 추고 술 마시는 행위만으로도 큰 죄악이다. 하느님이 우리를 지켜보고 계시므로 우리에게 맡겨진 이 세상의 의무를 다해야 한다. 이런 삶의 태도가 세속적인 일에 영혼을 빼앗기지 말라는 원래의 의도와는 정반대로 오히려 자본주의의 성공을 가져왔다는 것이 막스 베버의 자본주의 윤리에 대한 설명이다.

베버의 설명이 역사적으로 맞는지는 100년이 넘게 논란의 대상이 되어왔다. 그것을 여기에서 따질 여유는 없다. 다만 칼뱅 교회의 특징으로 철저한 자기 규제와 그것을 공유한 종교공동체의 강조를 언급할 필요가 있다. 이 교회의 특징은 수세기 동안 지속적으로 발전해 온 수사학을 총동원하여 지옥의 공포를 강조하는 설교에 있다. 영원한 지옥불 속에서 고통받아야 하는 비참함을 절규하는 목사의 설교에 급기야 신도들이 울음을 터뜨린다.

이런 태도가 그대로 일상생활을 지배한다. 이제는 많이 약화되었지만 아직도 이런 '원리주의'에 입각한 삶을 그대로 유지하는 마을들이 주로 오버레이셀 지역을 중심으로 많이 남아 있다고 한다. 특히 대표적인 마을로서 스타포르스트(Staphorst)와 라우베인(Rouveen) 같은 곳이 있다. 이 지역은 안식일을 지키라는 성경의 말씀을 있는 그대로 지키기 위해서 일요일에 자동차 진입을 금지시키는 것으로 유명하다. 심지어는 자판기의 물품도 토요일 저녁에 모두 비워버려서 일요일에 상거래(그래 봐야 자판기에서 물건 사는 행위이다!)가 일어나지 않도록 조치한다. 일요일에 텔레비전을 보지 않는 것은 그렇다고 해도 심지어 예방접종을 거부하기 때문에 전염병이 돌 경우 위험지역이 되기도 한다.

이 사람들은 전통적인 의상을 고수하고 있어서 겉모습으로도 구분이 된다. 가장 특징적인 것이 바로 검은 스타킹이다. 여성은 긴 치마, 남자는 검은 양복을 입고 있다. 그러나 검은 양말, 검은 양복의 근본주의 칼뱅주의자 수는 이제 많이 줄어서 전국에 50만~60만 명 정도인 것으로 추산된다. 나머지 인구 중에서는 교회에 나가는 사람 수가 계속 감소해 왔다. 이렇게 가면 다음 세대에는 25퍼센트 정도만이 교회에 다닐 것으로 보인다. 이런 세속화 경향은 유럽의 전반적인 현상이다. 전통적인 가톨릭 국가인 프랑스에서도 마찬가지여서 파리의 큰 성당에 가보면 몇몇 할머니들만이 모여서 미사를 드리는 것을 볼 수 있다.

그리고 칼뱅교 교회에서도 일종의 세대교체가 이루어져서 지난 시대처럼 지옥불의 공포를 소리 높여 절규하던 목사들은 갈수록 줄어든다고 한다. 이제 설교 내용의 주제는 '사랑'이 되었다(미국의 조사 내용이긴 하지만, 지난 40년 동안 목사들의 설교 가운데 지옥에 관한 내용은 거의 사라졌다고 한다). 그리고 중요한 신학적 논의는 '정의'의 문제, 예컨대 빈부격차 문제, 제3세계 문제 등 이 세상에서의 불평등과 부정의에 대한 문제가 되었다. 세상은 변해 가는 것이다.

스포츠 왕국

스포츠가 있어 행복한 사람들

▪▪▪ 네덜란드 국민들은 스포츠에 열광한다. 프로 선수들의 경기 관람뿐 아니라 각종 스포츠클럽에서 직접 운동하는 것을 즐긴다. 각종 스포츠를 두루 좋아하지만, 그 중에서도 국민 스포츠인 축구에 대한 열정은 실로 대단하다. 1988년에 암스테르담에 거주할 때 마침 네덜란드 대표팀이 유럽선수권대회에서 우승을 하자 도시 전체가 오렌지색으로 물든 진풍경을 연출했다(2002 월드컵에서 우리나라가 4강에 올라갔을 때 서울 전체가 빨간색으로 물든 것과 비슷한데, 색깔의 강도로 볼 때는 붉은색이 더 강렬하다).

그런데 네덜란드인들은 딱히 축구 같은 일부 종목만 좋아하는 것이 아니라 다양한 운동들을 모두 좋아한다. 그리고 우리와 좋아하는 운동 종류가 다르다는 느낌을 받았다. 1988년 서울 올림픽이 열릴 때 나는 네덜란드에 머물며 텔레비전을 통해 올림픽 중계방송을 보았다. 매일 저녁 2시간을 할애해서 그날의 주요 경기를 편집해서 보내주는 것이었다. 그런데 내 눈에는 그 방송 구성이 특이했다. 우선 한 시간 정도 사이클 경기를 내보낸다. 사실 나는 사이클 경기를 직접 본 적도 없고 정확한 룰이나 심지어 경기 종류도 잘 몰랐다. 그래서 그런지 한 시간 내내 열심히 페달을 밟고 있는 선수 모습만 화면에 나오자 지루하기 짝이 없었다. 그렇게 한 시간 동안 사이클 중계가 지나가자 다음에는 30분을 할애해서 조정 경기를 보여주는 것이 아닌가. 이번에는 30분 내내 노 젓는 선수 모습이 비쳤다. 그러고 나서야 드디어 남은 경기들이 짤막짤막하게 소개되었다. 우리의 관심을 끄는 핸드볼, 농구, 양궁 같은 것은 잠깐씩 보여주고 결과만 알려주는 식이었다. 네덜란드는 정말로 자전거의 나라이고 보트의 나라라는 것을 다시 실감하지 않을 수 없었다. 아닌게 아니라 88올림픽 때 네덜란드가 딴 금메달은 조정에서 하나, 사이클에서 하나였다(그 외에 사이클과 수영에서 은메달, 복싱, 카누, 하키, 유도 등에서 동메달을 땄다).

아울러서 한 가지 특기할 사실 하나! 우리는 스포츠 강국이라고들 말하지만 현실은 분명 다르다. 우리는 우수한 선수를 한참 전에 선발해서 선수촌에 들여보낸 다음 오래도록 준비시킨다. 일종의 국가주의의 산물이다. 올림픽을 국가 경쟁의 무대로 보고 여기에서 많은 메달, 특히 금메달을 따야 나라의 체면이 선다고 생각하는 것 같다. 그래서 다른 어떤 나라에서도 하지 않는 일을 한다. 금메달 숫자로 국가 등수를 자의적으로 매기고, 세계 10위권이 목표라느니 하는 어이없는 일을 신문들이 하고 있다. 올림픽은 참가하는 개인의 문제이지 국가와는 일단 상관이 없는 일이다. 많은 메달을 따면 그 국가의 자랑이라는 것 정도로 충분한 것이지 꼭 점수를 매기고 나라간의 등수를 따지는 촌스러운 짓을 언제까지 할 것인가. 그건 일종의 콤플렉스라고 보인다. 우리가 어린 선수들을 일년 넘게 닦달해서 많은 금메달을 땄다고 해서 세계 열

네덜란드 응원단은 언제나 오렌지색 물결을 이룬다.

강이 되는 것도 아니고, 하물며 스포츠 강국이 되는 것도 아니다. 선발된 선수가 잘하는 것과 일반 국민이 그것을 잘하는 것 사이에는 큰 괴리가 있지 않은가. 올림픽에서 메달도 많이 따고 일반 국민도 좋아하는 종목은 배드민턴 정도가 대표적인 것 같은데, 나머지 종목은 선수들만 열심히 하는 명목상의 효자 종목에 불과한 것은 아닐까?

이 점과 비교해 보면 네덜란드는 메달 수는 그리 많지 않더라도 명실상부한 아마추어 스포츠 강국이다. 88올림픽 때 금메달을 딴 선수 중 한 명이 내가 머물던 암스테르담 근교 동네에 살고 있어서 축하한다고 동네 사람들이 돈을 내서 한국식당에서 저녁 식사 한 번 사준 것이 그 선수가 받은 보상의 전부였다. 우리처럼 국가에서 평생 연금을 준다는 것은 들은 바 없다. 네덜란드에서는 밤에 차를 타고 가다보면 동네 운동장에 주민들이 모여서 라이트를 켜고 하키를 한다거나, 일요일이면

11개 도시 스케이트 마라톤 대회. 참가 선수들이 힌데로펜 지역을 지나고 있다.

가족이 운하 위에서 보트를 타고 노는 모습을 볼 수 있다. 이런 것들이 진짜 스포츠 아닐까?

겨울 스포츠 중에서는 스케이팅이 단연 인기이다. 스케이팅과 관련해서 가장 유명한 경기는 프리즐란드에서 개최되는 11개 도시 스케이트 마라톤(elfstedentocht)이다. 공식적으로는 1909년 1월 2일에 첫 대회가 열린 것으로 되어 있지만 실제로는 18세기부터 있었던 것으로 알려져 있다. 아침 5시 반에 출발하여 199킬로미터 코스를 도는 이 경기는 온 국민이 열광하는 축제이다. 그러나 아쉬운 것은 얼음이 충분히 두꺼워질 정도로 추워야 되므로(얼음의 평균 두께가 15센티미터가 되어야 한다) 매년 개최하지 못하고 아주 가끔 열린다. 최근에는 1997년에 개최된 적이 있다. 이때에는 정식 참가자가 300여 명이고, 그 뒤를 14,000명의 관광객 스케이터들이 뒤쫓아갔다. 이를 위해서 당국은 80대의 기차를 동원해서 관광객들을 실어날랐다. 현재까지의 기록은 1985년에 세워진 6시간 47분이다.

지난 월드컵 때 확인한 바로는 우리 민족 역시 신나게 놀면서 열광하는 축제를 벌이는 데 결코 뒤지지 않았다. 그러나 현대에 들어와서는 먹고 사느라고 각박해서인지 축제라는 것이 없었다. 있다면 각 지방 정부가 억지 춘향 식으로 급조한 관제 축제뿐이다. 그것을 도매금으로 싸잡아서 비난할 일은 아니다. 열심히 하느라고 했을 터이지만, 역시 아이디어가 부족하고 그러다 보니 참여도도 적었을 것이다. 어차피 전통이라는 것도 만들어가는 것이니만큼 지방적인 혹은 거국적인 멋진 축제들이 활발하게 꽃피웠으면 좋겠다.

즐길 때는 확실히 즐긴다

오렌지색 물결의 축제와 기념일

■■■ 네덜란드의 축제와 기념일 중에 주목할 만한 것을 몇 가지 보도록 하자.

여왕의 생신기념일

여왕의 생신기념일(Koninginnedag)은 현재 4월 30일이다. 그런데 사실 현 여왕인 베아트릭스 여왕의 생일은 1월이라 날씨가 좋지 않아서 이전 여왕인 율리아나(Juliana) 여왕 생일인 4월 30일을 계속 사용하기로 했다고 한다(참으로 유연한 사고가 아닌가!). 이날은 대규모 벼룩시장이 각 도시마다 열리는 것으로 유명하다. 특히 어린아이들에게 물건 파는 것을 주관하게 함으로써 아이들에게 경제 연습을 시키는 것이다(그와 동시에 이전부터 버리고 싶어하던 물건들을 기분 좋게 처분해 버린다). 이날 시민들은 오렌지색 옷들을 입고 길거리로 나오고 특히 온갖 신기한 모양의 옷과 모자를 쓰고 길거리를 헤매고 다니는 것이 관례이다.

여왕의 생신기념일에는 일종의 가면무도회가 벌어진다. 사람들은 온갖 재미있는 옷과 모자를 걸치고 길거리를 휘젓고 다니며 논다.

크리스마스

네덜란드에는 특이하게도 크리스마스(이 나라 말로는 케르스트미스(Kerstmis))가 두 번 있다. 12월 5일에 한 번, 12월 25일에 또 한 번! 첫 번째 크리스마스는 선물을 주고받는 날이고, 두 번째 크리스마스는 그보다 종교적인 성격으로 치른다.

케르스트미스에는 오늘날 산타클로스의 '원본'이 어떠한 것인지를 보여주는 독특한 관례를 볼 수 있다. 11월 셋째 토요일에 신터클라스(Sinterklaas)가 스페인에서 배를 타고 암스테르담으로 오는 것으로 되어 있다. 그는 하얀 수염과 붉은 옷, 붉은색과 황금색이 섞인 주교관을 쓰고 황금색 지팡이를 쥐고 있으며 백마를 타고 온다. 신터클라스는 성 니콜라스라는 뜻으로서(영어식으로 표현하면 Saint Nicolas) 전설상 터키 주교

얀 스테인(Jan Steen)이 그린 〈신트 니콜라스 축일〉이다. 전면에 있는 여자아이는 인형을 선물 받고 즐거워하는데, 그 뒤편 왼쪽에 서 있는 남자아이는 울고 있다. 이 아이에게는 선물꾸러미 대신 회초리가 나왔기 때문이다. 중앙의 작은 아이가 들고 있는 것이 바로 그 우는 아이가 받은 회초리이고, 그래서 이 아이가 우는 아이를 가리키며 웃고 있다.

로 되어 있다. 그는 원래 로마 시대 말기인 서기 4세기(디오클레티아누스 황제와 콘스탄티누스 황제 시대)의 인물이다. 이 시기의 성 니콜라스의 모습은 바짝 마르고 키가 커서, 우리가 요즘 생각하는 통통하고 배불뚝이 스타일, 특히 볼이 발그레한 수염 난 할아버지와는 거리가 멀다.

네덜란드의 신터클라스는 원래 니콜라스의 모습과는 많이 달라져서 오늘날 산타클로스와 비슷한 점도 없지 않지만 무엇보다도 다른 점이 있다면 옆에 시커먼 얼굴을 한 즈바르테 피트(Zwarte Piet, 검은 피터)라는 조수가 있다는 것이다. 아이들은 12월 5일 전날 밤에 선물을 받기 위해 난로 옆에 신발(주의, 양말이 아니다!)을 걸어놓는다. 그러면 착한 아이에게는 신터클라스가 선물을 놓고 가지만, 나쁜 아이에게는 시커먼 피트가 와서 막대기로 때려주고 간다. 얼마나 많은 네덜란드 아이들이 그 시커먼 피트의 협박을 두려워했을까!

그런데 '검은' 피트가 회초리나 전해 주는 악역을 맡은 건 암만 해도 느낌이 좋지 않다. 원래 의도는 그런 게 아니었다고 해도(피터가 까매진 건 굴뚝 속으로 들락날락하기 때문에 검댕이 묻어서이다), 좋은 건 백인 아저씨, 나쁜 건 흑인 꼬마가 맡는다는 것이 인종주의 냄새가 나서 왠지 꺼림칙하다. 그래서 이런 요소는 없어져가는 추세이다. 그뿐 아니라 12월 5일의 케르스트미스 자체가 점점 사라져가서 12월 25일로 통합되어 가고 있다. 우리나라에서 이중 과세가 차차 정리되어 가는 것처럼.

아마 이 관습이 네덜란드 이주민들에 의해 뉴암스테르담에 전해지고(앞에서 이야기한 대로 오늘날 뉴욕은 원래 네덜란드인들이 처음 건설한 뉴암스테르담으로 출발했다가 나중에 영국에게 넘어간 후 뉴욕이 되었다) 이것이 산타클로스로 변화해 갔을 것이다. 신터클라스는 어린이, 여성, 뱃사람의 수호성인이었는데, 오늘날의 산타클로스는—거기에 불후의 발명품, 루돌프 사슴까지 덧붙여져서—백화점 업자의 수호성인이라는 느낌이 든다.*

* 루돌프 사슴은 1939년에 시카고의 한 백화점이 만들어낸 캐릭터인데, 이것이 크게 성공을 거두어서 전세계에 퍼져나간 것이다. 그러므로 이것은 원래의 크리스마스와는 아무런 상관이 없는 20세기 미국의 발명품이다.

제2차 세계대전 희생자 추모일

성격이 다르지만 특별한 기념일, 더 나아가서 기념 '시각'이 있다. 5월 4일 저녁 8시가 그때이다. 이날은 제2차 세계대전 사망자 추모일인데, 저녁 8시에 전 국민이 하던 일을 멈추고 2분 동안 침묵을 지키는 것으로 되어 있다. 식당이나 심지어는 술집에서도 8시가 되면 모든 사람이 일어나서 세계대전 당시 죽은 군인과 민간인, 또 1944~45년의 기근 당시 굶어죽은 사람들을 추모한다.

네덜란드의 청어 먹는 법

몸에 좋고 든든한 음식 문화

■■■ 네덜란드는 음식으로 치면 프랑스 같은 나라는 아니다. 이 나라의 전통 음식이라는 것들을 열거해 보자. 애플파이, 훈제소시지와 감자 요리, 시럽 속의 콩, 후츠포트(hutspot. 감자, 양파, 당근, 고기 등을 넣은 스튜 류의 음식), 올리볼렌(oliebollen. 도넛 종류)……. 한마디로 진수성찬은 아니다. '콩과 소시지를 집어넣은 진한 수프(erwtensoep)'. 이런 음식 설명을 보면, 우리나라 음식점 안내 책자의 표현대로 별 다섯 개짜리 '일부러라도 찾아가서 반드시 먹어야 하는' 음식은 아니지만, 겨울철의 그 축축하게 추운 날씨에는 이것 이상으로 적당한 음식이 없다. 네덜란드 음식은 이 나라 국민성에 맞게 몸에 좋고 든든한 것들이다.

네덜란드에 가서 특별한 음식을 맛보고 싶으면 팬케이크 집(pannekoekhuis)에 가서 팬케이크를 시키면 된다. 이 나라 팬케이크의 특징은 그 안에 온갖 재료를 집어넣어서 종류가 갖가지라는 점이다. 혹은

네덜란드의 길거리에서 흔히 볼 수 있는 청어 좌판대. 사진 속의 사람처럼 꼬리를 잡고 고개를 뒤로 젖힌 다음 대가리부터 먹는 것이 전통적인 방식이다.

더 특징적인, 정말로 네덜란드적인 냄새가 나는 음식을 음미해 보려면 청어를 통째로 먹어보면 된다. 길거리에는 청어를 파는 좌판대가 곳곳에 눈에 띈다. 새끼 청어 꼬리를 잡고 고개를 뒤로 젖힌 다음 대가리부터 꼬리까지 몽땅 먹는 것이 가장 네덜란드적인 방식이지만, 그게 약간 어색하면 빵 사이에 양파와 함께 청어를 넣어서 먹으면 된다. 생선 좋아하는 사람은 시도해 볼 만하다.

사실 내 경험으로 네덜란드의 먹거리로 가장 생각나는 것은—딱히 네덜란드 음식은 아니지만—감자이다. 독일도 그렇겠지만, 네덜란

청어

"동북쪽으로는 넓은 바다가 자리잡고 있습니다. 그곳에서 매년 화란이나 기타 다른 나라의 작살이 박힌 고래가 꽤 발견됩니다. 12월, 1월, 2월, 3월에는 청어가 많이 잡힙니다. 12월과 1월에 잡히는 청어는 우리가 북해에서 잡는 것과 같은 종류이며, 2월과 3월에 잡히는 청어는 화란에서 튀겨 먹는 청어처럼 크기가 작은 종류입니다. 따라서 바이가트 해협(Waeijgaat. 시베리아 북쪽의 바다)에서 코레아와 일본을 통하는 수로가 반드시 있을 것입니다."

• 하멜의 《조선왕국기》 중(강준식, 《다시 읽는 하멜 표류기》, 274쪽 재인용)

하멜의 이 말을 보면 조선에서 잡히는 청어가 네덜란드에서 잡히는 청어와 같은 종류인 것으로 봐서 유럽 바다가 북극해를 통해 동해 바다와 연결될 것이라고 보고 있다. 현재 우리는 하멜이 잘못 짐작했다는 것을 알고 있지만 당시 유럽인들은 아시아로 가는 북극 항로가 있으리라고 믿고 많은 탐사를 했다.

드에서는 정말 많은 양의 감자를 먹는다. 마요네즈나 케찹을 뿌린 감자튀김을 길거리에서 팔아 오후의 간식 정도로 먹을 만하다. 나는 어찌나 이걸 많이 먹었는지, 아마 평생 먹을 감자 양의 10배는 이때 먹은 것 같다. 대도시에서 특징적인 것은 음식 자판기가 많아서 동전을 집어넣고 간단한 요기를 할 수 있다는 것이다. 여기에는 패스트푸드화된 인도네시아 요리들이 많이 들어 있다.

네덜란드에는 다양한 외국 음식점들이 들어와 있다. 중국 음식점이 널리 퍼진 것이야 세계 공통의 일이지만, 그 외에도 수리남, 인도, 터키 등 세계 각국의 음식들이 소개되어 있다. 그 중에서도 네덜란드인들

쇠젖메쥬, 젓떡

19세기 말과 20세기 초기 우리나라에 외래 문물들이 들어왔을 때 그 문물에 대한 번역어가 필요했다. 요즘 같으면 '치즈'라고 발음을 그대로 적는 식으로 쉽게 처리했을 텐데 당시에는 가급적 뜻을 살펴서 조어를 하였다. 그리하여 만들어진 말이 '쇠젖메쥬(우유를 가지고 만든 메주)'와 '젓떡(우유로 만든 떡)'이다(이 당시의 한불사전, 영한사전에 나오는 말들이다).

알크마르(Alkmaar)에 유명한 '쇠젖메쥬' 시장이 있다. 현재에도 전통적인 방식으로 치즈 거래를 하는데, 이것은 17세기 이래 알려져왔다. 특히 치즈 운반인(kaasdragers)이 사람들의 눈길을 끌어서 관광객들을 불러모은다. 예전에는 치즈 운반업 자체가 하나의 길드를 형성하고 있었다. 이 길드는 4개의 회사로 나누어져 있는데, 각각 녹색, 파란색, 붉은색, 노란색의 4가지 색깔로 구분되어 있다.

이 좋아하는 별미는 인도네시아 음식점의 쌀밥 요리(rijstatafel)로서 밥과 수많은 반찬(side dish)들이 나온다. 외국 음식에 대한 저항이 그리 크지 않다는 것이야말로 외국문화에 대한 이 나라 사람들의 개방성을 보여주는 중요한 지표가 아닐까.

네덜란드 식품 중 유명한 것으로는 치즈가 있다. 프랑스에서는 식사 후 마지막 대미를 장식하는 것이 주로 치즈이지만, 네덜란드에서는 치즈가 주식인 편이다. 치즈를 많이 먹는 사람은 1주일에 1킬로그램 정도를 먹는다고 한다. 유명한 치즈로는 공 모양의 에담 치즈(노란 껍데기 층으로 둘러싸인 작은 공 모양인데, 수출용으로는 빨간 밀랍이 코팅되어 있다), 바퀴 모양의 하우다 치즈(Gouda. 발음은 'ㅎ하우다'인데 이 스펠링을 보고 그렇게 발음할 생각이 들지 않기 때문에 그 어떤 나라에서도 정확하게 발음하지 않는 비운의 이름이다), 그 외에 레이덴 치즈(회향풀 향을 첨가), 프리즐란드 치즈(정향을 첨가)가 있다.

맥주를 좋아하는 사람들은 네덜란드 맥주맛에 감탄할 것이다. 우리에게는 하이네켄 정도가 알려져 있지만 정작 네덜란드에서는 다른 맥주들이 더 유명한다. 하이네켄이 일찍이 해외로 진출해서 국제적으로 더 알려진 것뿐이다. 예컨대 암스테르담에서는 하이네켄의 자매 브랜드인 암스텔 맥주를 더 많이 마신다(이 맥주도 근자에 해외 진출을 적극적으로 하고 있어 우리나라에도 들어와 있다). 하이네켄은 독일과 미국에 대량 수출되는데, 미국에서는 유럽의 고급 맥주 이미지를 각인시킨 것이 성공 요인이다(최근 미국의 스타벅스가 유럽풍의 커피라는 이미지로 아주 강한 커피를 팔되 다른 커피 가게보다 훨씬 비싸게 팔면서 판매를 늘린 것과 유사하다). 카페에서 파는 필스(pils) 맥주는 정말로 시원하고 품질이 좋으며 우선 값이 싸다. 유럽과 우리나라 사이에 가장 크게 차이 나는 것 중의 하나가 맥주맛이다. 유럽 맥주가 대체로 강한 데 비해 우리 맥주는 심심한 편이다. 이 점이 몹시 궁금해서 우리나라 맥주 회사의 산하 연구소에 전화를 걸어서 확인해 보았다. 연구소 측은 우리 소비자가 순한 맥주를 선호하기 때문에 알코올 도수가 낮은 제품이 출시된다는 점, 호프집에서 맥주에 물을 타는 것 같다는 의심에 대해서는 경제적 실익이 적기 때문에 굳이 그러지는 않을 것이며 맥주 온도를 제대로 못 맞추든지 기타 보관술이 좋지 않아서 맥주맛이 싱겁게 되었을 것이라고 했다.

한편, 네덜란드인들은 커피에 대해서도 자부심이 강해서 자기네 커피가 세계에서 가장 맛과 향이 좋다고 주장한다. 그러나 그 말은 이탈리아에서도 들었고 프랑스에서도 들었고, 아마 브라질을 가면 거기에서도 들을 것 같다.

모카 커피와 자바 커피

커피의 원산지는 에티오피아로 알려져 있지만 이를 상품으로 널리 보급한 것은 예멘이다. 특히 홍해의 항구 도시인 '모카'는 오늘날까지도 강한 향의 아라비아 커피를 가리키는 말이 되었다. 실제 모카(현지 이름은 알-마카(Al-Makha)이다)는 생산지가 아니라 커피의 집산지 겸 수출항이며 실제 생산은 예멘의 산지(山地)에서 이루어진다. 1616년에 모카를 찾아간 한 네덜란드 상인이 이런 사실을 발견하고는 그로부터 2년 뒤에 이곳에 커피 상관(商館)을 세웠다. 이 시기에는 예멘이 커피 원두의 공급자 역할을 독점하였으나 곧 커피에 대한 수요가 급증해서 예멘만으로는 공급이 원활하지 못하자 네덜란드 상인들이 커피를 몰래 빼내어 암스테르담의 식물원에서 연구한 끝에 실론과 자바에서 커피 농장을 건설하였다. 이후 모카는 자바 커피에 밀려 쇠퇴하였다.

꽃 속에 네덜란드의 자부심이 있다

세계 최대 꽃 수출국

■■■ 네덜란드인들은 식물에 대한 애착이 강하다. 대도시에 사는 많은 사람들의 꿈이 정원이 딸린 집에서 꽃을 가꾸며 사는 것이라고 한다. 네덜란드를 상징하는 물건 중의 하나인 나막신도 원래 중요한 용도는 밭일할 때 발을 젖지 않고 따뜻하게 하는 것이었다.

네덜란드는 세계 최대 꽃 수출국이다. 알스메어(Aalsmeer)에서 대규모 화훼 경매를 하는데, 이곳 거래량이 세계 꽃 거래량의 80퍼센트라고 한다. 알스메어 꽃경매장(Verenigde Bloemenveilingen Aalsmeer, VBA)에서의 경매방식을 흔히 더치 옥션(Dutch auction, 즉 네덜란드식 경매)이라고 하지만, 네덜란드인들 자신은 이를 중국식 경매(Chinese auction)라고 한다. 그러나 우리나라 사람들은 그런 무분별한 용어를 쓰지 않고 정확한 뜻을 살려서 '역경매'라는 훌륭한 단어를 사용하고 있다. 즉 판매인이 가격을 점차 내리다가 최종적으로 가장 낮춰진 가격에 거래가

알스메어의 꽃 경매장(VBA). 경매 과정이 자동화되어 있다.

성립되는 방식을 말한다. 이곳의 하루 거래량은 절화(折花. 가지째 꺾은 꽃) 1천 9백만 송이, 분화(盆花. 화분에 심어놓은 꽃) 2백만 개이다. 이곳에서 매일 성사되는 거래 건수가 5만 건이며, 1년의 사업 규모는 1999년 기록으로 30억 길더였다.

화훼산업은 우리나라에서도 유망한 종목으로서, 매년 대단히 큰 규모로 성장하고 있다. VBA와 비슷한 기관으로는 서울 양재동 화훼공판장이 있는데 2001년의 경우 연 거래액이 420억 원이었고 매년 1백억 원 정도씩 증가한다고 한다. 우리나라 화훼산업의 문제는 대형 농장에서 꽃을 생산하는 것이 아니라 소규모 영세 농민들이 재배하기 때문에 생산성이 매우 낮다는 것이다. 자동화 온실을 갖춘 네덜란드에 비해 생산성이 전반적으로 50퍼센트에도 못 미치는 것으로 알려져 있다. 그리고 무엇보다도 종자를 적극적으로 개발해야 하는 문제가 있다. 현재 우

레이덴과 할렘 근처의 벌판은 4월 말이면 지평선 끝까지 아름다운 꽃으로 덮여 지상천국과 같은 장관을 이룬다.

리나라에서 생산되는 꽃 가운데 95퍼센트 이상이 외국산 종자이다(그 중에서도 네덜란드산 종자가 제일 많다). 한 품종을 개발하는 데에 보통 12~13년이 걸리고 투자비용도 15억 원 정도 든다고 한다. 아직 우리의 화훼산업이 품종을 개발하기보다 외국 종자를 들여오는 단계이기 때문에 많은 로열티를 지불하고 있다. 장미의 경우 한 뿌리마다 1달러, 국화는 50센트의 로열티를 지불해야 한다. 꽃 품종의 개량으로부터 자동화 설비, 경매 · 운송 · 판매 등의 제도 개선 등 여러 점에서 세계에서 가장 발달한 네덜란드를 들여다볼 필요가 있다.

꽃과 관련해서 유명한 곳은 레이덴과 할렘 근처의 구근 생산지역이다. 봄이 되면 이 지역은 형형색색의 수많은 꽃들이 피어나 장관을 이룬다. 3월 중순부터 오렌지색과 보라색의 크로커스가 피기 시작한다.

그 다음에 하얀색과 노란색의 수선화가 피고, 4월 중순에 히아신스가 피어나며 이때부터 튤립이 피기 시작해서 며칠이 지나면 가장 아름다운 튤립들이 피어난다. 바로 이때, 즉 4월 말경이 이 벌판이 가장 아름답게 꽃으로 물드는 때이다.

이 지역에서 특히 아름다운 꽃 전시장으로는 쾨켄호프(Keukenhof)가 있다. 약 80에이커의 꽃밭에 매년 6백만 송이의 튤립, 수선화, 히아신스를 볼 수 있는 이 아름다운 정원은 매년 1백만 명 가까운 관광객들이 찾는 곳이다. 원래 천산산맥 구릉지대가 원산지로서 터키를 거쳐 유럽에 들어온 튤립은 네덜란드에 들어와서 활짝 피어났다. 한때 한 송이의 값이 집 한 채와 맞먹었던 광기의 주인공인 이 꽃은 할렘과 레이덴 사이 지역에서 제2의 고향을 찾았다. 현재 이 지역의 5만 4천 에이커에서 세계 튤립 생산량의 80퍼센트인 매년 1천만 송이를 생산한다. 쾨켄호프는 3월 말부터 5월 말까지 약 두 달 동안만 공개한다. 그래서 개방 시기에 맞춰 가야지, 며칠 늦게 가면 정말 참담한 광경을 목격하게 된다. 구근을 강하게 하기 위해서 꽃송이들을 기계로 전지하기 때문에 6백만 그루의 목 잘린 튤립 가지를 보고 올 위험이 있는 것이다.

꽃을 좋아하는 사람은 10년마다 열리는 대규모 꽃박람회인 플로리아드(floriade)를 참관해 볼 만하다. 네덜란드의 자부심이라는 이 박람회는 1982, 1992, 2002년에 개최되었다. 매번 너무 큰 적자에 시달리는데, 이 문제만 해결되면 2012년에 다시 성대한 꽃박람회를 보게 될 것이다.

"코레아의 동해안은 너무나 아름다워요"

네덜란드와 한국

■■■ 우리나라와 네덜란드가 정식으로 국교를 맺은 것은 1961년, 그러니까 40년이 조금 넘었다(네덜란드는 최근에 북한과도 수교를 맺었으나 대사를 따로 보내지 않고 서울에 와 있는 대사가 북한 대사를 겸임하고 있다). 우리와 네덜란드, 혹은 네덜란드인과는 얼마나 빈번하게 접촉하였을까?

정말로 잊을 수 없는 네덜란드인으로는 히딩크 감독이 있다. 우리가 2002년 월드컵에서 세계 4강이 되었다는 것은 아직도 믿기 힘든 꿈 같은 일이다. 히딩크 감독으로서도 혹시 앞으로 네덜란드 국가대표팀 감독을 맡아서 월드컵 우승을 하는 정도의 위업을 이루면 모를까, 그렇지 않으면 한국 국가대표팀을 맡았던 것이 평생 가장 신나는 일이 아닐까?

그렇다면, 우리나라에 가장 먼저 왔던 네덜란드인은 누구일까?

아마도 하멜을 거론하는 사람이 많을 것이다. 그가 우리나라의 제주도에 도착한 것이 1653년이므로 2003년은 하멜 도착 350주년이 되는 해이다. 하멜이 탄 배 스페르베르(Sperwer. 새매의 뜻)호는 이 해 7월 30일에 대만을 떠나 일본의 나가사키로 항해하다가 '엄청난 폭풍우(태풍)'를 만나서 난파하여 제주도에 표류했다. 네덜란드 상인들은 동남아시아와 중국, 일본 사이의 교역망을 이미 상당히 발전시켰으며, 일본으로는 제법 빈번하게 항해하고 있었다. 우리나라는 서구인들의 교역망 속에 들어가 있지 않았지만 서구 상인들은 오가는 중에 우리 땅을 관찰하고 있었다. 제주도는 이미 1642년에 켈파트(Quelpaert)라는 배가 항해 중에 이 섬의 존재를 확인하고 동인도 회사에 보고하였는지라 네덜란드 항해사들은 대체로 잘 알고 있었다(이 시기에 유럽에서 만든 아시아 지도를 보면 제주도가 그려져 있고 어김없이 켈파트섬으로 표기되어 있다). 아닌게 아니라 살아남은 하멜 일행 36명 중 일등 항해사가 위도를 측정하고는 자신들이 있는 곳이 '켈파트'섬이라는 것을 알아내는 것이 하멜 일기에 나온다.

이들은 곧 제주도민에게 발견되어 관으로 압송되어서 제주목사의 취조를 받았다. 물론 말이 통할 리 없는데, 네덜란드인이 난파선에서 건져올린 포도주를 제주 목사 이원진에게 올리니 그가 이를 시음하고 매우 좋아하였다(그는 우리나라 사람 중에 가장 일찍 서양 포도주를 마신 사람 중의 하나일 것이다). 하멜 일행에 대한 제주 목사의 대접은 친절한 편에 속했다. 부식도 잘 내주었고 외출도 허락해 주었다. 그동안 제주 목사는 서울의 조정에 이들에 대한 처리를 묻는 공문을 올리고 그 대답을 기다리고 있었다.

자신의 미래에 대해 한참 불안에 떨고 있던 하멜 일행에게 어느 날 관청에서 들어오라는 전갈이 왔다. 가보니 붉은 수염을 기른 서양인이 한 명 그들을 기다리고 있었다. 그러더니 그가 몹시 더듬거리며 네덜란드어로 말을 하는 것이 아닌가! 이 사람은 얀 얀스 벨테브레라는 네덜란드인이었다. 그는 하멜보다 26년 전에 조선에 표류해 와서 눌러앉아 살고 있었던 것이다. 그러므로 현재까지 기록으로 알려진 최초의 네덜란드인 방문자는 바로 이 벨테브레이다. 그의 동료가 2명 있었지만 병자호란 때 함께 동원되어 전쟁에 나갔다가 그 두 사람은 전사하고 벨테브레만 살아남았다. 벨테브레는 그 후 조정에서 일을 하며 살아가게 되었고 이름도 박연(朴燕)으로 쓰고 있었다. 하멜의 기록에 의하면 박연은 네덜란드어를 아주 더듬거렸다고 하는데 20년 넘게 말을 하지 않다보니 자기 나라 말을 거의 잊은 것도 충분히 가능한 일이다(내가 네덜란드에 있을 때 그곳에 이민 온 집의 3형제를 본 적이 있다. 첫째와 셋째는 우리말을 전혀 잊지 않았는데 이상하게도 둘째는 우리말을 어색하게 하였다. 어릴 때 이민을 와서 그런지, 네덜란드어를 할 때에는 어른처럼 말하지만 우리말을 할 때에는 말 자체가 어린아이 억양이 되어버리는 것이다. 언어에 대한 감각은 분명 개인 차이가 있는 모양이다).

하멜 일행은 일본으로 가고 싶어했으나 조정에서 이들을 서울로 보내라는 전갈이 내려왔다. 그동안 일부 선원들이 쪽배를 타고 탈출하려다가 실패해서 곤장 세례를 받은 일도 있었다. 이들을 굳이 억류한 이유는 아마도 우리의 군사적 상황이 외국에 알려지는 것을 막고자 했기 때문인 듯하다. 서울로 온 이들은 사실 별다른 재주가 없었으므로—대포 제조술이나 천문학, 의학 등의 지식을 가진 사람들이 아니라 대개 평범한 선원들이었기 때문이다—국왕 행차시에 호위하는 부대의 일원이 되었다. 키가 크고 생김새가 특이했으므로 일종의 의장대 역할을 한 것이다.

기회만 있으면 탈출해서 고국으로 돌아가려던 이들은 어느 날 청나라 사신에게 달려들어 이 나라 밖으로 빼내 달라고 읍소하였다. 이 사건을 들은 당국은 기겁을 해서 조정회의를 열고 이들을 어떻게 처리할 것인지 논의했다. 하마터면 사형에 처해질 뻔했으나 다행히 전라도 지방으로 유배를 보내는 것으로 결정되었다. 전라도 여러 지역에 흩어져 살게 된 이들은 우선 생계를 거의 스스로 해결해야 했으므로 나무꾼도 하고 걸식도 하고 절집도 찾아다니면서 밥 문제를 해결했다. 그런 와중에도 근검절약하여(역시 네덜란드인답지 않은가) 약간의 돈을 모아서 탈출할 배를 구입했다! 1666년 9월, 하멜을 포함한 8명이 이 배를 타고 일본으로 항해하여 나가사키에 도착하였다. 우여곡절 끝에 탈출에 성공한 하멜은 바타비아를 거쳐서 고국으로 돌아갈 수 있었다.

하멜은 동인도 회사에 그동안의 경과를 기록하여 보고했고 이것이 출판된 것이 소위 하멜 일기이다. 당시 유럽에서 가장 인기있는 장르의 하나가 바로 여행기와 모험담이었다. 특히 하멜 일기처럼 유럽인들에게 잘 알려져 있지 않은 미지의 장소를 직접 보고 온 사람의 기록은 큰 인기를 누렸다. 그리하여 이 책은 출판 직후 엄청나게 팔렸으며 각국어로 번역되었고, 네덜란드에서도 20세기에 들어서까지 재출판되었다.

하멜은 우리나라의 사정을 네덜란드에 소개한 가장 중요한 인물이다. 그런데 우리가 주목해야 할 또 다른 사람은 니콜라스 비첸(Nicolaas Witsen)이다. 그는 암스테르담의 시장을 역임한 저술가로서 17~18세기 네덜란드의 경제와 문화를 이해하는 데 중요한 인물이다. 그가 지은 중요한 저술로는 조선업에 관한 기술적·역사적 사실들을 정리한 책(*Aeloude en Bedendagsche Scheepsbouw*)이 있고 아시아 지역에 대한 정보를 수집한 책(*Noord en Oost Tartaryen*)이 있다.

박사논문 준비를 위해 파리의 국립도서관에서 자료를 보고 있던 나는 네덜란드의 조선업을 연구하기 위해 앞의 책을 매일같이 들여다 보고 있었다. 그런데 그 중에 신기하게도 "한국에서는 선박에서 사용하

비첸이 기록한 우리말

비첸은 에보켄에게서 들은 우리말의 여러 단어들을 소개하고 있다. 특히 숫자를 표로 짜서 소개하고 있는 것이 특징이다. 그런데 비첸이 옮겨적는 과정에서 실수한 것인지 편집중에 실수가 있었던 것인지, 끝부분에 가면 설명이 어긋나 있어서 억 단위를 만 단위로 잘못 소개하고 있다.

비첸의 표기	발음	비첸의 책에서의 설명
ana	아나	1
toue, toel	투, 툴	2
sevve, suy	세베, 쉬	3
deuye	되이	4
tasset	타셋	5
joset, jacet	요셋, 야셋	6
girop, jirgop	히롭, 히르홉	7
joderp, jaderp	요데릅, 야데릅	8
agop, ahop	아홉	9
iaer	야르	10
somer	소메르	20
schierri, siergan	스히에리, 시르한	30
mahan	마한	40
swin	스윈	50
jegu, jeswyn	예후, 예쉰	60
hierigum, hirgun	혜리훔, 히르훈	70
jadar, jadarn	야다르, 야다른	80
haham, ahan	하함, 아한	90
hirpee, jyrpeik	히르페, 이르펙	100
jytcien	잇첸	1000
jyrook	이룩	1만(1억과 혼동함)
jyook	이옥	2만(2억과 혼동함)
samock	사목	3만(3억과 혼동함)
soeoock	수옥	4만(4억과 혼동함)
ooock	오옥	5만(5억과 혼동함)

는 로프를 볏짚으로 만든다"는 구절이 나오는 것이다. 새끼줄을 의미하는 것이 분명한데, 그가 이 사실을 어떻게 알았을까 신기했다. 그런데 어느 날, 도서관 직원이 실수로 그만 두 번째 책을 갖다주었다. 그때까지만 해도 그 책의 존재를 모르고 있던 나는 이왕 갖다준 김에 무슨 내용이 들어 있는지 한 번 훑어보았다. 아시아 여러 지역에 대한 정보들이 수집되어 있길래, 혹시 우리나라가 소개되어 있지 않을까 이리저리 뒤졌더니 과연 우리나라에 대한 소개글이 몇 쪽에 걸쳐 있었다. 우선 눈에 들어오는 부분이 "이 나라의 동해안은 너무나도 아름답다"는 글귀였다. 먼 이역 땅 어느 도서관에서 18세기 초의 이방인이 우리 땅과 관습, 문화에 대해 쓴 글을 읽노라니 묘한 기분으로 가슴이 벅차올랐다.

비첸이 아시아에 대한 방대한 정보를 모은 것은 물론 여러 여행기를 분석하고 많은 사람들을 만난 결과인데, 우리나라에 대해서는 무엇보다 하멜과 함께 탈출에 성공한 에보켄과 클레르크라는 두 사람이 중요한 정보원이었다. 분명한 것은 비첸이 네덜란드의 상업과 식민지 가능성을 타진하고 있다는 점이다. 네덜란드인들은 상업 민족답게 어느 지역에 대해 서술할 때도 교역 가능성을 살펴보는 것을 잊지 않았다. "이 나라는 가난해서 특별히 교역할 상품이 없다"고 판단한 것이 우리로서는 잘된 일일까? 비첸의 판단으로는 "이 나라에서 유일하게 거래할 상품은 인삼('ginseng'으로 표기하고 있다)밖에 없다"고 했다.

세계에 대한 꼼꼼한 정보 수집과 이해야말로 우리에게 가장 중요한 일 중의 하나임에 틀림없다. 그런 점에서 네덜란드는 앞서 있었다는 것을 새삼 느끼게 된다.

제1부를 마치며

■■■ 세계에는 성격이 다른 여러 나라들이 있다. 누구는 브라질 같은 격정적인 축제의 나라에 열광할 수 있고, 인도 같은 종교적 깊이를 가진 나라에 관심을 가질 수도 있고, 미국과 같은 물질적 풍요로움을 누리는 나라를 좋아할 수도 있다. 그 중 어떤 나라가 절대적으로 더 낫다고는 할 수 없다. 각각의 나라가 저마다의 독특한 개성이 있는 것이다.

우리나라는 어떤 나라일까? 나는 우리나라, 우리 사회가 너무 개성이 없는 밋밋한 곳이라고 여겨왔는데 요즘 들어서 생각을 달리 하게 되었다. 역시 외국인들의 시각을 한번 참고할 만한데, 대한민국은 정신없이 팽팽 돌아가는 사회이고 사람들이 다소(!) 거칠지만 참 재미있는 사회라는 견해가 많은 듯하다.

여기 우리와 어딘지 비슷한 측면이 있으면서도 성격이 아주 다른 나라인 네덜란드의 이모저모를 살펴보았다. 나는 이 나라를 "작은 행복의 나라(le pays du petit bonheur)"라고 부르고 싶다. 이 말은 원래 네덜란드에 오래 거주했던 한 스페인 대사의 말이다. 네덜란드 통계청의 공식 조사에 의하면 이 나라의 90퍼센트의 사람들이 행복하다고 대답했다. 이 나라에 대해 무엇보다도 점잖은 사회(gentle society)라는 말을 많이 하는데 나 역시 공감한다. 깨끗하고 편안한 분위기, 차분함 혹은 안온함 속의 일상생활……. 이런 것들이 네덜란드의 모습이다. 그래서 그럴까, 이 사람들은 악에 받쳐서 전투적으로 살아가는 사람의 인상이 아니라 대개 원만하고 부드러운 표정을 짓고 있다.

네덜란드인들은 열악한 자연환경 속에서도 그들의 터전을 잘 가꾸어왔고, 강대국들에 둘러싸여 있으면서도 휘둘리지 않은 채 독자적인 역사를 이어왔으며, 그 결과 오늘날의 안정되고 탄탄한 사회를 이루었다. 그것은 물론 쉬운 일이 아니었을 것이다. 자유와 행복은 결코 저절로 주어지는 것이 아니라 싸워서 지켜내는 것이기 때문이다.

"자유에 대한 사랑과 자유의 옹호라는 점에서 네덜란드는 우리의 모범이다."

벤저민 프랭클린의 이 말은 네덜란드 역사의 성격을 잘 짚어주고 있다. 이제 그러한 사회가 어떻게 이루어지게 되었는지 그들의 역사를 통해 살펴보도록 하자.

제
2
부

네덜란드의 역사

제1장

네덜란드 땅, 그 최초의 시간으로부터

선사 시대에서 로마 시대까지

■■■ 네덜란드는 말 그대로 낮고 평평한 땅의 나라이다. 이곳에서 바다와 육지가 서로 스며들듯 만나고, 유럽의 여러 민족들이 조우했다. 수천 년 동안 계속되어 온 물과의 투쟁과 간척사업, 문명의 여러 요소의 통과와 혼합, 주변 여러 민족의 끊임없는 개입, 바다를 통한 해외 무역의 발전 등 이 나라 역사의 특이성은 역사의 무대 그 자체의 특성을 고려해야만 제대로 이해할 수 있다. 따라서 우선 이 나라의 지리적 배경을 살펴볼 필요가 있다. 이를 위해서는 물론 인간의 역사를 훨씬 넘는 지구의 역사로부터 출발해야 한다.

선사 시대

아주 긴 시간대로 볼 때 지구의 기온은 상당히 큰 차이를 보이며 오르내린다. 우리가 살아가는 현재의 따뜻한 시기 이전에는 빙하기가 여러 차례 있었다. 이때에는 북극의 얼음덩어리가 남쪽으로 밀려 내려오고 바닷물의 수면이 현저히 낮게 내려가곤 했다. 반대로 지금보다 기온이 훨씬 높은 시기도 있어서 그때에는 북쪽 멀리까지 열대 동물들이 살기도 했다. 유럽 일원에서, 또는 중국의 북쪽 지방에서 코뿔소, 악어, 하마 같은 열대 동물들의 화석이 발견되는 것이 그런 연유에서이다.

네덜란드의 평평한 지형과 관련하여 중요한 지질학적 사건은 비교적 '최근'인 약 20만~18만 년 전에 있었던 얼음 덩어리의 이동(Saale Ice Advance)이다. 이때 지구의 기온이 급강하하면서 해수면이 무려 150미터나 내려갔고, 이 이전 시기까지 유럽 평원에서 노닐던 하마, 악어 등의 열대 동물들은 자취를 감추었다. 북극의 얼음 덩어리들이 네덜란드 중부지역까지 밀려와 마치 거대한 불도저처럼 바위와 흙을 밀어붙이며 땅을 다리미질해 왔다. 이런 거대한 땅의 움직임으로 심지어 강의 흐름마저 바뀌었다. 이전에는 남에서 북으로 흐르던 큰 강들이 동서 방향으로 바꿔 흘렀다. 네덜란드의 평평한 지형은 이렇게 해서 형성된 것이다.

빙하기가 지나고 온도가 다시 올라간 시기가 약 6만 년 정도 지속되었다가 또 빙하기가 찾아왔다(이것이 현재 우리가 살고 있는 따뜻한 시대 이전의 마지막 빙하기로서 약 12만 년 전에 일어난 일이다). 얼음 덩어리가 다시 밀고 내려왔지만(Weichsel Ice Advance) 이때에는 네덜란드까지 밀려오지는 않았다. 기온이 다시 급격히 내려가서 현재 유럽 지역은 이끼류만이 자라는 툰드라 지대가 되었다. 해수면이 135미터 정도 내려가서 다시 바닷속 바닥이 드러났다. 서쪽에서 부는 강한 바람이 이 바닥의 침적토들을 유럽 대륙으로 날려보냈다. 봄마다 중국에서 우리나라 쪽으로 불어오는 황사 현상을 연상하면 될 것 같다. 수만 년 동안 계속된 이 흙바람으로 인해 유럽 여러 지역에 뢰스(loess)라 불리는 흙이 두텁

스호크란드

스호크란드(Schokland)는 현재 인공 폴더의 한 부분이지만 예전에는 죄이더제에 둘러싸인 섬이었고, 그보다 더 이전에는 육지였다. 해수면이 점차 올라오면서 로마 시대쯤에 호수가 생기더니 이것이 점차 커져서 바다와 연결되어 버렸다. 그 결과 이 땅은 그대로 물밑에 들어가게 되어서 사람들의 생활 흔적이 그대로 보존되었다.

1941년에 간척과 폴더 사업으로 다시 물 아래의 땅이 드러났다. 고고학자들의 발굴 결과 여러 곳의 집터와 십여 척의 침몰선 잔해를 찾아냈다. 도자기나 석기 등의 물품도 나왔고 무엇보다도 20구의 유해가 묻힌 묘지터도 발굴되었다. 이것들은 기원전 4500년부터 기원전 1800년 사이의 것들이다. 여기에 더해서 맘모스, 들소, 코뿔소 등의 화석들과 빙하 시대에 쌓인 여러 표석(漂石. boulders)들도 발견되었다. 스호크란드는 1995년에 유네스코 세계유산으로 등록되었다.

게 쌓였는데 이것이 기름진 농사지대가 되었다.

약 12,000~11,000년 전, 드디어 마지막 빙하기가 끝나고 온난한 시기가 시작되었다. 오늘날 우리에게 익숙한 환경이 이 시기부터 형성되었다. 유럽 대륙은 툰드라 지대에서 삼림지대로 바뀌었고 그 숲 속에 사슴, 엘크, 멧돼지 등이 돌아다니게 되었다. 유럽 문명의 출발은 이 숲을 어떻게 개간하느냐에 달린 문제라 할 수 있었다. 얼음이 녹으면서 해수면이 올라오기 시작했다. 유럽의 서쪽 해안지방들이 점차 물에 잠겼고 그 주변지역은 질척거리는 늪지가 되었다. 노르망디와 영국을 연결하던 육로가 기원전 7,000년경 물에 잠김으로써 이때까지 유럽 본토와 연결되었던 영국이 드디어 섬나라가 되었다. 한반도와 일본이 육로로 연결되어 있다가 해수면의 상승으로 일본이 섬나라가 된 것도 같은 시기의 일이다.

빙하기가 끝난 직후, 전세계 사람들은 모두 수렵 · 채집민으로서 발전의 차이가 없어서, 한마디로 모두 똑같은 처지에 있었다. 누가 문명화의 길을 앞서 가는가는 누가 먼저 농경을 시작하는가에 달려 있었다. 아마도 가장 이른 시기에 농경이 시작된 곳은 현재까지의 고고학적 성과에 의하면 '비옥한 초승달 지역(Fertile Crescent. 근동(近東)의 지중해에 면한 지역에서부터 메소포타미아에 이르는 초승달처럼 생긴 넓은 지역)'으로 보인다. 이곳은 지력이 좋아서 일찍 농경이 시작되었고 이것이 여러 고대 문명의 기반이 되었다. 이곳에서 기원전 8500년경에 밀, 콩, 올리브 등이 재배되고 양과 염소가 가축화되었다. 자연히 인구가 늘고 그 인구를 조직하는 정치기술이 발전해 갔으며, 그러기 위해서 문자와 도시가 등장하였다. 이런 발전을 기반으로 해서 서구 문명의 기원이라고 하는 메소포타미아 문명과 이집트 문명이 발전한 것이다. 이것이 세계사 교과서에서 흔히 이야기하는 고대 문명의 시작이고 서구 역사의 기원이다.

그런데, 이 시기에 바빌로니아나 이집트의 멤피스 같은 곳에서만 사람이 살았던 것일까? 문명 중심지 외에는 거의 언급이 없으므로 세계사 교과서만 보면 마치 다른 곳에서는 사람들이 살지 않았던 것 같은 느낌마저 받는다. 물론 문명이 발전한 곳 이외에도 사람들이 살고 있었지만, 역사는 선두주자만을 비출 뿐이다. 마라톤 중계방송을 보면 선두그룹 이외에는 거의 언급이 없는 것과 마찬가지이다. 그도 그럴 것이 무엇보다도 여타 지역에서는 문자 기록이 없으므로 이들이 어떤 모습으로 살아갔는지 명확한 모습을 알 수 없다. 선두 지역과 그 외 지역 간에는 사실 문명발전의 차이가 상당히 컸다. '비옥한 초승달 지역'에서 기원한 농경이 이웃 지역으로 전파되는 데에는 생각보다 시간이 많이 걸려서 지중해 지역에서 농사법을 배우기까지 2천~3천 년이 소요되었다. 네덜란드 지역까지 농경이 전파되는 데에는 그 이후로도 더 오랜 시간이 걸렸다.

이미 언급한 대로 고대 문명이 발전한 지역 이외에는 문자 기록이 없으므로 이들의 초기 역사, 혹은 선사(先史) 시대를 이해하는 데에는 고고학적 발견에 의지할 수밖에 없다.

이 시기의 대표적인 유물로는 기원전 6500년경에 만들어진 카누를 들 수 있다. 드렌트의 페세(Pesse) 지방에서 발견되었기 때문에 '페세 카누'라 이름붙여진 이 카누는 커다란 소나무 줄기를 파내서 만든 것으로서 길이 3미터에 너비 44센티미터였다. 이것은 현재까지 발견된 세계 최초의 배이다.

이렇게 카누를 만들어 강이나 호수를 다닐 정도라면 전적으로 미개인이라 할 수는 없을 것이다. 그러나 역시 이집트와 같은 선진 고대 문명에 비하면 크게 뒤쳐져 있었다. 이집트에서 피라미드를 만들던 시기에 네덜란드에서는 이제 겨우 농경이 시작되고 있었기 때문이다. 농사를 짓는다는 것은 곧 마을을 이루어 정주 생활을 시작했음을 의미한다. 그리고 다음 단계에서는 마을 수준을 넘는 넓은 범위에 걸쳐서 정치조직이 형성되는 발전을 이루게 된다.

이러한 사회 발전의 증거로는 후네베드(hunebed)를 들 수 있는데, 드렌터 지방에 53기, 흐로닝엔 지역에 한 기가 남아 있다. 전설상으로는 거인의 무덤으로 알려져 있으나('후네베드'라는 말은 '거인'을 뜻하는 고어 '회인(huyn)'에서 나온 말이다) 실제로는 석기 시대 사람들의 공동 돌무덤이다. 가장 큰 후네베드는 보르허(Borger) 지방에서 발견되었는데, 높이가 22미터이며, 여기에 쓰인 가장 큰 돌은 무게가 23톤에 달한다. 이 거석들은 빙하기에 스칸디나비아로부터 쓸려져 내려온 퇴석(堆石)

들이다. 현재는 돌무덤의 모습이 달라져 있지만, 원래는 돌 무더기 위에 흙으로 만든 봉분이 씌워져 있었다고 한다. 공동 무덤이었기 때문에 시체 옆에 접시, 도구, 장신구 등이 함께 묻혀 있어서 그 당시 생활을 알 수 있는 좋은 자료가 된다. 이 돌무덤들은 대체로 기원전 3000~2000년 경에 만들어졌다.

이 다음 단계인 청동기 시대와 철기 시대로의 발전 역시 고고학적 발굴을 통해 알 수 있다. 네덜란드에서 발견되는 청동기 시대 유물들은 현지에서 만든 것이 아니고 여러 지역에서 수입된 것들이다. 자체 제작을 하지 못했던 이유는 이 지역에 청동기 제작의 원료가 산출되지 않았기 때문이지만, 여기에서 추정할 수 있는 점은 이 시기부터 이미 네덜란드는 주변의 여러 지역과 활발하게 문명 교류를 하였다는 것이다. 특히 라인강이 중요한 소통로로서 독일 방면의 내륙지역과 연결되었다. 여기에 더해서 남쪽으로 프랑스, 바다를 건너 영국으로부터도 여러 문물이 도입되면서 문화적인 영향도 전해 받았다. 한편, 철기는 청동기와 달리 이 지역의 철광석을 이용하여 자체 제작이 가능했다. 일반적으로 철기 시대에 들어가면 철기 농기구를 사용하여 농업 생산이 이전에 비해 크게 향상되는데, 네덜란드 역시 예외가 아니었다. 반듯반듯하게 다듬어진 농경지 유적이 이 점을 잘 보여준다.

문제는 해수면의 상승과 하강이 여전히 불안정하다는 점이다. 빙하기가 끝난 시점부터 해수면이 지속적으로 상승해 오다가 기원전 3000년경 드디어 상승세가 멈추었다. 그동안 라인강과 마스강에서 떠내려온 흙이 하구에 쌓이기 시작했다. 그와 함께 북해의 물결을 따라 모래가 밀려와서 같은 곳에 쌓여가면서 이 두 종류의 퇴적물들이 합쳐져서 바닷가에 모래 제방이 만들어졌다. 이것이 바닷물의 유입을 막게 되자 이제 그 뒷면의 땅이 점차 말라갔다. 이곳이 토탄 지대가 되었다. 토탄은 오랫동안 가난한 사람들에게 필수불가결한 연료가 되었다. 축축하고 추운 유럽의 겨울을 보내며 그나마 이같은 값싼 연료가 없었다면 사람들은 더욱 고통스럽게 살아가야 했을 것이다.

잠시 주춤하던 해수면의 상승은 기원전 1000년경에 재개되었다. 바닷물과의 투쟁은 네덜란드인에게는 피할 수 없는 운명이었다. 바닷물이 밀려와도 안전하려면 바다보다 훨씬 높은 곳에 집을 지어야 했다. 이제 그들은 자신들의 주거지를 가능한 한 높게 쌓아올리기 시작했다. 이런 토루(土壘, mound)를 부르는 이름들은 각 지방마다 약간씩 다르다. 헬더란드에서는 woerd, 흐로닝엔에서는 wierd, 북홀란드에서는 werf, 프리즐란드에서는 terp라 한다. 각각의 발음은 '부르트', '비르트', '베르프', '테르프'를 약간 빠르게 발음하면 된다. 그렇게 해보면 같은 말이 가지를 친 것임을 알 수 있을 것이다.

이렇게 유럽의 후진 지역 네덜란드에서 한편으로 땅이 물 속에 잠기는 것을 막기 위해 물과의 전쟁을 치러나가고 다른 한편으로 농사를 배워나가는 악전고투의 나날을 보내는 동안 서구 문명의 '중심권'에서는 이미 고대 그리스 시대를 지나 로마 제국의 시대로 넘어가고 있었다. 빛나는 대리석 건물들, 원형경기장, 도로, 상수도 시설을 만들었던 로마인이 이 북유럽의 안개 낀 변방에 와서 물에 푹 절은 '야만인'들을 보았을 때 불쌍하다는 느낌을 받은 것도 충분히 이해할 만하다. 지금까지 문자가 없어서 그들이 어떻게 생긴 종자인지도 알려져 있지 않았던 이 투박한 인간들은 로마의 플리니우스에 의해서 최초로 역사 기록에 등장하였다. 말하자면 이들의 백일 사진에 해당하는 첫 기록은 이렇게 되어 있다.

이곳의 불쌍한 사람들은 자기들이 경험적으로 알고 있는 가장 높은 파도 높이만큼 쌓아올린 언덕에서 산다. 이곳에 그들의 오두막집을 짓는 것이다. 주변 지역이 모두 물에 잠기면 그들은 선원처럼 보이고, 물이 다 빠지면 파선당한 사람들처럼 보인다.

로마 시대

현재의 네덜란드 지역에 대해 최초의 문자 기록을 남긴 것은 로마인들이었다. 카이사르가 갈리아 지방(오늘날의 프랑스에 해당)을 점령한 이후 로마 제국이 북쪽으로 더욱 팽창하여 오늘날의 벨기에와 네덜란드 지역에 도달한 것이다. 로마인들이 안개 자욱한 이 북쪽 변방 지역에 왔을 때, 라인강을 중심으로 북쪽에는 게르만인들이, 남쪽에는 켈트인이 자리잡고 있었다. 로마와 만나서 어떤 종족은 멸망하기도 하고 어떤 종족은 로마와 어느 정도 평화적인 관계나 동맹관계를 맺기도 했다. 그런 가운데 시간이 흐를수록 전반적으로 안정을 찾아가면서 이곳 사람들이 로마 문명을 따라 배우고 로마화되어 갔다. 이 시기의 사정에 대해서는 카이사르의 종군기록들이나 타키투스의 《게르마니아》 같은 저술들에서 어느 정도 실마리를 찾을 수 있다.

게르만 종족들은 숱하게 다양한 분파를 이루고 있지만 네덜란드 지역을 중심으로 볼 때 주목할 만한 종족들로는 벨기에족, 프리스족, 바타비아족 등을 들 수 있다.

벨기에족(Belgae)은 그 이름에서 벌써 알 수 있듯이 이 종족으로 인하여 벨지움(Belgium)이라는 땅 이름이 지어졌다. 이들은 켈트족과 게르만족의 혼합 종족으로 보이며, 마른강과 센강 사이에서 살고 있었다. 이들은 당대의 기록들을 보건대 그리 '문명 개화'하였다는 느낌은 주지 않지만 다른 켈트족에 비해 강력히 저항했기 때문에 카이사르는 이들을 켈트족 가운데 가장 용감한 종족이라고 칭찬을 아끼지 않았다. 이 벨기에족이 전적으로 로마에 복속된 것은 기원전 52년 무렵이었다. 이 시기에 카이사르는 정말로 잔인하게 이 지역의 많은 종족들을 압살해 나갔으며 그 중 일부 종족들은 문자 그대로 멸족의 화를 당했다.

아우구스투스 시대인 기원전 15년, 벨기에족의 땅은 갈리카 벨지카(Gallica Belgica)라는 이름으로 정식으로 로마의 한 주가 되었다. 이 주는 오랫동안 로마 제국의 변경 주로서 라인강을 따라서 그 바깥 세계와 대치하는 경계의 역할을 담당하였다. 이런 사정은 서기 3세기까지 지속되었다. 3세기 이후 로마 제국은 이제 쇠퇴의 길을 걸었다. 쾰른(Köln. 이 도시의 이름은 로마의 식민 도시라는 뜻의 Colonia에서 나온 말이다)과 불로뉴를 잇는 선을 따라서 로마의 경계가 설정되었는데 이 아래쪽에는 갈로-로마 문명이 유지된 반면 그 북쪽에는 게르만족이 밀고 들어왔다. 재미있는 것은 이 시대의 이 경계선이 대체로 그 이후 벨기에 내에서 네덜란드어권과 불어권의 경계선이 되었다는 점이다.

두 번째로 살펴볼 프리스족은 아마도 슐레스비히-홀스타인 지역에서 살다가 현재의 네덜란드로 들어와서 기존의 거주민인 켈트족을 축출하고 그곳에 자리잡은 것으로 보인다. 이들의 특징은 상업 활동이 활발하였다는 점인데, 당시 기준으로는 상당히 먼 지역인 바젤(Basel)까지 교역을 했던 것으로 보인다. 이들은 로마에 세금을 납부해야 했지만 실질적인 부담은 그리 크지 않아서 소가죽과 소뿔을 바치는 정도였다. 이들과 로마와의 관계는 부침이 커서 때로는 로마의 지배 하에 들어가기도 하고 때로는 격렬한 투쟁 끝에 자유를 되찾기도 하였다. 그러나 네로 황제의 사망 이후부터는 계속 자유를 누렸다. 이들의 이름이 자유(free)와 관련이 있다는 것은 분명하지만, 구체적으로 어떤 내용의 자유를 누렸는지에 대해서는 알려져 있지 않았다. 일찍 멸망한 다른 종족들과는 달리 프리스족은 대단히 오랫동안 생존해서, 뒤에 밝히듯이 8세기에 칼 마르텔의 지배 하에 들어갈 때까지 독립을 누렸다.

마지막으로 살펴볼 바타비아족은 라인강 하구의 루그두눔 바타보룸(Lugdunum Batavorum. 루그두눔(Lugdunum)에서 레이덴(Leiden)이라는 도시명이 유래했다) 근처, 오늘날의 베튀베(Betuwe) 지역의 한 섬에서 살았던 것으로 기록되어 있다. 이들은 서기 12년에 로마에 복속되었으나 벨기에족이나 프리스족과는 다르게 동맹자(gens foederata)로 받아들여졌다. 그 결과 이들은 로마에 세금을 납부하지 않고(다른 사람들에게 조공을 바친다는 것은 이 사람들에게는 참을 수 없는 모욕이었다) 대신 로마군에게 병사를 차출해서 보낼 의무가 있었다(무기를 들고 싸워주는 것은 부끄러운 일로 치지 않았다). 이들은 용맹성으로 게르만족 가운데 최고라는 명성을 얻고 있었으며, 다른 어느 종족보다도 로마에 충성을 다했다. 이들은 카이사르가 폼페이우스와 싸울 때에 혁혁한 공을 세우기도 했고, 황제의 보디가드를 하는가 하면, 때로는 로마를 위해 다른 게르만족과 싸우기도 했다. 그래서 이들은 다른 게르만족이 로마 영내로 침범하는 것을 저지하는 최전방의 동맹세력 역할을 하였다. 그러나 로마 제국의 힘이 약해지는 양상을 보이자 독립을 추구했다. 그 주동 인물은 가이우스 율리우스 키빌리스였다.

그에 대한 기록은 타키투스의 책에만 나오기 때문에 로마식 이름만 전해 오고 게르만식 이름은 알려져 있지 않다. 그는 로마식 교육을 받았고 25년 동안 로마 군대에 복무하였다. 그는 상당 기간 동안 이 지방의 여러 종족들에 대해 통제권을 행사하며 로마의 '앞잡이' 노릇을 하였다. 그런데 서기 69년 황제에 오른 아울루스 비텔리우스가 그의 충성을 의심하기 시작했다. 그때 새 황제의 경쟁자인 베스파시아누스가 그를 부추겨서 황제에게 군사력을 지원하지 말라고 하자 여기에 동조하여 바타비아족을 필두로 여러 게르만족을 이끌고 라인강을 넘어 로마군을 공격하였다. 한때 그의 기세가 대단해서 로마가 지배하던 여러 지역을 통제하였으며 로마군은 프랑스 북부까지 후퇴해야 했다.

그는 비텔리우스 황제가 사망하자 이번에는 그를 부추기고 지원했던 베스파시아누스에게도 저항하였다. 이즈음에는 갈리아족들이 그에게 연합해 왔으므로 세력이 급신장되어 곧 갈리아 제국(帝國)을 선포하였다. 이 시기에 수많은 로마 병사들을 학살하여 기세가 등등하였으나 점차 로마군에게 밀리게 되었다. 그러자 상당히 유리한 조건으로 로마와 타협한 것으로 알려져 있다. 그 다음 일은 기록이 남아 있지 않아 사정을 알 수 없지만 라인강을 중심으로 양측이 어느 정도 안정적인 관계를 맺은 것으로 보인다. 그 후 바타비아족은 역사에서 이름을 거두어들이고 사라져버렸다. 아마도 4세기에 살리계 프랑크족에게 멸망한 것으로 보인다.

그런데 이 '바타비아'라는 이름은 그 후에 네덜란드인들의 상상 속에서 그들의 조상이 되어버렸다. 예컨대 인도네시아를 식민지로 만들었을 때 수도 이름을 바타비아로 개명한다든지, 프랑스의 지배를 받아 공화국이 되었을 때 그 이름을 바타비아 공화국으로 한 것이 그런 사례이다. 그리고 율리우스 키빌리스는 16세기 네덜란드 독립전쟁 당시에 이 나라 독립운동의 상징적 의미를 가지게 되어서, 네덜란드 독립운동의 국부(國父)인 빌렘의 원형적인 인물로 여겨졌다.

카이사르와 아우구스투스 시대 로마의 팽창, 그에 따른 갈리아족 및 게르만족과의 충돌은 대개 서기 1세기 후반부터 진정되어 이제 비교적 안정기에 들어간 것으로 보인다. 양 세력의 경계는 라인강이었다. 200~300년간 지속된 이 시기는 비교적 평화로운 시기였고, 그것은 곧 로마문명의 여러 요소들이 북방 지역으로 전파되는 결과를 낳았다. 특히 로마와의 접촉이 빈번할 수밖에 없는 남쪽 지역일수록 로마화가 크게 진행되어서 도로, 교량, 원형극장 등이 세워지고, 농업, 축산업 등의 기술이 발전했으며 무엇보다도 도시화가 크게 이루어졌다. 그러나 북

타키투스의 《게르마니아》

"3. 사람들은 보고하기를 헤라클레스가 그들에게도 있었다고 한다. 실제로 게르만족은 전쟁터에 나갈 때에 헤라클레스를 모든 영웅 중 가장 뛰어난 자로 칭송한다. 그들에게도 또한 바르디투스라고 불리는 일종의 노래가 있다. 이 노래의 울림이 전사들의 용기를 고취시키고, 순전히 음에 따라 다가올 전투의 결말을 예고한다. 전사들의 노래가 어떻게 끝나느냐에 따라 그들은 공포를 퍼뜨리기도 하고 스스로 공포를 느끼기도 한다. 그리고 음의 일치보다는 용감한 마음의 일치를 중요시 여긴다. 무엇보다 거친 음과 찌르는 듯하게 울리는 소리를 내려고 노력한다. 그래서 그들은 방패를 입 가까이 대어서 그들 목소리를 울리게 하여 보다 더 완전하고 둔탁하게 퍼지게 한다.

23. 음료수로는 보리나 밀을 사용하여 술과 비슷하게 발효시킨 주스를 마신다. 라인강과 다뉴브 강변에 사는 사람들은 제대로 된 술을 사기도 한다. 그들의 음식은 간단하다. 야생 과일, 바로 잡은 신선한 야생 고기나 응고된 치즈. 그들은 음식을 특별하게 요리하거나 조미료를 치지 않으면서 배고픔을 해결한다. 그들은 갈증을 오래 참지 못한다. 그들에게 마시고 싶은 만큼 마실 것을 주어서 음주벽을 자극한다면 이 악습으로 무기만큼이나 가볍게 그들을 제압할 수 있을 것 같다.

쪽으로 갈수록 기존의 자기 문명을 유지하려는 경향이 컸다. 대표적인 경우가 프리스족이다.

어쨌든 로마 입장에서 보면 이제 이전의 수세기와는 달리 팽창하는 것이 아니라 오히려 수세에 몰려 있는 상황에서 접경 지역의 여러

29. 이 모든 종족들 중에서 바타비아족이 가장 용감하다. 이 종족은 라인 강변 왼쪽 비좁은 지역에서 라인강의 두 지류와 북해로 인해 형성된 섬에 살고 있다. 그들은 원래 차텐 종족의 일부이다. 그러나 그들은 내부 분열로 현재 주거지역으로 이주해 왔으며, 여기에서 로마 제국의 일원으로 허락되었다. 그들은 로마 제국과 오랫동안 동맹을 인정받고 자신의 독자적인 위치를 유지하였다. 로마는 그들에게 조공을 바치게 하지 않았고 어떤 세금인수인도 그들을 괴롭히지 않았다. 세금과 조공으로부터 면제되고 오로지 전투준비만 하면서 그들은 로마인의 전쟁을 위해서 방어 무기로 대기하고 있다."

• 타키투스의 《게르마니아》, 이광숙 옮김, 서울대출판부

타키투스의 글을 통해서 당시 게르만족의 여러 면모를 비교적 소상하게 알 수 있다. 특히 3번 글에서는 전사(戰士)로서의 게르만족 모습을 볼 수 있다. 그들에게는 용맹성이 중요한 가치였으며, 집단적으로 용기를 고취하는 특이한 관습이 있었음을 알 수 있다. 23번 글에서는 그들이 어떤 음식을 먹었는지 알 수 있다. 특기할 점은 로마 문명의 알코올 음료를 맛보고 난 후 여기에 탐닉하게 되었다는 사실과 타키투스가 이를 이용하여 게르만족을 무력화시키자는 교묘한 아이디어를 제시했다는 사실이다. 유럽인들이 아메리카 인디언들에게 의도적으로 술을 대량으로 보급시켜서 이들을 알코올 중독자로 만들었던 점을 연상시킨다. 29번 글에서는 게르만족 가운데 유독 바타비아족이 로마의 동맹이 된 사실을 확인하게 된다.

종족들과 최소한 우호적인 관계를 유지하는 것이 긴요하였다. 그 너머의 게르만족이 로마 영내로 한번에 밀려오면 감당하기 힘들기 때문이다. 이런 상황에서 바타비아족이나 프리스족은 최전방의 문지기 역할을 하고 있었던 것이다.

제2장

혼란 속의 질서

중세 시대 유럽의 형성

■■■ 이제 우리는 게르만족의 이동 이후의 역사를 살펴보려고 한다. 그런데 이 장에서 이야기하는 것들이 딱히 '네덜란드의 역사'라고 할 수는 없다. 다만 오늘날 이 나라의 영토로 되어 있는 땅 위를 거쳐간 사람들의 이야기를 펼쳐놓은 것에 불과하다. 이 사람들의 직계 후손들이 오늘날 네덜란드 국민이냐 하면 그건 아니기 때문이다. 네덜란드는 역사적으로, 즉 점진적으로 형성된 것이지 선사 시대부터 21세기까지 대대로 같은 종족, 같은 민족이 이어져온 것이 아니라는 점을 미리 밝혀두어야 할 것 같다.

게르만족의 이동

잘 알려진 대로 로마 제국은 말기에 가면 동맥경화에 걸린다. 라티

푼디움(latifundium, 노예제 대농장) 체제는 생산성이 급격히 하락하였다. 무엇보다도 노예 공급이 원활하지 않아서 노예제 농장이라는 것이 운영되지 못했다. 정치적으로도 혼란스러워서 사병집단(私兵集團)처럼 된 군대를 이끌고 장군들이 황제권을 놓고 서로 충돌하고 있었다. 그 결과 '쿠데타'가 연이어지는 소위 군인황제시대가 되었다. 안에서 혼란이 이어지자 바깥의 이민족들이 밀고 들어왔다. 이미 게르만족들이 로마의 용병이 되어서 다른 게르만족을 막고 있는 상태였으므로 제국의 붕괴는 시간 문제였다.

5세기에 드디어 둑이 무너지듯이 로마 경계가 허물어지고 게르만족의 대이동이 시작되었다. 기존의 로마 제국 질서는 무너졌고 그것을 대체할 정치적 · 사회적 질서가 없는 상태에서 오직 적나라한 무력 충돌만이 이어졌다. 강한 자가 살아남고 약한 자는 죽는 지옥 같은 상태가 한동안 계속되었다.

이때 예전의 바타비아족 등 로마인들의 기록에 등장했던 일부 소수 종족들은 사라졌으며 그 대신 다른 게르만 일파들이 자리잡았다. 해안 지방에는 예전의 프리스족이 계속 자리를 지켰으나 동쪽에는 작센족, 남쪽에는 프랑크족이 새로이 밀고 들어왔다. 이 중에서 유럽사에서 중심적인 위치를 차지하게 되는 것은 프랑크족이다. 이들은 일찍이 4세기에 네덜란드 지방에 들어와 있다가 서서히 갈리아 지방(대체로 오늘날의 프랑스 땅)으로 확산해 갔다. 그렇지만 프랑크족이 하나의 단일한 종족은 아니며 몇 개 부족의 느슨한 연합체였다. 살리, 리푸아리, 차티 등이 주요 부족들인데, 아마도 관습, 언어 등이 비교적 가까운 친척뻘의 부족들일 것이다. 이들 전체를 통괄하는 하나의 통일된 중앙 권력이 있지는 않았던 듯하다.

처음으로 프랑크족 전체를 통일적으로 통치하게 된 것은 아마도

클로비스는 알레마니족과 전투를 할 때 패전에 직면했다. 다급해진 그는 부인인 클로틸다에게 부탁해서 그녀가 믿는 기독교 신이 승리하게 해준다면 자신도 개종하겠다고 했다. 극적으로 승리를 거둔 클로비스는 약속대로 기독교를 받아들였다. 성 레미는 클로비스를 데리고 교회 지하로 내려가서 세례식을 거행하였다. 세례식은 당시 관례대로 옷을 다 벗고 물속으로 들어가는 방식으로 진행되었다. 이때 성 레미가 클로비스에게 한 말은 심금을 울리는 동시에 섬뜩한 말이기도 하다. "마음을 부드럽게 가져라. 거만하지 말고 고개를 숙여라. 그대가 태워버리려던 것을 우러르고 그대가 우러르려던 것을 태워버려라."

메로빙 가문의 클로비스인 것 같다(466~511). 그는 갈리아 지방의 마지막 로마계 지배자인 시아그리우스(Syagrius)를 누르고 493년까지는 다른 살리 부족들을 제압했으며, 506년에는 알레마니족을 눌렀다. 마지막에 언급한 이 전투에서 클로비스는 만일 그가 승리할 경우 기독교를 받아들이고 세례를 받겠다고 맹세하였다.

무지막지한 전쟁광인 그가 진심으로 기독교를 믿었는지는 모를 일이다. 기독교도였던 그의 부인 클로틸다가 그를 기독교로 인도했다고도 하지만 이 역시 확실하지 않다. 분명한 것은 이미 로마화되었던 갈리아 지방을 통치하는 데에는 기독교를 받아들인 것이 분명 큰 도움이 되었다는 것이다. 게다가 그가 받아들인 기독교는 삼위일체를 주장하는 정통 로마가톨릭이었다. 이에 비해 주변의 다른 게르만족들은 기독교를 받아들였다고 해도 예수의 본질이 인간이라고 주장하는 아리우스파를 믿었다. 로마 교회의 적극적인 지지를 확보한 것은 앞으로 프랑크족의 통치에 중요한 요건이 되었고, 유럽 역사의 방향에 결정적인 의미를 가진 것이었다.

클로비스는 피레네 산맥까지 영토를 넓혀서 갈리아 지방 전역을 통일하였으며, 파리 지역을 수도로 삼았기 때문에 말하자면 오늘날 프랑스의 먼 기원이 이때 형성된 것으로 볼 수 있다. 그러나 클로비스가 죽은 후 그의 영토는 여러 아들들에게 분할되었다. 왕이 죽은 뒤, 왕위를 누가 이을 것인가? 이 단순한 문제야말로 현대사로 들어오기 이전 역사에서 여러 결정적인 순간에 역사의 흐름을 바꾸어놓는 핵심 사안이었다.

메로빙 왕조가 다시금 큰 힘을 발휘하게 되는 때는 페팽(Pépin) 시절이다. 메로빙 왕조는 왕의 권력이 강하지 못한 대신 수상 혹은 국무총리 격인 궁재(宮宰)가 실권을 쥐고 있었고 게다가 하나의 가문이 대를 이어가며 이 직책을 차지하는 특이한 관례가 있었다. 그 가문이 페팽 가문이었다. 본격적으로 왕국의 실권을 잡았던 페팽 2세는 689년에 프리스족의 왕인 라드보드(Radbod)를 물리쳤다. 그 결과 라드보드는 그의 딸을 페팽의 아들과 결혼시키고 기독교를 받아들여야만 했다. 프리스족의 기독교 전도는 영국 출신의 전도사인 윌리브로르드(Willibrord)가 맡았다. 그는 695년에 유트레히트에 주교구를 만들었는데 이 지역은 이후 네덜란드 지역에서 가장 중요한 기독교 중심지가 되었다.

그러나 전쟁에 졌기 때문에 상대방의 종교를 강제로 받아들이는 방식의 기독교화는 마음 깊은 곳에서 우러나온 진심은 분명 아니었다. 과연 페팽이 죽자 라드보드는 남부 프리즐란드를 공격해서 도로 빼앗고 쾰른까지 영토를 확대했다. 그러나 717년, 페팽의 아들 찰스 마르텔이 라드보드를 다시 물리치자 라드보드는 그의 땅에 기독교 보급을 다시 허용해야 했다. 이 시기의 기독교 전도는 오늘날처럼 마음에 호소하기보다는 칼에 호소하는 종류의 것이었다.

그러나 라드보드는 끝까지 기독교에 호감을 가지지 않은 것이 분명하다. 볼프람누스(Wolframnus) 주교가 라드보드에게 세례를 주려는 순간, 라드보드는 그의 조상님들은 어디에 계신 거냐고 물었다. 순진한 주교는 "불신자는 당연히 지옥에 가 있다"고 대답했다. 그러자 라드보드는 세례를 거부하면서 자신은 천국에서 혼자 지내느니 조상들과 함께 지옥에서 지내겠노라고 답했다. 그의 아들 포포(Poppo) 역시 기독교화에 끝까지 저항하다가 734년 보른(Boorn) 전투에서 찰스 마르텔에게 패배함으로써 휘하의 전사들과 함께 죽음을 당했다.

찰스 마르텔이라는 이름의 뒷부분인 '마르텔(Martel)'은 망치를 의미한다. 그가 얼마나 강력한 무력을 행사했는지 이 별명에서 알 수 있다. 그가 유럽사, 나아가서 세계사적으로 중요한 의미를 가진 것은 북쪽의 정복과 기독교화보다는 사실 남쪽에서 이슬람군과 싸워 이긴 것이다. 7세기에 이슬람교가 성립된 이후 이슬람 세력은 사방으로 놀라울 정도의 강력한 힘으로 팽창해 갔다. 아프리카 북부를 석권한 이슬람 세력은 급기야 이베리아 반도로 들어와서 이곳을 지배하고 그 중 일파가 다시 피레네 산맥을 넘어 프랑크 왕국을 공격한 것이다. 732년에 푸아티에 근처에서 이슬람군과 기독교군의 충돌에서 '망치'가 이끄는 유럽군이 가까스로 승리를 거둠으로써 유럽 대륙의 이슬람화는 일어나지 않았다(역사가 기번(Gibbon)은 이 전투의 중요성에 대해서 이렇게 표현했다. "만일 그때 마르텔이 승리하지 못했다면 현재 모든 유럽인들은 코란을 읽고 있을 것이고 모든 남자들은 할례를 받았을 것이다").

찰스 마르텔은 실권자 정도로 만족하고 실제로 왕위를 차지하지는 않았지만, 그의 아들 페팽 3세(714~768. 키가 작고 뚱뚱해서 단구왕(短軀王. the Short)으로 불리기도 한다)는 메로빙조의 마지막 왕인 킬데릭(Childeric) 3세를 수도원에 가두어버리고 스스로 왕으로 등극해서 새로운 왕조 즉 카롤링 왕조를 개창했다.

카롤링조의 전성기라면 다시 그의 아들인 샤를마뉴의 시대일 것이다(재위 768~814). 그는 직접 군대를 이끌고 유럽 전역을 돌아다니며 전쟁을 벌였는데, 그가 43년간 싸운 대상은 롬바르디아, 아키텐, 작센족, 아바르족, 슬라브족, 이슬람 교도, 바이킹 등 그야말로 유럽의 전역을 망라한 것이었다. 그리하여 그의 영토는 중부 유럽 깊숙한 곳까지 확대되었다. 물론 당시 사정을 감안할 때 모든 지역을 속속들이 지배했다기보다는 현지 주민들이 반란을 일으키지 않고 그의 통치권을 인정하게 한 정도에 가까운 경우도 많았지만, 그나마 그 정도의 통치권을 확립한 것도 대단한 위업이었다.

어쨌든 명목상으로나마 이전의 로마 제국을 연상케 하는 거대한 영토를 확보했으니, 이제 남은 것은 황제 타이틀뿐이었다. 이것은 800년 크리스마스의 황제 대관이라는 사건으로 귀결되었다. 당시 교황인 레오 3세는 반대파의 공격을 받고 있어서 당대 최고의 실력자인 샤를마뉴의 지원을 받고자 했다. 이 일을 흔쾌히 받아들인 샤를마뉴는 이탈리아로 내려가서 교황을 괴롭히는 무리들을 진압하고 교황의 권위를 확립시켜 주었다. 온 김에 크리스마스 미사를 로마에서 지내려고 그가 성당에 들어서자 갑자기 교황이 관을 꺼내서 그의 머리에 씌우고는 이제부터 샤를마뉴가 황제라고 선언하였다. 몇백 년 전에 멸망했던 로마 제국이 다시 부활했다는 것이다.

이것이 교황이 꾸민 연극인지 샤를마뉴가 지어낸 자작극인지는 아직도 역사의 미스터리로 남아 있지만 하여튼 이렇게 해서 신성로마제국이라는 희한한 꿈의 제국이 탄생했다. 누구도 이 제국이 예전의 로마 제국과 똑같다고 생각하지 않았지만 마치 로마 제국의 후신인 것처럼 그림자 연극을 했다. 명분이란 허깨비이지만 때로는 그 허깨비가 정말로 중요한 역할을 하기도 하니, 19세기 초에 나폴레옹에 의해 신성로마제국이 사라질 때까지 천년 동안 유럽의 지배 권력들은 이 그림자 연극에 맞추어서 행동하였다.

그러나 내부적으로 이 제국은 매우 취약했고, 샤를마뉴의 후손들에 의해 분열되었다. 우선 843년의 베르덩 조약으로 동프랑크 왕국, 서프랑크 왕국, 중앙제국(이 세 번째 단위가 제위를 물려받아서 '제국'으로 남았고 나머지는 왕국이 되었다)으로 갈렸다. 네덜란드 지방은 대부분 중앙제국에 속해 있었다. 이후 이 중앙제국 역시 로타리우스 황제 사후에 세 아들에 의해 분할되었고 그 결과 이탈리아, 부르고뉴 같은 단위들이 차차 형성되었다. 오늘날 우리에게 익숙한 정치 단위들이 희미하게 그려져 가고 있었던 것이다.

이렇게 안으로 정치적 혼란과 분열이 지속될 때 바깥에서 외적이 밀고 들어왔다. 바이킹의 침입(대략 850년경에 본격화되고 11세기까지 지속되었다)에 뒤이어 마자르족의 침입이 이어졌다. 이 시기는 극단적인 혼란의 시대였다. 이 와중에 네덜란드 지역에는 바이킹 지배자가 끼어들어 왔다. 덴마크 왕실 출신의 루릭(Rurik)이 황제 로타르로부터 프리즐란드 지방의 영토를 얻어 지배하면서 그 조건으로 다른 바이킹의 침입을 막을 것을 요구하였다. 이 혼란의 시대에 오랑캐를 막기가 힘들게 되자 차라리 오랑캐 중 일부를 자기 편으로 만들고 그 대신 다른 오랑캐를 막으라는 이이제이(以夷制夷)의 방식을 떠올린 것은 어쩌면 당연한 일이었다.

이상에서 알 수 있듯이 중앙의 황제체제가 존재하기는 하지만 그것은 중국의 황제와는 질적으로 달랐다. 중국에서는 황제체제가 '실질적으로' 작용하였다. 그러나 유럽에서는 황제의 지배권이란 그야말로 자기가 직접 다스리는 지방에만 한정되어 있었다. 이것은 국왕도 마찬가지였다. 프랑스 왕만 하더라도(통상 987년에 등장한 카페 왕조를 프랑스 최초의 왕실로 친다) 명목상으로는 상당히 넓은 땅에 대해 국왕의 지배권이 작용하는 것으로 되어 있지만 실제로는 바로 자신의 힘이 직접 미치는 곳, 자신의 무력이 미치고 직접 세금을 받아낼 수 있는 곳에서만 진짜 의미의 지배자였다.

황제와 국왕의 권력이 그토록 제한적이라면 유럽 대부분의 지방에서 실제 지배자는 누구였는가? 우선 봉건 영주가 있고, 네덜란드 지역에서는 여기에 더해서 갈수록 힘이 세지는 도시를 함께 고려해야 한다.

봉건 영주령은 원래 황제의 명령을 받아 지방을 통치하는 관리로 임명된 자들이 그 지방을 공작령, 백작령, 주교령의 형식으로 맡아가지고 있다가, 중앙과 지방의 관계가 소원해지면서 점차 독립적인 존재로 된 것이다. 영국, 프랑스, 스페인 등의 국민국가가 형성되기 이전 시대에는 바로 이 단위의 영주령들이 실제적인 역사 단위로 매우 중요했다. 네덜란드 지역에서는 브라방 및 헬더란드 공작령, 플랑드르 및 홀란드 백작령, 유트레히트 주교령 등이 그런 단위들이다.

홀란드를 예로 들어 간략히 살펴보도록 하자.

홀란드는 12세기에 신성로마제국의 봉토(封土)로서 처음 모습을 드러냈다. 이 지역의 지배 가문은 9세기까지 기원을 거슬러 올라가는 백작 가문이었다. 이 귀족들은 10세기 무렵, 바이킹들이 해안 지역을 파괴하는 행위가 약간 진정되자 자신들의 세력을 확장시켜 나갔다(네덜란드 지역에 대한 바이킹의 마지막 공격은 1007년에 있었다). 이들은 북쪽으로 프리스족들을 밀어붙이면서, 또 남쪽과 동쪽으로는 유트레히트 주교령과 여러 차례 전쟁을 치르면서 영토를 확대해 갔다. 자기 지역을 확실하게 개발하고 장악하기 위해서 역대 홀란드 백작들은 간척사업을 열심히 진척시켰다. 백작은 아래의 지방 영주들에게 제방 축조나 폴더 사업허가권을 내주었다. 이러한 치수사업 기술이 발전하자 이 지역 주민들이 이 방면의 전문가로서 인기를 얻어서, 당시 동유럽 지역으로 이주정착사업이 활발하게 진행될 때(소위 동방팽창운동) 이들이 중요한 일원으로 참여하였다. 동시에 여러 도시들이 어업과 상업을 통해 성장해 갔는데, 홀란드 영주는 그러한 발전을 장려하면서 각 도시들에게 특허장(charter)을 부여하는 방식으로 도시를 장악하고 조세 수입을 취했다.

네덜란드 전역에서 도시들은 행정 · 종교 · 경제 등을 활성화시킴으로써 마치 빵의 효모와도 같은 역할을 담당하였다. 도시가 더욱 발달하게 된 것은 무엇보다도 플랑드르 지역의 직물업의 발달 때문이다. 오늘날의 공업도시와 같은 것은 물론 아니지만 13세기에 이르면 직물업 도시들 내부에서 빈부 격차로 인한 사회적 갈등이 폭발하여 대규모 봉기가 일어날 정도까지 되었다. 플랑드르 지역의 헨트, 도르니크, 이페렌 등이 발전해 갔고, 그 뒤를 이어서 브라방의 브뤼셀, 루뱅, 메헬렌 등이 더해졌으며, 특히 브뤼주가 대표적인 대도시로 성장했다. 네덜란드 지역은 그야말로 '도시의 열도(列島)'가 되어갔다.

부르고뉴 시대

각 지역마다 독특하게 형성된 여러 주들은 '봉건적인' 방식으로 서로 합쳐지기도 하고 다시 떨어져나가기도 했다. 각 주의 지배 가문의 사정에 따라 아들딸에게 상속되기도 하고 결혼을 통해 다른 가문에게 넘겨지기도 하는 변화를 겪은 것이다. 이때의 영토 개념은 오늘날 국민국가의 영토 개념과는 달리 지배 가문의 소유물이었기 때문이다(오늘날 대통령의 딸이 중국의 실력자 아들과 결혼한다고 해서 제주도를 결혼예물로 가져가지는 않는다).

이런 방식의 변화를 거치면서 네덜란드 지역의 여러 주들은 15세기에 부르고뉴 가문 하에 통합되기에 이른다. 우선 무겁공(無怯公) 장(Jean sans Peur, John the Fearless. 용감한 그의 성품 때문에 이런 별칭이 붙었다. 1371~1419)은 1385년에 플랑드르 백작의 무남독녀 외딸과 결혼하여 플랑드르, 메헬렌, 아르투아를 수중에 넣었다. 이것이 부르고뉴 가문이 네덜란드 주들을 차차 통합해 가는 첫 단추였다. 1419년에 그가 살해되자 그의 아들인 필립(Philippe le Bon, Philip the Good. 어느만큼 선량했는지 모르겠으나 그의 별칭은 선량공(善良公)이 되었다. 1396~1467)이 이를 승계한 후, 조약과 결혼을 통해서 네덜란드의 여러 주들을 차례로 자기 세력 하에 넣어갔다. 1429년에 나뮈르, 1430년에 브라방과 림부르크를 얻었고, 1433년에는 그의 숙모인 바바리아의 야코바(Jacoba of Bavaria. 1401~36)로부터 홀란드, 젤란드, 헤네하우벤(Henegouwen)을 빼앗은 다음 1451년에는 룩셈부르크까지 여기에 더했다. 게다가 그의 조카인 부

부르고뉴 공작 필립 선량공이 플랑드르 로망스 작가인 장 보클랭(Jean Wauquelin)에게서 시집을 헌정받고 있다. 부르고뉴 궁정은 대단히 부유하고 문화적 수준이 높았다. 주로 네덜란드의 영향을 받아 회화, 조각, 건축, 문학이 발달했으며, 그 결과 세련된 기사도 문화가 만들어졌다.

르봉의 로더베이크(Lodewijk of Bourbon)를 뢰이크(Luik) 주교로(1455), 그의 서자 다비드(David)를 유트레히트 주교로 만들어서(1456) 이 지역에 대한 지배도 사실상 확고히 하였다. 그는 오늘날의 네덜란드와 벨기에의 아버지로 간주된다.

일단 여러 주들을 모아놓은 다음에 할 일은 이 지역들을 탄탄히 통합하고 확실하게 장악하는 것이었다. 이런 과정에서 기본적인 일은 법과 도량형을 통일하는 일이다. 그 일환으로 1464년에 전국의회(States-General)를 만들었다. 지금까지 서로 독립적으로 발전해 온 여러 주들이 하나의 지배자 밑에 들어오게 되었으므로 이 지역들 전체를 아우르는 통일적인 지배 기구가 필요했던 것이다. 그러나 전국의회라는 것은 오늘날의 의회와는 물론 다르다. 각 주의 대표들이 모이기는 하지만 그들의 주요 기능은 지배자가 원하는 조세 수취에 대해 설명을 듣고 이를 추인하는 일이었다. 그러나 일단 이런 기구가 만들어지고 나면 여러 주들 간의 통일성이 차차 형성되고, 피지배 신민이라 하더라도 그들이 원하는 바를 지배자에게 알리고 또 기회 있을 때에 그것을 법령으로 만들 수 있는 가능성을 가지게 된 것이다.

이 연합체의 중심 지역은 브라방주였으며, 그 중심지인 브뤼셀에 궁정이 건설되었다. 필립은 자기 힘이 바로 미치는 이 지역은 직접 통치하고 나머지 지역은 스타트하우더를 통해서 간접 통치를 했다. 따라서 아직까지 여러 주들이 하나의 '국가'처럼 완전히 통합된 것은 물론 아니었다.

스타트하우더

스타트하우더(stadhouder)는 네덜란드 역사에서 가장 중요한 용어 중의 하나이다. 네덜란드 지역 전체의 지배자인 합스부르크 황제를 대신해서 각 주의 통치와 행정을 담당하는 대리인이므로 '총독', 혹은 '태수'와 유사하다. 15세기 부르고뉴 시대에 만들어진 이 직위는 네덜란드 공화국 이후에도 18세기까지 계속 사용되었다. 대개 지방의 명문가문이 이 직위를 차지하는데 특히 오라녀 가문의 인물이 동시에 4~5개 주의 스타트하우더를 겸직하는 일이 흔했다. 예컨대 오라녀 공 빌렘 1세는 4개 주의 스타트하우더였다. 한 인물이 7개 주 모두 스타트하우더가 된 것은 1747년 빌렘 4세가 처음이었으며, 더구나 이 이후 이 직위가 세습직이 되었다. 말하자면 오라녀 가문이 왕실로 가는 중요한 단계였다.

계속해서 그의 아들 샤를(Charles le Hardi, Charles the Bold. 일명 대담공(大膽公), 1433~77)은 헬더란드와 쥐트펜(Zutphen)을 추가했다. 그의 아버지인 필립도 그랬지만 그의 소망은 왕이 되는 것이었다. 부르고뉴의 수장이 공작에서 왕으로 승격하느냐 못하느냐 하는 문제는 유럽 역사에서 대단히 중요한 일이었고, 역사의 큰 분기점이었다.

여기에서 서술하는 시점은 영국과 프랑스 간에 벌어진 백년전쟁(1337~1453)의 말기임을 주목하도록 하자. 프랑스 왕실의 신하인 부르고뉴 측은 당시 왕실과의 불화로 오히려 영국 측에 협력하고 있었다. 풍전등화의 위기에서 프랑스를 구했다는 잔 다르크가 한 일이 바로 부르고뉴와 영국군을 공격하는 것이었고, 또 그녀를 체포해서 사형당하게 한 것이 바로 부르고뉴파가 아니었는가. 전쟁이 끝났을 때 부르고뉴는 이참에 프랑스의 신하가 아니라 따로 독립적인 왕국으로 홀로서기를 하려고 했다. 사실 유구한 역사를 자랑하는 이 부유한 대영토가 또 하나의 왕국으로 독립한들 이상할 것도 없었다. 만일 이 계획이 실현되었다면 프랑스는 현재의 절반만한 국가가 되고, 독일과 프랑스 사이에 부르고뉴라고 불리는 국가가 들어서 있을 것이다. 그런 비극적 결과를 바라지 않는 프랑스 왕실로서는 어떻게든 부르고뉴를 왕실 내에 붙잡아두려고 했다. 독립해 나가려는 측이나 붙잡아두려는 측이나 중요한 전략의 하나는 결혼을 통해서 연결망을 확고히 하는 것이었다.

부르고뉴 공 샤를은 프랑스 왕실의 최대 경쟁세력인 합스부르크 황실(즉 신성로마제국 황실)에 접근했다. 황제인 프리드리히 3세(1415~93)와 거래해서 자신은 왕에 오르고 자기 딸 마리 드 부르고뉴를 황제의 아들 막시밀리안(1459~1519)과 결혼시키기로 한 것이다. 그러나 너무나 큰 정치적 도박이라 마음이 흔들렸던 것일까. 이 계획에 대한 반대가 거세자 이를 어떻게 처리해야 좋을지 몰라서 당황해 하던 황제는 샤를에게 대관식을 해주기로 한 날 전날 밤에 종적을 감추어버렸다(1473).

상황이 이렇게 되자 이번에는 프랑스 왕실에서 오히려 황제에게 접근해서 양자가 협력하여 부르고뉴 공작과 대립하게 되었다. 황제와 프랑스의 동맹에 힘을 더해 준 것은 스위스 캉통(canton)들이었는데, 오늘날 부유하고 온화한 스위스인의 이미지와는 천지 차이로 이 당시 스위스인들은 유럽에서 가장 용맹스러운 용병이었다. 먹고살기 힘든 산골 총각들이 할 수 있는 가장 속 편한 길이 용병이 되는 것이었다. 부르고뉴를 패배시킨 것이 바로 스위스 창병(槍兵)들이었다. 1477년의 전투에서 샤를은 끝내 왕관을 쓰지 못한 한을 품은 채 전사했다. 그런데 아버지의 대관식은 이루어지지 못했지만 자제들의 결혼은 약속대로 이행되었으니, 샤를의 사망 직후 부르고뉴의 마리와 합스부르크의 막시밀리안은 결혼식을 올렸다. 이렇게 해서 네덜란드의 여러 주들은 마리를 통해서 그의 남편인 막시밀리안, 즉 합스부르크 가문의 영향권 아래로 들어갔다.

한편 이런 취약한 상황을 이용해서 네덜란드 지방의 전국의회는 마리 드 부르고뉴를 압박해서 자신의 권리를 확대했다. 즉 전쟁 선포의 권리, 지배 가문의 결혼에 대한 허가 권리, 조세에 대한 권리, 고위 공직자를 그 지방 사람들로만 임명할 수 있는 권리(지배자가 외지인을 관리로 임명하는 데 대해 그 지방 사람들은 달갑게 생각하지 않는다), 모든 문서는 그 지방 언어로 작성할 권리, 게다가 이 의회 자체에 대해서 지배자의 소집을 기다릴 필요 없이 그들 스스로 소집할 권리까지 규정하였다. 이것은 네덜란드의 자유 신장의 중요한 전통이 이미 형성되었다는 것을 뜻한다. 비록 이 권리 주장에 대해 다음 지배자가 다 뒤집어버리기는 했지만 언젠가 다시 이런 내용들을 지배자에게 들이밀 예행 연습은 충분히 한 셈이다.

마리 드 부르고뉴의 결혼 이후, 역사의 흐름은 드라마틱하게 돌아갔다. 1482년 마리는 낙마 사고로 갑자기 사망했다. 네덜란드 지역에 대한 소유권은 세살바기 아들 필립(1478~1506)에게 넘어갔다. 물론 세 살짜리 어린이가 통치할 수는 없으므로 그의 아버지, 즉 마리 드 부르고뉴의 남편인 막시밀리안이 섭정을 하려고 했다. 네덜란드 주민들은 이방인 지배자의 권력 강화에 대한 저항이 커서 수차례의 봉기를 일으켰고 심지어 브뤼주 시민들은 막시밀리안을 일시 감금하기도 했다. 그러나 1492년 헨트에서 일어난 대규모 봉기가 진압되고 주동자인 얀 반 코펜홀레(Jan van Coppenhole)를 참수하면서 막시밀리안은 이 지역을 확고히 장악했다.

그러나 그의 지배는 오래 가지 않았다. 1493년에 막시밀리안마저 사망하자 세살바기 어린이에서 어느덧 14세의 청년이 된 필립이 실질적인 지배자가 되었다. 그는 이 해에 성인 선언을 하고 결혼도 하였다. 14세면 우리의 중학교 학생 나이이므로 결혼이나 정치를 하기에는 약간 이른 감이 들기도 하지만, 로미오와 줄리엣이 사랑에 빠졌다가 자살한 나이가 바로 14세였음을 상기하면 불가능하기만 한 것은 아닐 것이다. 사실 이 결혼이야말로 그로서는 가장 중요한 정치 행위였다. 신부는 스페인의 공동왕인 페르난도와 이사벨라의 사이에서 태어난 딸 후안(Joan)이었던 것이다. 이렇게 해서 앞으로 네덜란드의 역사가 합스부르크 황실만이 아니라 스페인과도 관련을 맺었다. 그러나 필립 자신으로 보면 단지 그뿐이었다. 그는 본격적으로 무엇인가를 해보려는 젊은 나이에 갑자기 사망했고(1506), 부인 후안은 심한 정신이상 증세를 보였다. 이제 남은 것은 두 사람 사이에서 태어난 아들 카를로스(1500~58)뿐이었으니 그가 16세기 유럽 역사에서 가장 중요한 군주가 될 인물이다. 그러나 이때 그의 나이 6살에 불과했기 때문에(3살보다야 낫지 않은

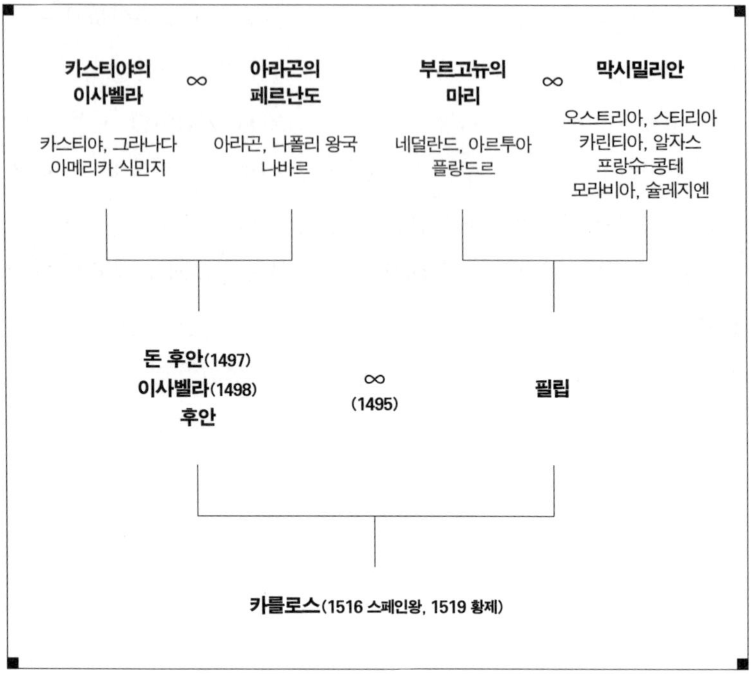

가) 그의 고모인 오스트리아의 마르가레타(Margaretha. 1480~1530)가 섭정이 되었다. 그리하여 네덜란드의 통치권은 6살 어린이와 그의 고모의 손으로 들어갔다.

이 카를로스(독일식으로 읽으면 칼, 프랑스식으로 샤를, 영국식으로 찰스, 네덜란드식으로 카렐. 이 여러 이름 중 어느 것으로 골라서 불러야 할지 난감하지만, 스페인에서 살았다는 이유로 이 책에서는 우선 카를로스라고 부르도록 하자)가 어떻게 해서 유럽 최고의 군주가 되는지 가계도를 보면 위와 같다.

1516년 카를로스의 외할아버지 페르난도 2세가 사망하자 그가 스페인 왕위를 물려받았다. 1519년 그의 친할아버지인 황제 막시밀리안이 사망하자 그는 황제가 되었다. 그리고 할아버지 세대의 인물들이 통치하던 영토를 모두 물려받아서 유럽의 거의 절반에 해당하는 대영토와 아메리카 식민지까지 소유하게 된 것이다.

네덜란드는 이 엄청나게 불어난 합스부르크 가문의 영토 가운데 한 단위였다. 이 시기에 프리즐란드(1524)와 흐로닝엔(1538)이 더해져서 17개 주가 되었다. 이 주들은 물론 각각 독자적인 발전을 해왔고 어디까지나 독자성을 주장하고 있지만, 그래도 17개 주는 막연하나마 '하나의 지방'에 속한다는 감정을 공유하고 있었다. 이 17개 주는 1548년에 공식적으로 부르고뉴 지역(Burgundian circle)이라는 이름으로 하나의 단위임을 선언하였으며, 이 전체가 불가분의 존재로서 제국 영토에 편입되었다.

이 지역은 모든 면에서 비약적으로 발전하였다. 농업과 목축업, 어업이 전통적으로 대단히 융성하였고, 많은 도시에서 상공업이 발전해 있었다. 앤트워프는 이 지역 최대의 중심 도시였을 뿐 아니라, 한때 전체 유럽 경제의 수도와도 같은 역할을 하였다. 아시아의 향신료 무역이 이곳을 중심으로 운영되었고, 아메리카의 은과 남독일 광산에서 생산된 은이 이곳에 들어왔다가 다른 지역으로 다시 유출되었으므로 자연히 상업과 금융의 중심지가 된 것이다. 그리고 이에 더해서 예술의 중심 도시가 되었으니 말하자면 16세기의 뉴욕과 같았다. '부르고뉴 지역'이라는 이름을 갖게 된 네덜란드(넓은 의미로서 오늘날의 네덜란드와 벨기에를 합친 지역)는 합스부르크 제국 영토 내에서도 가장 잘 사는 노른자위였다.

카를로스는 네덜란드의 헨트에서 태어나서 자랐기 때문에 자신의 정체성을 네덜란드인이라 여겼다. 그만큼 이 지역에 대한 애착도 강했다. 그런데 황제의 자리에 올라 종교개혁과 유럽 각국간의 전쟁, 이슬람 세력의 끊임없는 위협이라는 엄청난 현안들을 고민하며 유럽의 절반에 달하는 제국을 통치하는 데에는 고뇌와 고통이 따르는 법! 55세의 나이에 그는 이제 심신이 지쳐 황위를 양도하였다(1555). 그의 경험에서 볼 때 제국 전체를 한 사람이 통치한다는 것은 지나치게 힘든 일이므로, 독일 및 동유럽 지역은 동생에게 물려주고 아울러 황제위까지 그에게 주었다. 한편 그의 아들인 펠리페 2세에게는 스페인과 네덜란드, 그리고 해외 식민지를 물려주었다. 유산의 가치를 비교해 보면 동생에게는 황제라는 멋있는 타이틀을 물려주었지만, 아들에게는 실질적인 노른자위를 물려준 것이다. 물론 그 노른자위 중의 핵심인 네덜란드가 결국 그에게 말할 수 없는 고통을 안겨줄 것이었지만.

제3장

포연 속에 피어난 꽃, 네덜란드

종교개혁, 독립전쟁, 국가탄생

■■■ 16~17세기는 네덜란드가 하나의 독립 국가로서 탄생한 시기이다. 종교개혁과 전쟁을 통해서 합스부르크라는 유럽 최대의 지배 세력으로부터 독립을 쟁취한 극적인 역사가 개진되었던 것이다. 그리고 그러한 혼란의 와중에 유럽 최고의 경제 세력으로 부상하고 해외 식민지 팽창을 통해 전세계에 뻗어나갔으며 과학과 예술에서 최정점에 올랐던 시기이기도 하다.

네덜란드 독립의 배경

근대사의 긴 기간 동안 유럽 내 세력관계의 가장 중요한 두 축은 합스부르크 세력(스페인과 오스트리아 및 동유럽 지역 그리고 여기에 네덜란드가 끼어 있었다)과 프랑스였다. 이 양측이 유럽의 패권을 놓고 벌이는 국제관계를 기본 골격으로 해서 여러 세력들이 차례로 성장하여 개입해 들어옴으로써 복잡한 국제체제가 형성되어 갔다. 우선 영국이 16세기 이후 급성장하는 신흥 세력이었고, 이보다 뒷시기에 프로이센이 강대국의 리스트에 이름을 올리게 되었으며, 그보다 더 늦은 시기에 러시아가 가담하였다.

네덜란드인들이 지배 군주에게 반란을 일으키고 독립을 쟁취하기까지는 물론 여러 요인들이 작용하였으며 따라서 그 양상이 대단히 복잡하게 전개된다. 그렇지만 그 중에서 가장 중요한 요인은 무엇보다도 종교적인 것이었다. 네덜란드 지역에서는 오래 전부터 종교 문제에 대해서 교회의 가르침을 그대로 받아들이기보다 늘 이의를 제기하고 교회의 개혁을 요구하는 전통이 강했다. 이것은 곧 여러 개신교 종파가 뿌리내릴 수 있는 배경이 되었다. 그 중에서도 특히 칼뱅파가 가장 중요한 위치를 차지했다.

펠리페 2세의 아버지 카를로스 5세 역시 종교 문제에 대해서는 일체의 양보를 불허하는 입장이어서 당시 발흥하던 루터파라든지 가장 극단적으로 흘러가던 재세례파 등을 철저히 탄압하였다. 이 점에서는 그의 아들인 펠리페 2세 역시 스페인이 가톨릭 세계를 지키는 마지막 보루라는 의식이 강해서 자신의 영토 안에서 개신교도를 결코 허용하지 않으려고 했다.

종교 외에도 네덜란드의 반란과 혁명을 가져온 요인으로는 여러 가지가 있다. 하층민들은 흉작, 질병, 추운 겨울, 홍수, 물가 상승 등 삶을 힘겹게 하는 여건들 때문에 불만이 팽배해 있었으며, 상층계급은 국왕의 전제적인 태도에 분개하고 있었고, 도시민들 역시 스페인의 간섭이 없으면 더 번성할 것이라고 생각하였다. 이러한 여러 요인들 때문에 사람들은 급진적인 사상과 급진적인 종교에 귀기울일 태세가 되어 있

펠리페 2세의 왕궁

펠리페 2세는 생캉탱 전투(1557)에서 프랑스군에게 승리하자 하느님에게 감사하는 마음으로 충만했다. 마침 승전일이 로렌초 성인의 날이어서 이 성인을 기념하는 교회 건물을 웅대하게 짓기로 했다. 그러나 곧 이 계획이 수정되어서 신축 건물은 교회만이 아니라 왕궁도 겸하게 되었다. 이 에스코리알궁은 기도와 명상, 사냥 후 휴식, 독서와 동시에 행정과 통치를 하는 공간이 된 것이다. 이는 세계의 여러 왕궁 가운데에서도 특이한 사례이다. 로렌초 성인은 산 채로 석쇠 위에서 불고기가 되는 순교를 당한 인물이다(유럽 성당의 외벽에 있는 여러 성인들 조각 가운데 불고기판을 손에 들고 있는 사람이 로렌초 성인이다). 그래서 전체 건축 구조도 석쇠 모양이다. 이는 펠리페 2세에게서 정치와 종교가 어느 정도로 융합되어 있는지를 보여주는 대목이다.

었던 것이다. 문제는 이런 요인들이 스페인 국왕과 그의 대리인의 잘못된 정책으로 걷잡을 수 없을 정도로 격화되었다는 점이다.

반란의 시작과 진압군

네덜란드에 머무르다가 스페인으로 떠난 펠리페는 이복 누이인 파르마의 마르가레타(1522~86)를 총독으로 임명하였다(1559). 그녀는 영민하고 정치적 감각이 뛰어나 현지의 사정을 잘 감안하여 문제를 해결할 능력이 있었다. 그녀는 네덜란드 관습도 익히 알았으며 스페인 정치사정에도 밝았다. 그러나 펠리페는 그랑벨(Antoine Perrenot de Granvelle, 1517~86)을 고문으로 임명하여 그녀를 보좌하도록 했는데 그는 단순히 보좌 역할을 한 정도가 아니라 사실상 모든 정책을 좌우하려고 하였다. 이에 대해 오라녀 공(홀란드, 젤란드, 유트레히트의 스타트하우더), 에그몬트 백작(플랑드르, 아르투아의 스타트하우더), 호른 백작(헬더란드, 쥐트펜의 스타트하우더) 등 명망가 귀족들은 그랑벨이 사퇴하지 않으면 국정위원회를 떠나겠다고 압박하였고, 그러자 마르가레타는 펠리페에게 말해서 그랑벨을 사퇴시켰다.

네덜란드 반란은 이렇게 귀족들의 주도로 시작되어서 일반 민중과 시민층으로 확산되었다는 점이 특징이다. 1566년에 네덜란드의 귀족들은 마르가레타 총독에게 종교적 탄압을 중지해 달라는 탄원을 하기로 하였다. 이 해 4월에 가톨릭 교도와 개신교도 구분 없이 약 300명의 귀족들이 서명한 탄원서를 총독에게 전달하였고, 그 결과 개신교도에 대한 탄압을 중지하고 자유로운 예배를 허용한다는 약속을 받아냈다. 그러나 길게 보면 이것이 오히려 더 불리한 결과를 가져왔다. 불안을 느

예수, 마리아, 성인 등의 그림과 조각이 화려하게 장식되어 있는 가톨릭 성당과는 달리 네덜란드 의 칼뱅주의 교회는 텅 빈 공간일 뿐이다. 이들의 교리에 따르면 교회는 오직 신도들이 모여 앉아 설교를 듣거나 기도하는 곳이어야 한다. 여타의 장식은 '우상숭배' 일 따름이다.

낀 스페인 측이 군대를 소집하기 시작한 것이다. 다시 이에 맞서 네덜란드 귀족들은 7월에 2차 탄원서를 총독에게 전달했다.

이 상황에서 사태를 갑자기 격화시킨 것은 성상파괴운동(beeldenstorm, iconoclasm)이었다. 교리상의 이유로 가톨릭 성당에는 많은 성상(그림, 조각, 유물)을 비치하고 있었는데 칼뱅주의자들은 이것을 일종의 우상으로 규정하고는 성당을 공격하여 이를 모두 파괴하기에 이른 것이다. 이 움직임은 네덜란드에서만 있었던 것은 아니고 다른 나라에서 이미 광범위하게 행해지고 있었으며(비텐베르크 1522, 취리히 1523, 코펜하겐 1530, 뮌스터 1534, 제네바 1535, 아우크스부르크 1537, 스코틀랜드 1559, 프랑스 1566) 네덜란드에는 오히려 늦은 편이었다. 대략 8월 10일부터 시작하여 8월 말까지 3주 동안 네덜란드의 400개 이상의 성당이 파괴되었다. 이 움직임은 스페인 측에 극심한 공포감을 주기에 충분했으나 이 때에도 마르가레타는 오히려 매우 온건한 태도로 사면을 약속함으로써 사태를 진정시켜 나갔다.

이 상태로 갔다면 사태가 다르게 진행되었을지도 모른다. 그러나 펠리페 2세는 '이단'을 힘으로 뿌리뽑기로 결심하고는 알바 공작을 파견하였다(1567). 알바 공(Fernando Alvarez de Toledo, 1507~82)은 당대 최고의 군 지휘관의 한 사람으로서 프랑스, 이탈리아, 아프리카, 헝가리 등지에서 참전했던 역전의 맹장이었다. 그런 사람을 파견한다는 것은 이제 네덜란드에 대한 스페인의 태도가 철권통치로 방향을 잡았다는 것을 말해 준다. 알바의 군대가 오는 것을 보고 마르가레타는 자신의 존재가 무의미하다고 여기고 총독의 지위를 버리고 남편이 있는 이탈리아로 가버렸다.

알바는 네덜란드에 도착하자마자 곧 '반란세력 척결'에 들어갔다. 그는 우선 '반란 수괴'들을 잡아들여야 한다고 생각해서, 지도급 인사들인 에그몬트 백작, 호른 백작 그리고 오라녀 공을 소환하였다. 사태가 심상치 않다고 느낀 오라녀 공은 일찍 국외로 탈출하여 목숨을 건졌으나, 순진하게 소환에 응한 나머지 두 사람은 참수형을 당했다. 알바의 철권 통치는 1567년부터 1573년까지 6년 동안이나 지속되었는데 그 동안 약 1만 2천 명을 체포하여 구금 · 사형 · 재산몰수형을 부과하였다. 알바의 철권통치 기구인 비상위원회(Council of Trouble)는 곧 '피의 위원회(Council of Blood)'라는 별명이 붙었다. 이 위원회는 기존의 법과 관습을 모두 무시하고 적법한 재판 절차 없이 밀어붙이는 방식으로 진행되었다. 대개 이런 시기에 흔히 일어나는 바이지만 이웃간의 사소한 분쟁 혹은 중상모략으로도 많은 사람들이 위원회에 끌려가게 되었다. 수천 건의 재판이 열렸고 일단 재판에 들어가면 다른 판결은 거의 없고 모두 가혹한 처분을 받았다(우리나라의 삼청교육대가 유사한 사례가 될지 모르겠다). 피난민 행렬이 이어졌고, 네덜란드의 상공업은 거의 중단되었다.

알바의 이런 무도한 진압으로 문제가 해결되었는가? 스페인 측이 원하던 대로 사람들은 모두 가톨릭만을 진심으로 믿고 스페인 국왕에 대한 충성심을 가지게 되었는가? 물론 그렇지 않다. 총칼로 짓누른다고 해서 해결될 일이 아닌 것이다. 오히려 결과적으로는 정반대의 일이 벌어지고 말았다. 자유를 위한 저항이 더욱 격화된 것이다.

알바가 행한 또 하나의 바보짓은 무리한 조세정책이었다. 그는 네덜란드 통치를 위해 필요한 자금을 마련하려고 새로운 세금을 걷으려고 했다. 모든 상품 거래마다 10퍼센트의 거래세를 걷는다는 10분의 1세, 모든 재산의 1퍼센트를 걷는다는 100분의 1세라는 안을 1569년에 제시했다. 이것이 결정적인 일이었다고 한다. 이제 스페인 측이 원하는 바가 무엇인지 완전히 드러난 것이다. 네덜란드인들이 누구인가? '돈과 자유'야말로 그들이 추구하는 소중한 가치인 것이다.

세금의 액수 자체는 큰 문제가 아니었다는 것이 역사가들의 견해이다. 중요한 것은 전례에 없는 세금을 아무런 근거 없이 부과한다는 사실에 있다. 이 조세 수취안은 실제로는 제대로 행해지지도 못했으면서 네덜란드인을 돌아서게 만들었다. 알바는 유능한 군인인지는 몰라도—혹은 유능한 군인이기 때문에—정치 문제에는 나서지 말았어야 했다. 카를로스 5세가 양위를 하면서 아들인 펠리페 2세에게 군사 문제 고문으로 그동안 혁혁한 전과를 올렸던 알바를 천거하면서도 "그는 지나치게 야심이 큰 인물이므로 전적으로 신뢰하지는 말라"는 말을 했을 정도였다.

알바의 강압정책에 대항해서 많은 열혈 칼뱅주의자들이 게릴라전으로 맞섰다. 이들은 스스로를 '거지들(Geuzen. 프랑스어의 '괴(geuex)'에서 유래한 말인데, 우리나라의 이전 교과서에서는 독일어화된 '고이센(Geussen)'을 따라 '고이센'파라고 불렀다)'이라고 칭했다.

여기에는 유명한 일화가 있다. 1566년에 네덜란드의 중소 귀족들이 마르가레타 총독에게 종교 탄압을 완화해 달라는 탄원서를 전달하기 위해 브뤼셀로 찾아갔을 때 일이다. 총독은 저택에서 연회를 열고 있었다가, 갑작스러운 사태에 놀랐는지 울음을 터뜨렸다. 이때 그녀의 보좌관 중 한 명인 베를레몽(Berlaymont)이 "이 사람들 거지떼들이네!(Ce ne sont que des gueux)"라고 말했다고 한다(표현은 책마다 약간씩 다르지만 공통적인 것은 네덜란드 귀족들은 사석에서 불어를 썼기 때문에 모두 불어로 표현되어 있다). 바깥에 있던 귀족들이 자신들을 거지라고 부르는 것을 듣고 매우 놀랐으나, 여기에 주눅 들지 않고 오히려 네덜란드 독립운동 세력을 가리키는 말로 '거지'를 기꺼이 받아들였고, 거지들의 주발을 독립운동의 상징으로 사용했다. 이 이후 스페인군을 괴롭히는 게릴라들이 스스로를 '거지'라고 불렀는가 하면 바다에서 활동한 '해군 게릴라'들은 스스로를 '바다의 거지들(gueux de la mer)'이라고 불렀다. 대체로 1570년대 중반에 여러 주들이 공동으로 지원하여 사실상의 정규군을 형성할 때까지 가장 주도적인 저항을 한 것은 바로 이 게릴라들이었다. 한편 이 시기에 필립 드 마르닉스(Philip de Marnix)가 저항의 중심 인물로 빌렘을 추대하면서 지은 노래가 빌헬무스이며 이것이 오늘날 네덜란드의 국가(國歌)가 되었다.

국가(國歌) 빌헬무스

빌헬무스(Wilhelmus)는 네덜란드 독립전쟁 당시 만들어진 행진곡으로서 네덜란드의 국부(國父)로 추앙받는 빌렘이 자신의 고난을 서술하는 형식으로 되어 있다. 모두 15절까지 있고 한 절은 8줄의 시구로 되어 있다. 각 절의 제일 앞 글자만 따면 WILLEMVANNASSOV, 즉 나사우의 빌렘(Willem van Nassau)을 나타낸다(당시 철자는 오늘날과 일부 다르고 특히 U 와 V는 혼동되었다).

Wilhelmus	빌헬무스
Wilhelmus van Nassouwe	네덜란드의 혈통을 이어받은
ben ik van Duitsen bloed	나, 나사우의 빌렘은
den vaderland getrouwe	내 조국에 대해
blijf ik tot in den dood.	죽을 때까지 충성을 다하리.
Een Prinse van Oranje	오라녀 공으로서
ben ik, vrij onverveerd,	나는 언제나 자유로우며
den Koning van Hispanje	스페인 국왕에게
heb ik altijd geeerd.	변함없는 충성을 다하였도다.
Mijn schild ende betrouwen	주님이시여, 당신은
zijt Gij, o God mijn Heer,	나의 방패이며 의지처,
op U zo wil ik bouwen,	당신을 믿고 따르리니
verlaat mij nimmermeer.	나를 버리지 마소서.
Dat ik doch vroom mag blijven,	내가 당신의 영원한
uw dienaar t'aller stond,	종이 되게 하시고
de tirannie verdrijven	우리를 괴롭히는
die mij mijn hert doorwondt.	압제를 몰아내게 하소서.

공식 행사에서 국가를 부를 때는 대개 이 두 절만을 부른다. http://www.dordt.nl/diversen/wilhelmus/home.htm에서 네덜란드 원어와 영어로 번역된 '빌헬무스' 가 있고, 연주곡도 들을 수 있다.

독립파의 반격

전황이 바뀐 것은 1572년이었다. 이 해에 '바다의 거지들'이 덴 브릴(den Briel)로부터 차례로 네덜란드 해안을 해방시켜 갔으며, 동시에 육상에서도 게릴라들이 반격을 하였다. 동시에 오라녀 공 빌렘의 외교적 노력의 결과, 독일과 프랑스가 동시에 스페인군에 대한 공격을 개시하였다. 이에 맞서 알바 역시 홀란드와 젤란드 지역을 강하게 압박하였으며, 메헬렌, 쥐트펜, 나르덴, 할렘 등의 도시에서 스페인군에 의한 대량학살이 벌어졌다. 그 결과 그때까지 태도를 확실히 정하지 못했던 도시들도 이제는 완전히 스페인에 등을 돌리고 오라녀 측과 손을 잡았다(암스테르담만이 더 오랫동안 주저하다가 1578년에 최종적으로 오라녀 쪽으로 방향을 전환하는데 알테라치(Alteratie)라 부르는 이 사건은 네덜란드 독립전쟁에서 중요한 의미를 가진다). 사실 알바는 육상 전투에서는 대체로 승리를 거두었으나 해군의 열세로 홀란드와 젤란드를 장악하지 못했다. 거기에 재정적인 어려움까지 가중되었다. 결국 네덜란드를 힘으로 진압하여 반란을 종식시킨다는 원래 목적은 달성하지 못한 채 알바는 1573년에 스페인 본국으로 소환되어 갔다.*

후임은 루이스 데 레쿠에센스 이 주니가(Luis de Requesens y Zuniga)

* 그가 소환된 것은 군사적으로 결정적인 승리를 하지 못한 데다가 스페인 궁정의 음모의 덫에 걸려들었기 때문이다. 스페인에 돌아간 후에는 그의 아들이 국왕의 의사에 반하는 결혼을 하여 '괘씸죄'로 한때 가택연금까지 당했다. 그러나 1580년 포르투갈의 왕실에서 후계가 단절된 것을 이용하여 스페인이 포르투갈을 병합하면서 유능한 장군이 필요하게 되자 펠리페 2세가 다시 그를 불러들였다. 그는 리스본 점령을 성공적으로 수행하였다. 1580년부터 1640년까지 스페인과 포르투갈이 합병된 것은 유럽사 일반만이 아니라 특히 식민지 역사에서 중요한 사건이다. 그런데 알바 자신은 그런 결정적인 공헌을 했음에도 불구하고 끝내 국왕의 전적인 총애를 다시 얻지는 못했다. 정치가가 저지르는 가장 큰 죄는 뭐니뭐니 해도 '괘씸죄'임에 틀림없다.

였다.

1574년 빌렘의 동생인 로더베이크(Lodewijk)와 헨드릭(Hendrik)이 이끄는 네덜란드군이 패배하면서 이때 두 사람도 살해당했다. 레쿠에센스는 더욱 압박해서 레이덴시를 점령했다. 아마도 80년전쟁의 큰 분

레이덴의 '살수대첩'-청어-대학

레이덴이 전략적으로 중요한 위치에 있었으므로 빌렘 공은 이 시를 반드시 탈환해야 했다. 그가 생각해 낸 것은 상류의 제방을 무너뜨려서 수공(水攻)을 한다는 것이었다. 그러나 문제는 이 경우 시민들의 재산에 커다란 피해를 준다는 것이었다. 빌렘 공은 미리 시민 대표들과 만나 차후에 보상을 해주기로 약속을 하고 공격에 들어갔다. 1574년 10월 3일, '바다의 거지들'이 흘러넘치는 물을 이용하여 보트를 타고 공격해 들어갔다. 격렬한 공방전 끝에 스페인군은 레이덴시를 포기하고 퇴각했다. 이때 스페인군은 성벽 가까운 곳에 스튜를 끓이는 데 쓰는 커다란 솥을 남겨놓고 갔다. 승리를 거둔 레이덴 시민들은 흰 빵과 청어를 나누어 먹었다. 이 이후 레이덴 시민들은 이 사건을 기념하여 매년 축제를 여는데(Leidens onzet), 이때에는 스페인인이 남겨놓은 솥을 기억하기 위해 비프 스튜를 준비하고, 흰 빵과 청어를 먹는다.

한편, 레이덴 시민들의 희생정신에 대한 보상으로 빌렘 공은 시민들에게 소원을 하나 들어주겠다고 했다. 시민들은 어떤 결정을 내렸는가? 그들은 대학을 하나 세워 달라고 했다. 이것이 네덜란드 최초의 대학인 레이덴 대학이다. 이 대학은 자유로운 학풍으로 유명하여 뛰어난 학자들을 많이 불러모았으며(신학자 고마루스와 아르미니우스, 식물학자 부어하버 등), 1637년에는 데카르트가 그의 《방법서설》을 이곳에서 익명으로 출판하기도 했다. 19~20세기에는 이 대학이 동양학의 중요한 연구 중심지가 되었다.

기점 중의 하나가 이 시점일 것이다. 만일 레이덴이 스페인군의 수중에 넘어가면 북쪽으로 진압군이 계속 밀고 올라오기 쉬운데 그렇게 되면 홀란드와 젤란드가 다시 위험해지는 것이다. 따라서 빌렘으로서는 어떻게든 레이덴을 회복해야만 했다. 그는 이 시의 상류에 있는 제방을 무너뜨리는 최후의 수단으로 레이덴을 되찾았다.

그러던 중 스페인군의 지휘관인 레쿠에센스가 1576년에 갑자기 사망하여 스페인군은 혼란에 빠졌다. 무엇보다도 군대가 보급과 봉급을 받지 못한 것이 큰 문제였다. 보급이 끊어진 군대만큼 무서운 것이 또 있겠는가. 이들은 부유한 남쪽 지방인 플랑드르와 브라방으로 내려와서 약탈하기 시작했다. 사태가 이 지경까지 이르게 된 것을 이해하기 위해서는 스페인이 처한 국제적인 상황을 보아야 한다. 1570년대 내내 스페인은 네덜란드와 터키를 동시에 상대해야 했다. 펠리페는 이슬람의 공격으로부터 기독교권 전체를 수호한다는 원대한 이상을 품고 있었던 것이다(1571년의 레판토 해전이 그 중의 하나이다). 그는 바깥으로 이슬람이라는 악마를 막아내고 안으로는 이단의 싹을 잘라내야 한다고 생각하였으며 그래서 그의 전력을 양쪽으로 분산할 수밖에 없었는데, 이것이 네덜란드에 결정적으로 유리하게 작용한 셈이다.

점차 지치기 시작한 양측이 타협을 구상하던 차에 스페인군이 당시 가장 부유한 도시인 앤트워프를 약탈하는 사건이 일어났다. 소위 '스페인의 광기(Spanish Fury)'라고 부르는 이 사건으로 7천 명 정도가 사망하고 '16세기의 뉴욕'은 이제 치유불가능한 상처를 입었다. 이 충격으로 수많은 상인, 지식인, 예술가들이 암스테르담을 비롯한 북부 지역으로 이주해 올라갔는데, 사실 17세기에 네덜란드가 황금 시대를 맞이한 데에는 이러한 남쪽으로부터의 수혈이 결정적인 요인이 되었다.

남북 분단과 국제 정세

이 무렵에 오라녀 공이 중심이 되어서 평화안을 준비하였다. 칼뱅주의에 경도된 북부와 가톨릭을 고수하는 남부 각 지역의 대표들이 헨트(Ghent)에 모여 평화안에 서명하였다(Pacification of Ghent). 이때 사태가 자신들에게 유리하게 전개되는 것을 본 북부 지역 대표들은 네덜란드에서 가톨릭을 제거하고 남부 주에서도 칼뱅주의만을 받아들여야 한다는 극단적인 주장을 펴기도 했으나, 오라녀는 그런 무리한 주장을 받아들이지 않았다. 오늘날 우리의 관점에서 본다면 가톨릭 하나만을 강요하는 데 대해 종교의 자유를 주장하며 봉기를 일으킨 사람들이 자신들에게 유리한 상황이 되었다고 가톨릭을 탄압한다는 것은 자기 모순이 아닐 수 없다.

그러나 종교와 관련된 투쟁에서는 대개가 합리적인 사고를 할 여유가 없는 것 같다. 우선 피를 본 데 대해 복수의 일념으로 칼을 휘두르기 십상이다. 이런 점을 고려할 때 이 평화안은 중요한 의미를 갖는다. 다시 홀란드와 젤란드의 스타트하우더로 추대된 오라녀 공은 그동안 체포된 사람들을 석방하고 재산도 되돌려준다는 점을 천명한 다음, 종교 문제에 대해서는 "전국의회에서 추후에 다시 논의한다"는 모호한 결정을 내림으로써 사실상 관용의 방향으로 나아갔다. 가급적 규제를 리버럴(liberal)하게 해석함으로써 많은 사람들이 자유를 누리게 한다는 오늘날 네덜란드 사회의 관용정신은 아주 오래 전부터 싹트고 있었던 것이다.

이즈음에 네덜란드 독립운동 세력은 스페인에 대한 제안을 이렇게 정리했다. 외국군을 모두 철수하고, 현지인 중심으로 공직자를 임명할 것을 약속한다면 스페인에서 보내는 총독을 인정하겠다. 이 말은 곧 아직 스페인 국왕에 대한 마지막 지지를 철회하지는 않았다는 뜻이다. 이 시대만 해도 일반인들에게는 국왕에 대한 믿음이 워낙 강해서, 왕은 현명한데 그 주위의 간신배들이 왕의 눈을 흐리게 한다는 식으로 생각하였다. 흔히 국왕의 압제에 대항해 봉기를 일으킨 사람들이 국왕에게 하소연하러 가다가 잡혀서 처형당하는 일이 이런 심리구조에서 일어나는 것이다.

그러나 스페인 국왕에게 종교적 · 정치적 자유를 인정하는 선한 국왕이 되어달라는 바람은 가능성이 전혀 없는 일이었다. 헨트 평화안대로 일이 될 수는 없었다. 우선 네덜란드 내부에 가톨릭 교도와 칼뱅 교도 사이에 분열 조짐이 보였다. 이때 스페인 측의 새 총독 알레산드로 파르네제(Alessandro Farnese. 그는 이전의 여총독 마르가레타의 아들이다)는 이 상황을 이용하여 남부 지역만이라도 친가톨릭적이고 스페인에게 충성하는 세력으로 굳혀놓으려 했다. 이 정책은 실제로 효과를 거두었다.

1579년 1월 6일, 아르투아와 헤노주 그리고 두에(Douay)시가 주축이 되어 아라스 동맹이 맺어졌다. 이들은 헨트 평화안을 지지하되 가톨릭을 유지하고 스페인 국왕에게 충성을 유지한다는 입장을 천명했다. 그러자 1월 23일에 이에 맞서 북쪽의 7개 주들(홀란드, 젤란드, 유트레히트, 헬더란드, 오버레이셀, 흐로닝엔, 프리즐란드)이 유트레히트 동맹을 맺었다. 이들의 주장은 종교적 자유와 완전한 독립을 요구하는 것이었다. 이렇게 해서 남북 분단이 시작되었다. 이제 네덜란드 반란은 새로운 단계에 접어들었다. 선한 국왕이 그들의 자유를 인정해 주리라는 소박한 기대를 버리고, 완전히 독립해 나가겠다는 의사를 분명히 한 것이다. 남부와 북부, 신교와 구교 모두 공존하며 서로 협력하기를 바란 오라녀의 희망도 사라져갔다.

그렇지만 이 북부 7주가 당장 하나의 독립 국가로 나아간 것은 아니다. 우선은 군사적 동맹의 성격만이 강했다. 그야말로 7주 '연합체'에 불과한 것이다. 모든 중요한 결정은 각 주가 자체적으로 결정하는데 그 중심은 그 지역의 귀족 대표들과 도시 대표들이 모이는 주 의회였다. 각 주에는 스타트하우더가 있어서 행정권과 군사지휘권을 가졌다. 7주 전체를 통괄하는 기관으로는 전국의회가 있었다. 이 기관은 이전에는 남부까지 모두 포괄하는 전국의회였지만 이제부터는 북부 7주만이 참여하는 의회가 되었다. 그러나 이 기관에서 할 수 있는 일은 많지 않았다. 전국에 걸쳐 세금을 징수할 권한을 갖지 못했다는 것이 단적으로 그 사정을 말해 준다. 여기에 모인 대표들은 마치 외교관들이 모인 것처럼 모두 자기 주의 이해만을 대변하는 경향이 강했다. 게다가 중요한 결정은 7주 모두 찬성해야 하는 만장일치제이기 때문에 사실상 중요한 결정을 내릴 수는 없었던 것이다.

중요한 정치적 영향력을 행사하는 주체는 다른 데 있었다. 하나는 홀란드주였다. 이 주는 가장 부유하고 힘이 강하기 때문에 7주연합의 운영에 필요한 분담금도 거의 절반이나 내고 있었다. 따라서 이 지역의 대상인 부르주아층이 실질적인 영향력을 행사하는 중요한 정치세력이 될 수밖에 없었다. 다른 하나는 오라녀 가문이었다. 이 가문은 전통적으로 이 지역에서 명망을 누리던 고위 귀족이었던 데다가 그동안의 업적으로 그 지위는 더욱 확고해졌다. 앞으로 네덜란드의 역사에서 매번 결정적인 국면에서는 민중세력들이 오라녀 가문을 찾는 현상이 반복되었다. 홀란드주와 오라녀 가문은 상호 협력과 경쟁을 하는 미묘한 관계에 있었다. 양자는 상대방 없이는 아무런 힘을 발휘하지 못하면서도 지향점은 달랐기 때문에 완전한 화합은 애초에 불가능했다.

1581년 전국의회는 철회령(Act of Abjuration)을 공표했는데, 그 내용은 각 주의 위원회(Council)가 주권을 가지며 주의 통치자는 주가 그에게 부여한 권한만을 행사한다는 것이었다. 동시에 이전에 펠리페 2세에게 했던 충성의 서약을 철회(abjure)하고 그것을 네덜란드 연맹(United Netherlands)에 대한 충성서약으로 대체한다고 선언했다. 피지배 신민이 그들끼리 협의하여 국왕에 대해 '당신은 이제부터 우리의 지배자가 아니다'라는 선언을 한다는 것은 역사상 정말로 특기할 만한 일이었다. 여

'철회령'(1581)

"군주는 인민의 통치자로서 목동이 양을 돌보듯 억압과 폭력으로부터 인민을 지키라는 것이 하느님의 뜻임은 명백하다. 하느님이 인민을 군주의 노예로 만든 것이 아니요, 또 옳든 그르든 군주의 명령에 복종하라고 만든 것도 아니며, 오히려 군주가 신민들을 위해서 존재하며(인민이 없으면 그는 군주도 아닌 것이다) 그들을 공평하게 다스리고, 또 아버지가 아이들에 대해서 그러하듯, 또는 목동이 양에 대해서 그러하듯 그들을 사랑하고 도움을 주어야 할 것이며, 때로는 목숨의 위험을 안고서라도 그들을 지키고 보호해야 한다. 그런데 군주가 그렇게 행동하지 않고 오히려 인민들의 오랜 관습과 특권을 침해할 기회를 노리거나 노예적인 추종을 강요함으로써 그들을 억압한다면 그는 더 이상 군주가 아니라 폭군이며, 신민들 역시 그를 다르게 보지 않을 것이다.

특히 각 주들의 허락을 받지 않은 상태에서 이런 일들을 고의로 행하면, 그들은 그의 권위를 거부할 수 있을 뿐 아니라 그들을 보호하기 위해 합법적으로 다른 군주를 선택할 수 있다. 이것은 신민들이 그들의 겸손한 탄원과 항의를 통해 군주의 마음을 부드럽게 만들지 못하든지 폭군적인 행동을 금지하지 못하는 경우 남겨진 유일한 방법이다. 그리고 이것이야말로 우리가 후손들에게 물려주어야 할 자유를 지키도록 자연법이 우리에게 명령하는 바이다."

오라녀 공

펠리페 2세

기서 한 가지 지적할 사실은 이 문건의 주요 내용들이 나중에 미국 독립 선언의 한 모델이 되었다는 점이다. 미국 역시 독립하면서 각 주들과 중앙정부와의 관계, 지금까지의 지배국가(이 경우는 영국)와의 관계에 대해 정리할 필요가 있었고 그때에 지난 과거의 전례를 연구했을 터이다.

이에 대한 스페인의 대응은 오라녀 공 빌렘의 머리에 현상금을 걸어서 그를 처치한다는 것이었다. 펠리페 2세는 빌렘의 머리에 2만 5천 길더 금화를 현상금으로 걸었다. 과연 그는 1584년에 발타자르 제라르(Balthazar Gérard)라는 프랑슈-콩테 출신의 가톨릭 광신도에 의해 암살 당했다(오라녀 공은 세계 최초로 총으로 암살된 정치인의 영예를 얻었다). 그러나 암살범은 네덜란드 당국에 체포되었기 때문에 약속된 금화를 받을 수 없었고—약속된 금화는 그의 친척이 받았다고 한다—오히려 온갖 종류의 지독한 고문 끝에 사망했다(벌겋게 달군 와플 굽는 틀 속에 손을 집어넣는 것을 시작으로 점차 고난도로 잔혹한 고문을 받았다). 가톨릭 국가에서 암살범을 성인으로 추대하려는 움직임까지 있었으나 현명하게도 교황이 이를 거부했다.

이 시점에서 또 하나 중요한 문제는 영국 문제였다. 그동안 네덜란드는 영국의 엘리자베스 여왕에게 통치권을 위임하겠다고 제의했으나 여왕이 이를 거절하고 대신에 5천 명의 군사 지원을 약속하여 레스터(Leiscester) 공이 지휘관으로 네덜란드에 도착했다(1585). 또 드레이크 같은 영국 해적이 스페인 상선을 나포하여서 엄청난 피해를 입히고 있었다. 게다가 영국 · 스코틀랜드 내 가톨릭계의 중요 인물이었던 메리 스튜어트(1542~87)가 죽음을 당하자 이제 더 이상 참을 수 없게 된 펠리페는 영국을 아예 정복하기로 하고 무적함대(Invincible Armanda)를 동원한 대규모 원정을 계획하였다. 130척의 주력함과 30척의 보조 선박, 2천 명의 고위 귀족 지원자, 19,295명의 군인, 8,460명의 선원, 2,088명의 노예 등 당시 수준으로는 놀라울 정도의 대규모 선단이었지만 결과적으로 보면 최악의 대실패로 끝났다. 이 함대는 북해에서 엄청난 폭풍우를 만나서 75척의 배가 가라앉고 1만 5천 명이 목숨을 잃었다. 말 그대로 무적함대는 아니었던 것이다.

역사에는 알 수 없는 미스터리들이 많다. 왜 영국 원정은 대대로 실패로 끝난 것일까? 유럽 대륙을 거의 석권했던 나폴레옹도 결국 영국 원정을 계획하다 실패로 끝났고, 히틀러 역시 영국을 제압하지 못했다. 그렇게 크지도 않은 도버 해협을 건너는 것이 그토록 어려운 것일까? 세계 최대의 육군 강국인 몽골군도 김포에서 강화도를 건너는 것이 그토록 힘들어서 수십 년 동안 골머리를 앓았으니, 대륙의 강국은 바다 앞에서는 약해지는 것인가.

무적함대의 실패는 영국으로서는 직접 침공의 위험에서 벗어난 일이지만 네덜란드로서도 기사회생의 계기가 되었다. 그 정도의 대군이 네덜란드를 목표로 공격해 들어왔다면 네덜란드가 배겨내기 힘들지 않았을까?

게다가 스페인은 프랑스와의 갈등에서도 쓴맛을 보았다. 프랑스에서도 16세기와 17세기에는 종교 대란을 겪고 있었다. 1572년의 성 바르톨로뮤 대학살 사건 같은 말로 다 못할 대학살 사건을 겪고 난 후, 이번에는 개신교도가 국왕에 올랐으니 그가 앙리 4세이다. 스페인으로서는 유럽의 패권을 다투는 전통의 앙숙인 프랑스가 자칫 신교 국가가 되는 것이 네덜란드의 상실보다도 더 심각한 문제였을 것이다. 그래서 프랑스 내정에 간섭하여 어떻게든 앙리 4세의 즉위를 막고 자신의 딸 이사벨라를 왕위에 앉히려는 욕심을 부렸다. 그래서 네덜란드에 나가 있던 군대를 프랑스로 방향을 돌려 공격하도록 하였다. 그러나 이 역시 실패로 끝났다. 이처럼 여러 개의 전선에서 대적해야 하는 스페인으로서는 힘이 분산되어 도저히 감당할 수 없는 지경에 이르렀다.

스페인이라는 거인은 서서히 쇠진해 갔다. 어쩌면 겉으로만 거인이었지 내부적으로는 원체 힘이 없었는지도 모른다. 16세기에 전 유럽을 지배하는 대제국의 건설이라는 거대한 야망을 품고 있던 스페인은 17세기 이후에는 유럽 역사에서 변방의 지위로 내몰렸다. 다음 시기의 패권 쟁탈은 프랑스와 영국, 독일 지역 간에 일어나게 된다. 그리고 스페인의 쇠락을 가속시킨 중요한 사건이 다름아니라 네덜란드가 독립해 빠져나간 것이었다.

네덜란드가 승기를 잡았던 데에는 외부적인 요소들이 많이 작용하였지만 짧은 기간 동안이나마 내부적인 역량을 충분히 쌓았기 때문이기도 하다. 예컨대 군사적인 측면만 보더라도 오라녀 공 빌렘의 사망 이후 그 뒤를 이어받은 나사우의 마우리츠(1567~1625. 빌렘 오라녀의 차남)는 세계 전사(戰史)에서 주목받는 출중한 인물이다. 그는 군사훈련을 철저히 시키고 총을 다루는 과정을 몇 단계로 나누어 집중 반복시켜서 한 열의 군인이 동시에 쏘고 뒤로 빠지는 연속발사 방법을 개발했다. 그리고 그에 이르러서 한 부대가 공동의 유니폼을 입는, 말하자면 일사불란하게 움직이는 한 단위의 군대가 되었다(다시 말하면 그 이전에는 한 부대라 하더라도 각기 다른 옷을 입고 싸운 것이다! 그리고 이런 양태는 사실 그 후에도 상당히 오랫동안 지속되었다). 1597년 투른하우트(Turnhout) 전투가 창 대신 검과 총으로 무장한 군대로 스페인을 공격한 첫 사례인데, 스페인군은 2,350명이 사망하고 300명이 포로가 된 데 비해 네덜란드군은 7명만 사망하는 경이적인 성과를 얻었다. 많은 전략가들이 네덜란드 군대를 견학하러 온 것이 우연이 아니다. 그의 군사 재능에 힘입어 네덜란드는 남쪽의 젤란드와 플랑드르 등 여러 지역을 회복했다.

독립의 쟁취

펠리페 2세는 1598년에 파란만장한 생애를 마쳤다. 그는 가톨릭 세계를 수호하는 위대한 군주가 되겠다는 염원을 성취하지 못했다. 무엇보다도 합스부르크 영토 가운데 노른자위라 할 수 있는 네덜란드가 칼뱅주의 국가로 떨어져나가 독립하는 것을 끝내 막아내지 못한 것이다. 양국간의 전투는 17세기에 들어서도 계속되었다. 최종적으로 네덜란드가 신생 국가로서 공식 승인을 받은 것은 1648년 베스트팔렌 조약을 체결하면서의 일이다. 그러나 이미 16세기가 끝나면서 네덜란드의 독립은 거의 확정된 것이나 마찬가지였다.

17세기 초반에는 전쟁 상황이 역전되어서 야콥 반 헴스케르크(Jacob van Heemskerck)가 네덜란드 함대를 이끌고 스페인 본토로 가서 지브롤터를 공격할 정도가 되었다(1607). 스페인은 이제 감당하기 힘든 정도에 이르렀으나, 네덜란드 역시 상당히 지쳐 있어서 양측은 1609년부터 1621년까지 12년 동안의 휴전에 합의하였다. 12년이 지나고 전쟁이 재개되었을 때 네덜란드군은 북부 브라방과 북부 림부르크, 마스트리히트까지 차지해서 거의 오늘날 네덜란드의 영토가 형성되기에 이르렀다. 전쟁은 이후에도 이후 23년간 더 지속되었으나 대세가 바뀌지는 않았다.

네덜란드의 독립전쟁인 80년전쟁의 마지막 시기는 유럽 대륙 전체가 전쟁터로 변한 30년전쟁(1618~48)의 한 축으로 편입되었다. 합스부르크령 오스트리아의 지배를 받는 보헤미아에서 종교적인 갈등으로 시작된 전쟁은 곧 프랑스와 합스부르크 제국 간의 전통적인 갈등관계를 배경으로 스웨덴과 덴마크까지 개입하여 거의 전 유럽이 연루된 국제전이 되었다. 이 전쟁은 말하자면 17세기의 세계대전이라 할 만하다. 이 전쟁이 끝나고 난 후 전후 질서를 새로 구축하는 조약이 맺어졌는데 이것이 바로 베스트팔렌 조약이었다. 이 조약에서 네덜란드는 하나의 국가로서 공식 인정을 받아서 국제무대의 정식 성원이 되었다.

제4장

황금의 시대

대서양 시대, 튤립 광기, 렘브란트

■■■ 17세기를 흔히 네덜란드의 황금기라고 부른다. 무엇보다도 놀라운 점은 이 시기가 전쟁 시기였음에도 불구하고 경제적으로 최고의 번영을 누렸다는 점이다. 네덜란드 경제는 농업, 축산업, 제조업, 상업, 금융에 이르기까지 그야말로 모든 면에서 다른 어느 나라보다도 우위를 차지하였다.

그러나 황금기라 할 때에는 경제적 번영보다는 찬란한 문화적 업적에 강조점을 둔다. 이 시기 네덜란드는 사상, 문학, 예술, 과학 등 여러 분야에서 최고의 성과를 거둔 역사상 보기 드문 사례를 남겼다. 그러나 빛이 있으면 어둠이 있게 마련이다. 이 황금기의 이면에는 고단한 민중들의 삶이 펼쳐져 있었던 것이다.

어업 · 농업 · 공업

17세기 네덜란드의 경제에 대해서는 흔히 '기적'이라는 표현을 쓴다. 모든 면에서 척박하기 이를 데 없는 여건에서 당대 유럽 최고의 경제 수준에 도달했고 더 나아가서 거의 전세계로 식민지 팽창을 해나갔기 때문이다. 유럽과 타 대륙의 산물들이 네덜란드, 특히 암스테르담에 집중되어 들어와서 이곳에서 거래되었다. 이곳에서 결정된 가격이 곧 유럽 경제의 표준이 되었다. 이런 점에서 암스테르담은 유럽 경제의 수도 역할을 하였다. 여기에서 17세기 네덜란드 경제의 모든 측면을 다룰 수는 없으므로 특징적인 몇 가지 사례를 간략히 살펴보도록 하자.

네덜란드 경제 융성의 첫 출발점은 우선 어업이었다. 바닷가에서 출발한 이 나라가 바다에서부터 돈을 벌기 시작한 것은 당연한 일인지 모른다. 그 중에서도 네덜란드에 가장 큰 부를 가져다준 것은 청어잡이였다. 육류와 가금류의 공급이 그다지 많지 않았던 중세부터 근대 초까지 대량으로 잡히는 생선은 중요한 단백질 공급원이었다. 생선의 큰 문제는 물론 쉬이 상한다는 것인데, 청어는 소금절임에 의해 오랫동안 보관할 수 있고 따라서 먼 지역까지 판매가 가능하다는 장점이 있었다. 소금절임을 한 청어를 차곡차곡 집어넣은 나무통을 강이나 운하를 통해 내륙 멀리까지 팔 수 있었고 해상 운송을 통해서 외국에까지 수출할 수 있었다.

청어잡이에서 중요한 기술적 진보는 이미 1400년경부터 발전된 선상 염장(鹽藏) 기술에서 이루어졌다. 전해 오는 바에 따르면 이 방식을 발명한 사람은 빌렘 뵈켈스존(Willem Beukelszoon)이라고 한다. 여기에서 핵심 사항은 하링뵈이스(haringbuis)라는 둥근 배이다. 이 배는 먼 바다로 나가서 바다 위에 며칠 동안 그대로 머물면서 청어를 잡은 다음

네덜란드에서 청어는 서민들이 즐겨 먹는 값싼 식량이었다. 청어는 나무로 만든 통에 넣어 수송되었다.

갑판에서 바로 생선의 내장을 따내고 소금을 치는 처리를 한다. 그러면 정해진 때에 연락선(ventjager)이 찾아와서 보급품을 전해 주고 상품은 받아서 싣고 항구로 돌아간다. 신선한 생선을 살 수 없는 가난한 사람들에게 염장 청어는 값싸고도 고마운 식량이었다. 북해의 청어잡이를 대(大)어업(Groote visscherij)이라고 명명한 것이 그런 이유이다.

어업은 그 자체로도 중요하지만 해양상업 발전과 긴밀히 연결되기 때문에 이것이 네덜란드 경제 전반의 윤성의 기초가 되었다. 뒤에서 밝히겠지만 선박 건조와 항해술이 이 나라 경제발전의 핵심인데 어업은 바로 그런 요소들을 발전시키는 계기가 되었던 것이다.

한편 이 시대에 농업을 빼고는 경제 발전을 이야기할 수 없다. 농업은 사람들의 생존에 필요한 식량을 책임지는 일이므로, 설사 비농업 분야의 발전을 도모한다고 해도 그것은 반드시 농업 문제를 해결한 다음에 가능한 일이다. 영국의 산업혁명도 농업혁명이라는 단계를 거친 다음에야 가능했던 것이다. 그러므로 경제 발전을 위해서는 농업 생산성이 크게 향상되어서 인구 대부분이 농업에만 매달리는 상태에서 벗어나게 해주든지 아니면 상업을 통해서 외국으로부터 안정된 식량 공급을 해주어야 한다. 네덜란드는 이 두 가지 방식이 다 동원되었다. 즉 다른 지역에 비해 월등히 높은 농업 생산성을 성취하였으며, 그와 동시에 동유럽 지역에서 곡물을 대량 수입해 왔다.

원래 네덜란드는 땅이 좁고 지력이 약한 곳이다. 이런 곳에서 농업을 발전시키기 위해서는 필연적으로 집약적 농업 방식을 택하지 않을 수 없다. 그것은 좁은 농토에다가 많은 노동력을 투입하고 비료를 많이 주면서 최대한의 생산성을 높이는 방식이다. 그 과정에서 고효율의 새로운 농법이 개량되었다.

농업 생산성 지표로 흔히 수확량 대 파종량의 비율(yield ratio)을 사용한다. 이 비율은 봄에 씨앗 한 알을 뿌렸을 때 가을에 몇 알을 수확했는가를 가리킨다. 중세에는 대개 3대 1 수준을 벗어나지 못했다. 이 비율이 6~7대 1의 수준으로 진입하는 것이 농업 발전에서 결정적인 단계라 할 수 있는데, 그 선구가 된 곳이 네덜란드였다. 그 중요 내용은 3포제의 확대, 윤작의 개발, 시비(施肥)의 개량, 사료작물(순무, 클로버 등)의 도입 등이었다. 이러한 선구적인 농법은 다음에 영국에 전해져서 소위 노포크(Norfolk) 농법과 같은 상당히 발전된 농업 체계를 낳았으며 10대 1 이상의 수확을 거두게 된 농업혁명으로 이어졌다.

네덜란드 농법의 또 다른 특징은 아마, 대마, 염료작물 등 공업 원재료, 혹은 원예와 과일 등 소위 환금작물(換金作物) 재배가 성했다는 것이다. 이것은 네덜란드의 도시화가 크게 진행되었다는 점과 깊은 관련이 있다. 또 대단히 집약적인 성격의 축산업이 발전한 것 역시 마찬가지로 이야기할 수 있다.

그렇다고 해도 자국 내의 농업만으로 공업 원재료를 조달하고 축산물을 생산하노라면 곡물이 부족할 수 있다. 이 부족한 곡물은 발틱 지역(동유럽의 폴란드, 동프로이센 지역, 더 나아가서 오늘날의 발트 3국인 에스토니아, 리투아니아, 라트비아 지역까지 포괄하는 지역)에서 수입함으로써 보충할 수 있었다. 이처럼 곡물을 상당 부분 해외에서 조달할 수 있다는 자신감 덕분에 네덜란드에서는 곡물 이외의 다른 작물을 재배하는 것이 가능했다고도 할 수 있다.

다음으로 제조업 분야를 살펴보도록 하자.

공업 가운데 전통적으로 가장 중요한 분야는 직물업이다. 인간의 경제활동 중에서 식량을 생산하는 농업 다음으로 가장 큰 비중을 차지하는 것은 직물업이었다. 과거 우리 조상들의 삶, 특히 여인네들의 삶은 대개 실잣기, 바느질, 빨래, 다듬이질 등 옷감과 관련되어 있었다. 산업혁명이 바로 이 직물업 분야에서 시작된 것은 우연이 아니다. 인간의 가장 고된 일에 기계의 힘을 사용함으로써 노역으로부터 해방시킨 것이다. 네덜란드의 직물업은 아직 기계화된 공장이 위주가 되는 산업혁명 단계는 아니지만, 바로 그 직전 단계에까지 발전해 갔다고 할 수 있다. 넓은 의미의 네덜란드 지역(남부의 플랑드르까지 포함하는)에서는 중세 이래 직물업 도시들이 촘촘히 발전해 있어서 주로 영국과 스페인의 양모를 들여와서 직조를 하고 염색까지 해서 유럽 전역에 팔아왔던 것이다. 16세기 이후에는 영국이 원재료 수출 단계에만 머무르지 않고 직조 과정까지 뒤쫓아왔으나 아직까지도 네덜란드가 여러 과정에서 우위를 차지하고 있었다. 특히 표백과 염색, 마무리 공정(바로 이런 공정에서 부가가치가 가장 높다)에서는 네덜란드가 한 수 위였다. 대표적인 직물업

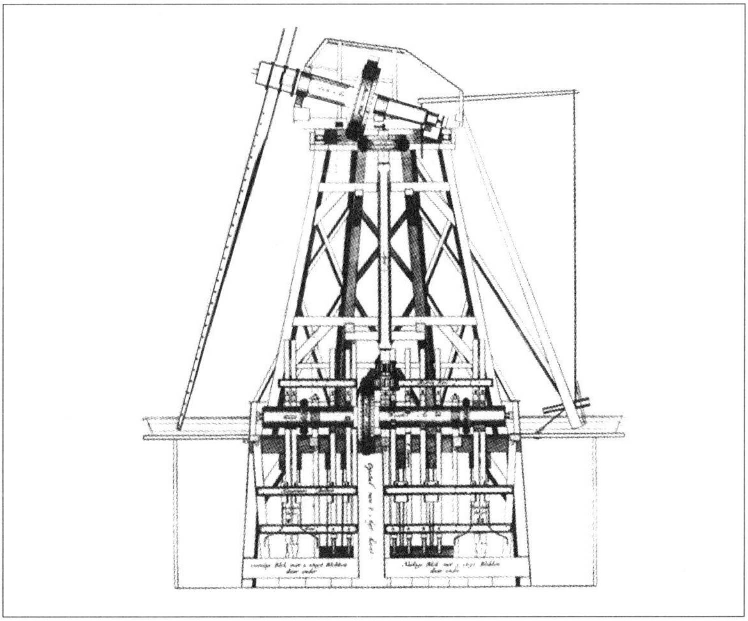

풍차 날개의 최대 회전 속도는 1시간에 1,433회이다. 이 이상의 속도로 돌면 날개가 손상되기 때문에 더 빨리 돌지 않게 조정해 놓았다. 이 속도를 환산해 보면 1분에 24회 회전하는 것이다. 증기기관과 비교할 수 없지만 당시 기준으로는 상당한 수준의 동력을 얻을 수 있었다.

중심지는 레이덴이었다. 이곳은 17세기 유럽 최대의 직물공업 중심지가 되었다. 1670년경에는 이 도시 인구 7만 명 중에 4만 5천 명이 노동자였다(우선 노동자 숙소 문제가 심각해서 한 주일이나 한 달 단위로 빌린 방에 여러 명이 함께 기거하는 일이 많았다). 수요가 계속 증가하는 바람에 여성 직조공이 많아졌고, 아동 노동이 그 뒤를 이었지만, 노동력 부족 사태가 계속되었고 이에 대한 해결책으로 축융용 수차와 풍차 같은 '기계'들이 도입되었다. 이곳은 진정한 '산업도시'라고 불러도 무방한 곳이었다. 1619, 1637, 1644, 1648, 1700, 1714년에 파업이 일어난 것도 매우 현대적인 현상이다.

여타의 중요한 제조업으로는 제당업(해외 식민지 플랜테이션에서 혹인 노예들의 고역 끝에 생산한 사탕수수 용액을 정제하여 설탕을 만들었다), 도자기(중국 도자기를 모방하여 스스로 빚으려고 노력해 결국 도자기 공업이 발달했다. 특히 델프트에서 아름다운 푸른색 도자기가 생산되었는데 이를 델프트 블루라고 한다), 출판업(사상적으로 핍박받을 수 있는 지식인들은 모두 네덜란드, 특히 암스테르담에서 책을 출판하였는데 이는 문화와 경제 모두에서 중요한 일이었다) 등 다양하게 발전했다.

그러나 공업 활동 가운데 가장 주목할 만한 것은 조선업이었다. 이 시기에 아마도 광산 다음에 가장 많은 노동력이 집중된 분야가 바로 조선업일 것이다. 조선업은 여러 가지 특수한 요소들을 많이 가지고 있다. 무엇보다도 원재료비가 결정적으로 크다는 점이다. 큰 배 한 척을

델프트 블루

17세기 후반부터 델프트에서는 세라믹이 유명해졌다. 이것은 원래 이탈리아의 마졸리카 도자기 기술을 이어받은 것인데, 델프트의 도자기는 여기에 더해서 가볍고 빛나는 성질을 가지게 되었다. 특히 이곳에서 특징적인 것은 하얀 도자기 바탕 위에 푸른색 모노크롬의 그림이 그려진 것이었다. 이것이 전 유럽에 유명하게 된 델프트 블루(Delft blue)였다. 17세기 후반에는 기술이 다양해져서 폴리크롬 기술도 개발되었다. 그리고 이때에는 중국 및 일본 도자기의 디자인을 모방하여 동양 취미를 가지게 된 유럽 소비자들의 취향을 만족시키려고 했다. 델프트의 도자기 산업은 18세기 말에 정점을 이루었으나 바로 다음 시기에 영국 도자기 때문에 상대적으로 쇠퇴했다. 그러나 아직도 세계의 주부들이 갖고 싶어하는 고급 도자기이다. 관광지에서 이 도자기를 살 때에는 중국제 모조품을 조심해야 한다. 중국 도자기를 모방해서 만들었던 델프트 도자기를 다시 중국이 모조하고 있는 것이다.

동인도회사 직영 조선소.

만들기 위해서 드는 목재의 양은 거의 작은 도시를 하나 짓는 것과 같을 정도이다. 17세기의 조선업 전문가인 카롱(C. Caron)의 계산에 의하면 큰 배 한 척을 건조하는 데 필요한 목재의 양은 약 1,750세제곱미터로서 이는 "말 두 마리가 끄는 수레 1,800대분에 해당하는 양"이었다. 그런데 특기할 점은 목재의 값이란 대부분 운송비라는 점이다. 저 멀리 노르웨이의 숲에 서 있는 나무 값은 거의 공짜에 가까운데 그것을 베어서 해안가로 끌고 와서 조선소로 가져오는 비용이 엄청나게 들었다(대체로 수입 목재 가격 중 수송비가 90퍼센트 이상이었다). 그러므로 이를 정리하면 조선업에서 가장 중요한 것은 목재무역으로, 이는 결국 해운업에 따라서, 해운업은 다시 조선업에 따라 좌우되는 것이었다. 따라서 네덜란드처럼 한 분야에서 우위를 차지하면 계속해서 다른 분야에서도 우위를 차지하는 선순환에 들어가게 되는 것이다.

네덜란드의 조선업은 원료 조달 외에도 큰 장점들이 있었다. 다른 나라에 비해 작업이 표준화 · 기계화되어 있었다는 점이 그것이다. 목재를 켜고 운송하고 조립하는 과정을 보면, 다른 나라들은 전통적인 방식으로 장인들이 도끼로 다듬는 수준인데 네덜란드에서는 각종 기계장치를 사용하고 있었다. 예컨대 잔(Zaan) 지역의 풍차를 이용한 제재소를 보면 잘 알 수 있다(러시아를 하루바삐 강대국의 반열에 올려놓기 위해서 유럽 대륙으로 몸소 '배낭여행'을 했던 표트르 대제가 가장 큰 관심을 두었던 것이 조선업이었다. 그는 이 분야의 실상을 직접 보기 위해 잔 지역에서 신분을 속이고 조선 노동자로 직접 일해 보기도 했다!).

네덜란드의 공업 발전을 두고 영국의 산업혁명과 같은 획기적인 발전이라고 할 수는 없다. 기계제 공장도 아니고 규모도 현재의 관점에서 보면 그리 크지 않았다. 그러나 당시의 상황에서 판단하면 레이덴이나 암스테르담-잔담은 유럽 최대의 공업단지 중의 하나였으며, 산업혁명으로 나아가는 길목에 서 있는 것이라고 할 수 있다.

상업국가

이상의 설명에서 우리는 네덜란드 경제가 많은 영역에서 다른 국가들보다 우위를 차지하고 있었으며, 그 우위는 흔히 상업과 연관되어 있다는 점을 알 수 있다. 이 나라는 '세계의 창고'로서 유럽 전역에 걸쳐 수요 공급을 조정하는 역할을 하였다.

17세기의 네덜란드는 전세계를 무대로 하여 상업 활동을 하며 식민화를 추진하는 다이내믹한 국가였지만 무역 규모, 경제에 대한 공헌도 등을 보자면 여전히 가장 중요한 것은 전통적인 분야인 발틱 무역이었다. 통칭 발틱 무역이라 함은 동유럽의 발틱 연안 지역과 북해 및 대서양 연안 지역을 연결하는 교역을 일컫는데, 중세말부터 근대에 이르기까지 유럽에서 가장 단위가 큰 해상무역이었다. 교역되는 상품으로는 서에서 동으로 가는 상품으로 소금, 청어, 직물 및 기타 공산품(그리고 나중에는 후추와 같은 식민지 상품이 여기에 더해졌다) 등이 있었고, 반대 방향으로는 곡물(호밀, 밀, 귀리 등), 목재, 아마, 대마 등이 있었다.

무역 액수를 보면 전체적으로 발틱 지역(정확한 범주는 아니지만 일단 '동유럽'으로 칭하도록 하자)의 수출액이 서유럽의 수출액보다 항상 컸으며, 따라서 그 차액만큼 반대 방향으로 은을 보냈다. 이 의미는 곧 서유럽이 은을 지불하면서 동유럽의 곡물과 원재료를 획득했다는 것이다.

서유럽은 어디에서 이 은을 구했을까? 일부는 남독일의 광산에서 나는 것이었지만 가장 큰 몫은 아메리카의 은 광산에서 나는 것이었다. 신대륙에서 산출된 은은 일단 스페인으로 들어갔다가 네덜란드 등의 북부 지역으로 이전되고 여기에서 다시 대량으로 동유럽에 보내진 것이다. 네덜란드의 관점에서 이를 정리하면, 스페인에 공산품 등을 수출하여 그 대가로 아메리카의 은을 대량으로 확보한 다음, 다시 동유럽과의 교역에서 식량과 원재료를 구입하면서 발생한 무역 차액을 이 은으로 지급한 것이다. 이처럼 세계 무역을 운영하면서 네덜란드는 그들 경제에 핵심적으로 중요한 물품들을 얻고 그 과정에서 대상인들이 막대한 상업 이익을 취하였다. 이런 점을 보건대 이 시기에 비록 초보적이나마 자본주의적인 국제무역체제가 성립되었음을 알 수 있다. 그 성격은 어떤 것이었는가?

동유럽의 주요 수출품이 곡물과 임산물, 그리고 아마와 대마 같은 공업 원재료였다는 것은 서유럽에 대해 '종속적인' 위치를 강요받았다는 것을 짐작케 한다. 여기에서 더 심층적으로 살펴보아야 할 것은 폴란드와 동프로이센 같은 동유럽 지역의 곡물 수출이다. 이곳은 결코 곡물이 남아돌아서 수출한 것이 아니었다. 농업 생산성으로 보면 오히려 동유럽 지역이 훨씬 낮았다. 이 지역의 농업체제는 대귀족이 지배하는 장원제(莊園制)로서 농민들은 심하면 1주일에 4~5일, 심지어는 6일을 귀족의 장원에서 강제 노역을 해야 했다(1주일에 6일 동안 귀족의 밭을 갈아야 하고 남은 하루 동안 자기 밭을 갈 수 있는 것이다!). 따라서 대귀족의 입장에서 보면 '봉건적인' 강제력으로 공짜 인력을 동원해서 잉여 곡물을 생산하여 이것을 외국에 수출까지 하지만, 농민들의 처지에서는 착취와 기근에 시달리고 있었던 것이다. 소위 기아수출(hungry exportation) 현상이 빚어진 것이다. 말하자면 네덜란드(또는 서유럽)의 '자본주의' 발달은 폴란드(또는 동유럽)의 '농노제'와 내적으로 연관되어 발전해 가고 있었다(똑같은 원리가 아메리카에 광범위하게 발전하는 '노예제' 플랜테이션과의 관계에서도 적용된다. 즉 서유럽의 자본주의와 신대륙의 노예제가 내적으로 연관되어서 함께 발전한 것이다). 그렇다면 자본주의는 그 초기부터 지배와 종속, 불평등이 기본 속성이었다.

이처럼 네덜란드의 무역에서 가장 큰 비중을 차지하는 것은 전통적인 발틱 무역이었다. 여기에서 생긴 이윤을 가지고 다른 무역에 투자할 수 있었고, 여기에서 습득한 노하우로 다른 지역에 상업망을 확장해 갔다. 이런 점에서 발틱 무역을 '어머니 무역(moedercommercie)'이라고 부른 것이 과장이 아니다.

네덜란드 무역의 팽창에서 분수령이 되는 시점은 1590년대이다. 이 해에 이 나라 선단이 본격적으로 지브롤터 해협을 넘어 지중해로 들어가서 이탈리아 및 레반트 지역과 직교역을 하게 되었다. 이것은 유럽의 경제사에서 획기적인 사건이었다. 사실 이 시기까지 유럽에서 문화적으로나 경제적으로 가장 발전한 지역은 이탈리아였다. 미켈란젤로나 다빈치 같은 예술의 거장들을 떠올려보면 알 수 있듯이 이탈리아는 유럽의 꽃이었다. 그리고 그런 문화적 융성 뒤에는 이탈리아의 부(富)가 뒷받침되어 있었던 것이다. 그런데 이제 북유럽의 선단이 이탈리아 본토에 직접 와서 부족한 곡물과 원료를 대주고 북유럽의 공산품을 제공하게 된 것이다. 게다가 이탈리아 대상인들이 돈을 버는 주요 무대로서 이탈리아의 앞마당 격인 레반트 지역에까지 들어가서 직거래를 하게 되었다. 이제 대서양 연안-북해-발틱해를 연결하는 경제권에 지중해가 종속되기에 이르렀고, 유럽의 중심은 지중해에서 대서양으로 이전해 갔다. 그야말로 대서양 시대가 열린 것이다.

이와 동시에 네덜란드는 식민지 사업에 뛰어들었다. 16세기 말까지는 스페인과 포르투갈이 아프리카 · 아시아 · 아메리카로 팽창해 나가서 식민지를 건설했다. 그동안 네덜란드는 스스로 해외 식민지를 본격 건설하는 단계로 나아가지는 않았으며, 다만 양국의 식민지 상품 배분사업, 말하자면 도매업에 참여함으로써 큰 이윤을 남겼다. 따라서 굳이 큰 고생을 하며 아시아로 가서 후추를 구해 오는 따위의 일을 하지 않아도 되었던 것이다. 구체적인 분석은 제6장에서 하기로 하고, 다만 여기에서는 이런 도매업 참여만으로 한계에 이른 네덜란드가 17세기 초에 동인도회사를 결성하여 이후 대규모 식민지 건설에 성공하였다는 점만을 간단히 지적하도록 하자.

17세기에 들어서면 이제 네덜란드의 교역망은 발틱해 북단의 리가, 북극해에 가까운 아르항겔스크로부터 지중해의 동쪽 끝, 더 나아가서 아프리카의 열대 지역으로부터 일본의 나가사키에 이르렀다. 그 결과, 전세계의 상품들이 몰려왔다. 이 시기에 네덜란드는 그야말로 '세계의 창고'라고 불러도 무방할 정도였다. 그 중심지는 암스테르담이었

암스테르담 거래소 내부의 모습.

다. 유럽 및 세계 교역의 큰 흐름은 우선 이 도시에 집중되었다가 이곳에서 흘러나갔다. 암스테르담의 운하 옆에 지어진 대상인들의 저택은 모두 창고를 갖추고 있었다.

중요한 상품 거래는 거래소(Beurs, Bourse)에서 이루어졌다. 이곳은 조만간 상품만이 아니라 주식과 채권 거래도 이루어지는 중심지가 되었다. 수요와 공급이 이곳에서 만나게 되니 자연히 기준 가격이 이곳에서 정해졌다. 그 가격 정보를 필요로 하는 사람들을 위해서 주요 상품 가격을 신문 형태로 찍어서 팔았다. 1585년부터 거래소 가격 정보가 출판되어 판매되기 시작했는데 처음에는 205개의 주요 상품 가격이 그 대상이었으며 점차 대상 품목 수가 늘어났다. 상인들은 이 '경제신문'을 정기구독할 수도 있었다. 이 정보가 워낙 귀중한 것이었기 때문에 불어와 이탈리아어로도 번역되어서 유럽 전역으로 보급되었다.

이와 같은 대규모 거래가 이루어지고 세계 전체와 통하는 자본주의적 상업망이 만들어짐에 따라 경제 조직도 변화하고 발전해 갔다.

해운업을 예로 들어보자. 우선 선박 자체가 대단한 고가이고, 한 번의 항해에도 엄청난 물량이 동원된다. 거기에 싣는 상품, 출항에 필요한 의장(艤裝)을 갖추는 일 등이 모두 엄청난 돈이 들어가는 사업이었다. 그런데 흔히 있는 일이지만 만일 배가 침몰한다든지 해적에게 나포되는 일이 일어났다고 생각해 보자. 여기에 출자한 사람들—선주들, 의장업자들, 상인들—은 자칫 파산할 정도로 큰 손해를 보게 된다. 작은 이익을 많이 보다가도 한번 크게 손해를 봄으로써 파산하는 일은 피해야 할 것 아닌가.

사업에서 무엇보다도 중요한 것은 위험을 피하는 일이다. 여기에서 생각할 수 있는 것은 우선 투자가가 여러 곳에 분산해서 투자하는 것이다. 전 재산을 한 배에다가 모두 집어넣는 것은 어리석은 일이다. 그 배가 침몰하기라도 하면 당장 거지가 되는 것 아닌가. 모든 계란을 한 바구니에 담아서는 안 되는 것이다. 그러므로 배 한 척을 살 수 있는 자본이 있다 하더라도, '성처녀호'의 지분 4분의 1, '피닉스호' 4분의 1, '검은까마귀호' 8분의 1, '앵무새호' 16분의 1 식으로 분산 소유하는 것이 안전하다. 전통적으로 배의 지분은 8조각으로 나누는 것이 관례이지만, 어떤 사람은 8분의 3을 소유할 수도 있고, 어떤 경우에는 8분의 1을 여러 사람이 나누어서 소유하는 수도 있어서, 예컨대 그리 부유하지 않은 사람이라도 어느 배의 지분 256분의 1을 소유할 수 있었다. 배의 소유만이 아니라 상품 거래를 할 때에도 이런 식으로 여러 차례 나누어서 보내는 방식을 취했다. 이렇게 지분 방식으로 나누는 것이 이 사회의 아주 일반적인 법칙이었다.

상업이 흥성해지면서 여타의 관련 분야도 함께 발전했다. 대표적인 것이 보험업이었다. 큰 돈을 번 상인들이 늙으면 직접 상거래를 하는 수고를 피하고 보험업을 시작한다. 나중에 보험업은 로이드 회사처럼 크게 발전하지만 그 이전 단계의 방식은 이미 네덜란드에서(그리고 그 이전에 이탈리아에서) 확립되어 있었다. 또 은행업도 발전 도상에 있었다. 아직 중앙은행체제가 자리잡은 것은 아니지만 중세의 환전상 수준은 훨씬 넘어서는 규모의 은행가들이 생겨났고, 환어음을 이용한 정교한 국제 환거래도 운영되고 있었다.

암스테르담을 비롯한 대도시에서는 분명 '자본주의'라고 이름붙일 수 있는 고도의 경제조직이 생겨났고, 세계 최고 수준의 부유한 상인층이 형성되었다. 황금기의 네덜란드는 폭발적인 경제 팽창을 경험하고 있었다.

황금기의 사회

이상에서 보듯이 황금기 네덜란드는 경제의 팽창기였고, 사회에 부가 넘쳐났다. 그러면 모든 사람들이 부자가 되고 다들 행복했을까? 그렇지는 않다. 자본주의 질서는 결코 그런 것을 허용치 않는다. 부(富)의 증대는 부의 집중을 통해서 이루어지는 것이지, 모든 사람들이 공평하게 부유해지는 법은 없다. 부자들이 존재하려면 그 밑에 훨씬 더 많은 수의 빈민들이 있어야 한다.

그럼에도 불구하고 주변 지역의 가난한 사람들은 계속 네덜란드로 밀려 들어오고 있었다. 빈곤과 기근에 시달리던 사람들로서는 고향에서 하염없이 굶주리고 있을 수 없었으므로 부유한 지역으로 몰려가보는 것이다. '길바닥이 금으로 뒤덮여 있다'고 하는 그곳에 가면 먹고사는 문제는 해결할 수 있으리라 믿었고, 운이 좋으면 부자가 되지 말라는 법도 없지 않겠는가.

아닌게 아니라 네덜란드의 황금기에는 빈민 출신의 사람들이 단시간 내에 사회 최상층으로 올라간 사례가 적지 않았다. 야콥 포펜(Jacop Poppen)이라는 사람은 암스테르담 시장을 역임했고 또 그가 사망할 때 남긴 재산을 오늘날의 가치로 환산하면 9톤의 황금의 가치에 해당할 정도로 막대한 재산가였는데, 실상 그의 아버지는 청어를 통에 담는 미천한 신분이었다. 바닝 콕(Banning Cocq)이라는 대상인은 더욱 극적이어서 그의 아버지가 네덜란드에 들어올 때에는 유랑 걸식하는 사람이었다. 이들은 단 한 세대 만에 사회의 최하층에서 최상층으로 올라간 사례이다. 이런 것들이 가능한 만큼 당시 네덜란드 사회는 부가 크게 증가하고 사회적 유동성이 컸던 것이다.

그러나 이런 것들은 사실 예외적인 사례이지 일반적인 것은 아니다. 대부분의 빈민들은 그야말로 곤고한 삶을 살았다.

노동자들(직공, 장인층)은 저임금과 장시간 노동에 시달려야 했다. 여전히 길드제가 상공업 활동의 큰 틀을 규정하고 있었기에 노동 시간을 비롯한 중요한 사항들은 길드 규제에 따라야 했다. 길드는 대개 성원들 전체가 평등하게 수입을 올려서 모두 같이 생계를 이어가도록 했고, 업계 전체의 품질 유지를 목적으로 했다. 즉 생산자와 소비자 모두를 보호하자는 것이다. 따라서 지나치게 장시간 일하거나 특히 밤에 불을 켜고 일하는 것을 금지시키곤 했다. 그런데 이 말은 곧 많은 일꾼들이 어떻게든 오랜 시간 일해서 그들의 수입을 늘리려고 했다는 반증이기도 하다. 길드제가 유지되는 분야에서는 그나마 이처럼 노동자의 보호가 가능했지만, 길드제가 적용되지 않는 분야에서는 그야말로 자는 시간과 먹는 시간을 빼고는 하루 종일 일해야 했다. 보통 하루 14시간 노동이 다반사였고, 심하면 레이덴의 직조공들처럼 16시간 이상을 일하기도 했다! 워낙 임금이 적었기 때문에 한 가족이 먹고 살아가기 위해서는 그만큼 더 많은 시간을 일해야 했던 것이다. 이 당시 임금은 시간당 수당 형태였기 때문에 이런 현상이 벌어지지 않을 수 없었다. 콜베르의 주장에 의하면 프랑스인이 1주일 일하는 것보다 네덜란드인이 하루에 더 많은 일을 한다는 것이다. 자본주의 경제의 발전은 어쩔 수 없이 인간의 육체를 착취하는 데에 기반해 있는 것일까?

더욱 가슴 아픈 것은 아동노동 착취이다. 당시 기록들은 어린이들이 고용주의 '노예'와 같다고 한다. 심지어 일하는 시간 외에는 길거리로 나가서 동냥을 해와야 했다. 이런 '앵벌이' 현상에 대해서는 급기야 시 당국이 나서서 단속을 펼치기도 했다(델프트, 1636). 아동 노동에 대한 수요가 커지자 고아원 아이들이 동원되기도 했다. 직물업이 크게 신장되고 있던 레이덴에서는 1638~48년의 호황기에 리에주에서 고아원 아이들을 대규모로 수입해 왔다. 이런 현상이 너무 심하자 레이덴 시 당국이 아동 착취에 대한 규제 조치를 취해야 했다. 1646년에 나온 칙령의 내용은 어린이들은 하루에 14시간 이상 일할 수 없다는 것이었다. 이 얼마나 관대한 조치란 말인가!

가난한 사람들이 먹는 음식은 말할 필요도 없이 궁색한 것이었다. 주로 호밀빵과 치즈를 먹고 여기에 청어가 더해졌다. 가끔 고기스튜를 먹었다고 하지만, 송아지 내장과 저민 고기가 약간 들어 있는 맹물 스튜에 가까웠다. 그나마 이런 것은 어쩌다 한번 맛볼 수 있는 고급 음식이고 오히려 사정이 좋지 않을 경우에는 호밀빵만으로 연명하는 경우도 많았다. 흰색 밀빵 자체가 사치품이던 이 시절, 다음과 같은 칙령은 충분히 이해할 만한 것이리라.

"빵가게에서 진열대에 내놓는 과자에 너무 사치스럽게 장식을 해

18세기 말에 반 토렌베르헨이 그린 라습회의스 내부의 모습이다. 감시인이 대패질한 브라질 나무의 양을 재고 있다.

서는 안 된다. 가난한 사람들에게 이 광경이 욕망을 불러일으키고 그 사람들을 슬프게 만들 우려가 있기 때문이다"(암스테르담, 1601).

이보다 더 아래로 내려가면 이제 정말로 슬픈 인생들을 만나게 된다. 아무리 상대적으로 잘사는 사회라고 해도 빈민들이 다수를 차지하는 상황에서는 결국 이들을 힘으로 억압하는 수밖에 없다. 원론적으로 이야기하면 사회 질서란 결국 '불평등의 유지'인 것이다. 다수의 가난한 사람이 가난한 상태로 계속 존재하면서 열심히 일해야만 부자와 권력자들이 존립 가능하지 않겠는가. 이런 질서에 순응치 않은 빈민은 가혹하게 억눌러주어야 하는 법이다. 이런 것을 보여주는 하나의 사례가 암스테르담 빈민사역장의 하나인 라습회이스(Rasphuis, '대패질 작업장'의

뜻)이다.

이곳은 직업 없이 떠돌든지 가벼운 위반 행위를 한 빈민들을 수용하는 곳이다. 이곳에서 시키는 일은 브라질 나무를 대패로 깎는 일이었다. 브라질 나무는 열대 지역에서 나는데 이 나무를 대패로 깎아서 염료의 원료로 사용하였다. 그런데 나무의 재질이 어찌나 단단한지 이 대패질이 보통 힘든 일이 아니라서 결국 일반 노동자들은 그 일을 피했다. 당시의 증언에 의하면 이 일은 허리가 부러지는 것 같은 고통이 오고, 온몸이 땀범벅이 되는데 붉은색 나뭇가루가 날려서 피처럼 빨간 땀을 흘리는 것처럼 보였다고 한다.

암스테르담 시 당국이 하나의 묘안을 내놓은 것에 이 일을 맡긴다는 것이었다. 이곳의 운영 방식은 간단하다. 하루 종일 대패질을 시킨 다음, 저녁에 일한 양을 저울로 달아서 일정한 양을 넘겨야만 저녁 식사를 주는 것이다. 그러므로 이곳에 수용된 사람들은 하루 종일 죽을힘을 다해 대패질을 하면서 과연 오늘 저녁을 먹을 수는 있을까 전전긍긍하며 살아가는 것이다. 단 한번의 경미한 잘못을 저질렀다고 끌려와서 걸핏하면 채찍질을 당하는데 이런 삶이 5년이고 10년이고 계속되는 것을 상상해 보라. 게다가 이곳에 갇힌 사람은 '순결하고 건전한' 삶을 살아야 하는 의무가 있었기 때문에 남는 시간에는 성경을 교재로 해서 쓰기와 읽기를 배웠다.

만일 이들 가운데 여전히 건전하지 못한 삶의 방식을 고집할 경우—그 안에서도 정신 차리지 못하고 노름을 한 사람, 더러운 노래를 부른 사람, 감히 탈출을 하려고 한 사람—밥의 양이 줄고 채찍질을 당하게 된다. 그래도 교정이 되지 않는 경우 악명 높은 물이 차오르는 지하 감옥에 가게 된다. 이곳에 갇힌 사람에게는 간단한 펌프 하나를 주어서, 익사하지 않으려면 끊임없이 펌프질을 해야 했다. 잠깐 눈을 붙여 자다가도 다시 일어나서 펌프를 움직여야 한다. 이렇게 사람을 괴롭히는 이유라는 것이 빈민은 자신이 게을러서 가난한 것이므로 노동의 소중함을 '교육'시키기 위해서라는 것이다. 이곳은 어느 날 여기에 들어온 한 사람이 펌프질을 계속 하느니 죽기로 결심하고 그것을 실행한 사태가 벌어지자 폐쇄되었다. 이와 같은 빈민의 억압이 없으면 자본주의 질서든 공화국이든 모든 것이 수포로 돌아간다.

네덜란드에서는 빈민들도 매우 친절하다는 것이 이 시기에 네덜란드를 방문한 대부분의 외국인들이 하는 말이다. 그렇다고 해서 이들이 항시 양순하기만 한 것은 아니었다. 싸움과 폭행 사건이 일상적으로 일어났다. 사법 당국은 이런 데 대해서 '관대'했다. 즉 개인들끼리 알아서 해결하면 되는 것이지 굳이 관(官)이 끼어들어서 잡아들일 필요는 없다는 것이다. 그러나 살인죄가 일어나면 엄벌에 처해졌다. 원칙적으로 살인죄의 대가는 사형이었다. 그 외에도 사형에 처해지는 죄로는 방화, 유아살해, 화폐위조, 동성애 등이었다.

네덜란드의 가장 독창적인 처벌은 가짜 사형이다. 심한 폭행, 고의적이지 않은 살인, 혹은 정황이 뚜렷하지 않은 살인 등의 경우 가짜 사형을 하는데, 완벽하게 연극을 해서 당사자는 정말로 사형을 당하는 것으로 믿도록 했다. 이런 식으로 사형 경험을 하고 나면 정말로 정신을 번쩍 차리게 될까?(이 비슷한 경험을 한 사람으로는 잘 알다시피 도스토예프스키가 있다. 제정 러시아 역시 이런 훌륭한 교정수단을 알고 있었던 것이다. 그러나 17세기 네덜란드에서 가짜 사형을 당한 사람들이 모두 대문호가 된 것 같지는 않다.)

이런 험악한 이야기만 강조하는 것도 사실을 왜곡하는 것이리라. 사실 빈민들에 대해서 늘 억압적이기만 했다면 네덜란드로 그 많은 사람들의 이주행렬이 이어졌다는 것을 설명하기 힘들 것이다. 부자 나라에 가면 대개는 생존은 보장된다는 것, 그것이 그 당시에는 다른 곳에서 찾아보기 힘든 덕목이었고, 이주민들이 떠난 고향에서는 그나마의 보장도 못했기 때문에 네덜란드를 찾아나선 것이라는 점을 아울러서 강조해 두도록 하자.

튤립 이야기

황금기 네덜란드의 사회와 경제 사정을 상징적으로 잘 보여주는 에피소드가 튤립 광기(tulipomania)이다. 오늘날 네덜란드를 대표하는 꽃인 튤립은 파미르 고원이 원산지일 것으로 추정되는데, 천산산맥의 야생초였다가 페르시아와 터키를 거쳐서 16세기에 유럽으로 전해졌다. 꽃이 크고 화려한 데다가 튼튼하게 잘 자라기 때문에 곧 유럽인들의 마

1640년경에 야콥 마렐(Jacob Marrel)이 그린 튤립 그림이다.

음을 사로잡았다. 이 꽃의 제2의 고향이 된 곳은 할렘과 레이덴 근처였다. 이곳은 오늘날에도 세계에서 가장 큰 튤립 재배지로서 봄이 되면 천국의 꽃밭 같은 아름다움을 자랑한다.

황금기 네덜란드에서 비싼 가격으로 매매되었던 화려한 튤립은 어떻게 만들어진 것일까? 사실은 모자이크 바이러스라고 불리는 '병균'에 감염되어서 그처럼 강렬하고 다양한 색상을 가지게 되었다는 점이 튤립의 역설이다. 새로운 종류의 튤립 구근을 만드는 데에는 6~7년이 걸리는데, 그나마 사람들이 원하는 환상적인 색깔과 강렬한 무늬의 꽃은 이처럼 병에 걸린 것이어서 만들기도 쉽지 않고 구근의 수도 적을 수밖에 없었다. 전설적인 튤립 종은 셈페르 아우구스투스라는 것이었다. 푸른색과 흰색 바탕에 빨간 불꽃 무늬가 가운데에 피어 있는 이 꽃은 전문가들 사이에 가장 아름다운 꽃으로 인정받았고, 여러 책들에서 최상의 꽃으로 인용되었다. 이런 꽃들일수록 바이러스에 심하게 감염된 것이었고 따라서 만들어내기가 쉽지 않았다. 당연히 꽃 가격은 천정부지로 치솟았다.

당시 사람들이 왜 하필 튤립에 그토록 열광했는지는 설명이 쉽지 않다. 분명한 것은 사람들이 이 꽃의 아름다움에 끌리기만 한 것이 아니라 곧 이를 이용해서 많은 돈을 벌 수 있다는 계산도 작용했다는 점이다. 그리고 그것은 역사상 유례를 찾기 힘들 정도의 투기 광풍으로 이어졌다.

튤립 광풍은 1636년 12월에서 1637년 1월 사이에 절정에 이르렀다. 15길더였던 '아드미랄'이 175길더가 되고, 45길더였던 '비자르덴'이 550길더가 되었다. 꽃값이 계속 오르자 전국에서 수많은 사람들이 꽃 재배사업에 뛰어들었다. 전 재산을 팔아서 텃밭 한 조각을 사가지고 구근을 키웠다. 꽃값이 계속 오르는 동안에는 사람들이 모두 돈을 벌었다. 이것이 또 다른 투자가들을 끌어들였고 이것은 다시 꽃값 상승을 더욱 부추겼다. 셈페르 아우구스투스는 1633년에 500길더였는데 1637년에는 1만 길더를 기록했다. 꽃 한 송이로 집 한 채를 살 수 있다는 것이 과장이

튤립 광기

튤립 광기가 절정에 이르렀던 시기에 꽃 한 송이 값은 과연 어느 정도였을까? 1636년 12월에 나온 한 팜플렛에서는 3천 길더짜리 꽃 한 송이로 다음의 물건들을 모두 얻을 수 있다고 한다(마이크 대시, 정주연 옮김, 《튤립, 그 아름다움과 투기의 역사》, 지호, 199쪽).

살찐 돼지 8마리	240길더
살찐 황소 4마리	480길더
살찐 양 12마리	120길더
24톤의 밀	448길더
48톤의 호밀	558길더
와인 2통	70길더
맥주 6백 리터	32길더
버터 2톤	192길더
치즈 450킬로그램	120길더
은 술잔	60길더
옷감 1팩	80길더
매트리스와 침구가 딸린 침대	100길더
배 1척	500길더
합계	3,000길더

꽃 한 송이를 가지고 그야말로 한 살림을 차릴 수 있었던 것이다.

아닌 것이다. 1633년과 1637년 사이에 할렘과 암스테르담에서 2천만 길더의 구근이 거래되었다고 한다. 그렇다면 네덜란드 전역에서 거래된 액수는 도대체 어느 정도나 되는지는 짐작도 할 수 없을 정도이다.

튤립 매매는 곧 전형적인 자본주의적 광기를 띠게 되었다. 꽃값이 계속 오르자 실제 손에 쥐고 있는 꽃만이 아니라 아직 땅속에 묻혀 있는 것까지 사고팔게 되었다. 구매자는 선금을 주고 나중에 수확할 꽃을 미리 사두는 것이다. 그가 받아둔 것은 꽃 모양과 색깔 등이 기록되어 있는 약속어음이었다. 어음의 등장으로 튤립 매매는 우선 1년 내내 거래가 가능한 사업이 되었고, 사업 성격도 투기가 되어버렸다. 사람들은 이 어음을 높은 가격으로 매매했다. 오늘날 선물거래라고 부르는 현상이 만들어진 것이다. 실물은 없이 거래가 이루어지는 이 현상에 대해 당시 사람들은 '바람장사(windhandel)'라는 훌륭한 이름을 붙였다. 그 바람은 따뜻한 봄날의 산들바람이 아니라 모든 것을 한번에 날려버릴 수 있는 미친 바람으로 돌변했다.

내년 봄에 '비자르덴' 값이 폭등하리라고 예상한 사람은 재배농에게 그 꽃을 선구매한다. 수확 시기에 300길더를 주기로 하되 현재로서는 그 10퍼센트인 30길더를 선금으로 지불하면 우선 그 꽃을 확보하게 된다. 예상대로 일이 잘 되어서 봄에 비자르덴의 값이 1천 길더로 뛰었다고 하자. 그러면 재배농에게 잔금 270길더를 마저 준 다음 그 꽃을 1천 길더에 팖으로써 700길더의 이익을 남기는 것이다. 꽃값이 이런 식으로 계속 뛰어준다면 꽃장수들은 큰 이익을 누릴 것이고, 재배농들도 짭짤한 장사를 하게 된다.

그런데 값이 생각만큼 오르지 않는다면? 아니, 값이 내린다면?

모든 것에는 끝이 있게 마련이다. 1637년 2월, 사람들은 이제 꽃값이 올라도 너무 올랐다는 생각들을 하게 되었다. 더 이상 꽃값이 오르지 않고 매매가 잘 되지 않았다. 1천 길더짜리가 900에도 안 팔리고, 800에도 안 팔리고, 500을 불러도 반응이 없다. 이런 경우 언제나 그렇듯이 소문은 순식간에 퍼진다. 모든 사람이 일제히 물건을 팔려고 하고 사려는 사람은 한 명도 없게 되었다. 값이 올랐던 때보다 더 빨리 하락했다. 5천 길더를 호가했던 것이 50길더가 되었다. '막차를 탔던' 사람들이 다 망하고 마는 것은 정해진 이치이다.

이 광풍의 사건에서 읽을 수 있는 것은 물론 가난한 사람들의 꿈이다. '인생역전'을 모토로 내걸었던 우리나라의 로토 열풍과 기본적으로 같은 이야기인 것이다.

그런데 이 투기 에피소드가 어떻게 시작되어 파국을 맞았는지도 흥미롭지만 사실 이 사태를 어떻게 수습했는가가 역시 흥미롭다. 선금 10퍼센트를 지불하고 꽃을 사가겠다고 약속했다가 꽃값이 폭락하자 구매자가 잔액 지불을 거부하는 사태가 전국적으로 벌어진 것이다. 정식으로 계약을 취소하려면 관례대로 거래액의 10퍼센트를 지불하고 꽃을 되돌려주면 된다. 그러나 대부분의 사람들은 재배농에게 잔액을 한푼도 지불하려고 하지 않았다. 이 상황에서 사법 당국이 나서서 이 문제를 마무리지어 주어야 할 필요가 있었다. 그런데 홀란드 법원이 한 일은 무엇이었는가? 판결을 하지 않는다는 것이었다. 그리고는 각 시 당국에 대해서 꽃 매매에 대한 상세한 정보를 찾아내라고 명령을 내리고 그것을 시행하는 동안 계약은 일시 보류 상태라고 선언했다.

그러나 각 시 당국은 각 개인들간의 매매에 관한 정보를 수집하라는 명령을 거의 시행하지 않고 방치했다. 따라서 법원으로부터 어떠한 조치도 취해지지 않은 '보류 상태'가 한정 없이 이어졌다. 말하자면 이 사태의 수습은 하나의 일관된 원칙대로 할 것이 아니라 각 시에서 알아서 처리하라는 것이었고, 더 나아가서 당사자들끼리 해결하라는 것이

암스테르담의 로또 복권 판매소로 서로 들어가겠다고 다투는 장면이다. 17세기 네덜란드 사람들은 잘사는 사람이든 못사는 사람이든 투기와 도박의 심리가 대단히 강했다.

나 마찬가지였다. 힘있는 채무자와 힘없는 채권자 간의 갈등은 결국 채무자가 원래 규정대로 10퍼센트의 위약금을 다 주는 것이 아니라 값을 깎은 액수를 주고 해결을 보는 쪽으로 가닥을 잡아갔다. 할렘시에서 드디어 공식적인 규정을 내놓았다. 3.5퍼센트의 위약금을 지불하면 원 계약을 취소할 수 있다는 판결을 한 것이다. 결국 이것이 다른 지역에서도 기준이 된 듯하다.

한바탕 광풍이 휘몰아치다 갔지만 이 사태가 네덜란드 경제에 커다란 충격을 주지는 않았다. 당사자들은 크게 밑지지 않을 정도의 적당한 보상을 받고 이 일을 끝내는 방향으로 합의했다. 이 모든 해결이 법정에서 이루어진 것이 아니라는 점이 중요하다. 우리는 여기에서 이런 질문을 하게 된다. 자본주의 사회에서 법은 어떤 기능을 하는가? 힘있는 자들을 보호하는 것이다. 법원은 부유한 시민들을 일시에 파산 상태에 밀어넣을 수는 없다고 생각한 것이다. 말하자면 판결을 하지 않는다는 것 자체가 여기에서는 중요한 결정사항이었던 셈이다. 결국 사회 자체가 충격을 흡수하였다.

튤립 광풍은 황금기 네덜란드 사회의 여러 면모를 보여주고 있다. 가난한 사람들이 일시에 빈곤 상태에서 벗어나려는 투기 심리, 기회를 잘 포착해서 사업을 크게 벌이려던 중소 상인들의 전략, 사회 중상층을 보호할 수밖에 없는 당국의 태도 등이 표면 위로 드러나 제 모습을 보여준 사건이었다.

렘브란트의 시대

17세기 네덜란드를 황금의 세기라고 할 때에는 사실 정치나 경제보다도 문화적인 측면을 염두에 둔 것이다. 이 시대에 위대한 학자, 사상가, 예술가들이 그토록 많이 배출된 것을 보면 정말로 놀라지 않을 수 없다. 네덜란드는 유럽의 근대 문화의 중심지 중의 한 곳이 되었다. 분명 경제적으로 풍성하다는 것이 이와 연관이 있을 것이다. 배고픈 사회에서 풍성한 지적 · 예술적 성취를 이루어내기는 힘든 법이다. 그렇다고 해서 문화 현상을 모두 돈을 번 사회의 자연스러운 귀결이라고 하면 맞지도 않을 뿐만 아니라 천박한 설명이 될 것이다.

네덜란드는 자국의 훌륭한 인재들만 활동을 펼친 곳이 아니다. 그 자유로운 분위기 때문에 전 유럽의 지식인들이 몰려오는 곳이었다. 그러다 보니 유럽에서 가장 중요한 출판 중심지의 하나가 되었다. 고향에서 박해받는 사람들은 직접 네덜란드로 오든가, 혹은 비록 몸은 오지 못하더라도 그들의 정신의 결과물을 보내서 이곳에서 책으로 출판한 뒤 전 유럽에 퍼지게 할 수 있었다.

이 나라는 정말로 철학자들의 피난처였다. 대표적인 인물로는 데카르트, 로크, 스피노자를 들 수 있다. 데카르트는 암스테르담에 대해 이렇게 이야기했다.

"세계의 다른 어느 곳에서 이토록 손쉽게 편리한 물품들과 진기한 물품들을 찾을 수 있을 것인가. 세계의 다른 어느 나라에서 이토록 완전한 자유를 누릴 수 있을 것인가."

이런 자유로운 분위기에서 데카르트는 그의 철학적 기반을 다져갔다. 로크 역시 영국의 들끓는 소용돌이에서 뛰쳐나와서 이곳에서 피난처를 얻어 살다가 빌렘 3세가 영국 왕에 오르고서야 안심하고 고국으로 돌아갔다.

스피노자(1632~77)는 더욱 특이한 경우이다. 그는 네덜란드 출신이지만 오히려 이 자유로운 나라에서 자기 종족 공동체로부터 핍박을 받은 것이다. 그의 범신론적 철학은 곧 그를 배태시킨 유대인 공동체에 분노를 불러일으켰으나 유대인 공동체 너머의 네덜란드 사회 전체에 이미 사상의 자유가 정착되었기 때문에 자기 고향을 떠남으로써 억압을 피할 수 있었다. 그의 거대한 사상체계는 오늘날까지도 철학에서 깊은 영감을 주고 있을 뿐 아니라 지적인 자주성, 공공의 평화의 근간으로서 관용을 주장함으로써 정치적으로도 큰 영향을 미쳤다.

네덜란드 번영의 근간이 해상 팽창에 있는 만큼 국제법적인 기초가 필요하였다. 이런 필요에서 비롯하여 더 일반적으로 국제 평화에 대한 기본 이론을 확립한 인물이 그로티우스(1583~1645)이다. 국제법의 아버지로 추앙받는 그로티우스 주장의 핵심은 자유해양권(mare liberum)이라 할 수 있다. 이 이론 자체가 보편성을 띠기도 했지만 사실 그 뒤편에서는 이 사상이 네덜란드의 해운업과 무역업의 발전에 유리하게 작용하기도 했다. 이 시기에 영국이 정반대의 주장(mare clausum)을 하는 것 역시 자국의 여건을 반영한 것이었다.

우리에게는 그리 잘 알려져 있지 않았지만 네덜란드에서 최고의 문필가, 역사가, 시인으로는 호프트(P. C. Hooft, 1581~1647)가 있다. 그는 우선 네덜란드 독립의 역사를 우아한 필치로 기술하였고, 서정적이고 섬세한 시편들을 많이 남겼다. 언젠가 그의 작품들이 우리나라에도 소개되기를 기대해 보도록 하자. 그리고 수많은 시편과 극작품을 쓰고 라틴어 작품을 번역한 본델(1587~1679) 역시 기억할 만한 사람이다.

문학 분야에서 거론할 만한 또 한 명의 인물로는 마르닉스 드 생트-알드공드(1539~98)가 있다. 그의 시 작품들이 네덜란드어를 창조해냈다는 평가를 받을 정도로 우수한 작품들을 썼다.

17세기를 두고 흔히 과학혁명의 시대라 하는데, 그 중 많은 부분에서 네덜란드가 큰 기여를 했다. 자카리아스 얀센이 확대경을 발명한 것이 갈릴레이의 망원경과 레우벤후크(Leeuwenhoeck)의 현미경으로 연결되었다. 레우벤후크는 현미경을 이용하여 해부학과 생리학에 결정적인 발전을 가져왔다. 그는 혈액 순환, 적혈구, 정충 등을 발견하였다. 이 당시 네덜란드의 과학계에서는 해부가 널리 유행하여 지식인들, 혹은 더 일반적으로 중산층 신사들의 교양필수처럼 되었다. 이 시기에 인체 해부 장면을 그린 그림들이 많은 것이 그런 연유에서이다.

한편 식민지에서 수많은 동식물들을 수집하여 네덜란드로 보내왔으며, 이를 가지고 세계의 생태계를 연구하게 되었다. 여기에는 물론 순수한 학문적 연구의 측면이 있지만 동시에 세계의 자연 자원에 대한

17세기의 가족 초상화. 1634년에 디르크 산트보르트(Dirk Santvoort)가 그린 이 그림의 인물들은 암스테르담의 명문가인 바스(Bas)가 가족들이다. 가운데 앉아 있는 인물이 대상인이자 대사, 암스테르담 시장을 역임한 디르크 바스이며 그 옆이 부인 호리처 스눅이다. 주변에 아들, 딸, 손자가 있다. 이 그림은 흔히 할아버지 세대와 아들 · 손자 세대 사이에 의상의 변화가 크다는 점(목을 둘러싼 주름동정이 완연히 다르다)을 보여주는 사례로 이용되곤 한다. 필자에게는 디르크 바스가 박사논문의 주인공 중 한 명이어서 감개무량한 그림이다. 암스테르담 왕립박물관 소장.

유럽의 지배에 봉사하는 기능을 수행하고 있었던 것도 사실이다. 이 시기에 네덜란드를 비롯한 유럽 여러 지역에 동물원과 식물원이 많이 들어선 것도 그런 관점에서 볼 수 있다.

순수 과학과 실용적 응용이 연결되는 현상의 좋은 예는 시몬 스테빈(Simon Stevin)을 들 수 있다. 마우리츠의 지원을 받은 그는 공공 재정의 부기 방식을 개선하고, 총포류, 포위술 등의 군사 기술을 개선하였으며, 무엇보다도 역학과 수력학(水力學)을 크게 발전시켰는데, 이것은 항상 물의 위협에 대처해야 하는 네덜란드로서는 중요한 분야이다. 실제로 레흐바터(제1부 〈신은 세상을 만들고 네덜란드는 네덜란드인이 만들었다〉 참조)의 개간사업은 그의 공헌에 크게 힘입어서 이루어졌다.

크리스티안 회이헨스(1629~95)는 당시 국제적으로 가장 널리 알려진 과학자일 것이다. 그는 진자의 원리를 정립하고, 빛의 파동에 관한 이론을 세웠으며, 토성의 고리와 오리온 성좌의 성운을 발견하였고, 확률 이론을 정립하였다.

그러나 황금 세기의 네덜란드를 빛낸 가장 두드러진 분야는 회화일 것이다. 이 시대의 회화 발전은 신흥 부르주아의 취향과 무관치 않다. 그들은 자신의 모습을 초상화로 후대에 남기고 싶어했고, 풍속화와 풍경화를 벽에 걸어 자신의 거처를 장식하고자 했으며, 단란한 실내의 가족 모습을 그려서 보관하려 했다. 개인만이 아니라 길드나 시의 행정조직 등이 그들의 단체 '증명사진'을 회화로 그리기도 하였다. 프란스 할스, 베르메어, 스테인 등의 그림에서 우리는 이 시대의 여러 면모들을 아름답게 확인할 수 있다.

그 가운데에서도 가장 특이하고 유명한 화가는 렘브란트 반 레인(1606~69)일 것이다. 그의 그림에서 어둠과 빛의 극명한 대조를 통해 드러나는 모습들은 이 시기 부르주아 문명에 대한 내밀한 증거가 되기에 부족함이 없으며, 따라서 이 시기를 렘브란트의 시대라고 이름붙일 수 있을 정도이다. 그의 그림들은 네덜란드의 자유로움을 잘 구현하고 있다. 그는 성경에서 많은 주제를 끌어왔지만 전통적인 그림과는 사뭇 다르게 그렸다. 예컨대 그가 그린 유다를 보라. 그는 단지 돈을 받고 배신한 신앙의 배신자를 그린 것이 아니라 자신의 잘못을 고통스럽게 뉘우치는 개인의 내면을 표현했다. 그는 모든 그림을 우상이라 하여 거부하는 생경한 칼뱅주의의 인물 혹은 전통적인 방식을 그대로 답습하는 화가가 아니라, 자신의 그림을 그리는 자유로운 인간이다. 그는 예수에 대해서도 신성을 강조하기보다 인간적 고통을 강조하고 있다. 군중 속의 예수는 다만 부드러움을 더해 가지고 있을 뿐 다른 인물과 전혀 다른 존재로 그려져 있지 않다. 이것은 규약과 관습에 얽매이지 않는 자유로운 풍토 때문에 종교를 불문하고 모든 사람들이 들어와서 살 수 있게 해준 네덜란드의 문화를 반영하는 것이다. 그가 그린 성경상의 인물은 답답하게 얽매인 어느 한 종파의 신이 아니라 신성 그 자체여서 보는 사람 누구나 다 자신의 신을 그 그림에서 찾을 수 있을 것이다.

이처럼 여러 문화 분야에서 탁월한 인물들이 동시에 등장하여 화려한 무늬를 수놓은 이 시대는 진정 황금 시대라 불러 무방하리라. 다만 그 시기는 수십 년을 넘지 못하고 조만간 서서히 그 빛이 사그라들었다.

제5장

전쟁의 시대

전쟁, 그리고 때이른 황혼

■■■ 앞장에서 보았듯이 17세기 전반(前半)은 전쟁 상황이었음에도 불구하고 경제와 문화 등 여러 면에서 네덜란드가 황금의 시대를 맞이하였다. 경제적으로 농업과 상공업, 금융 등 모든 면에서 유럽의 다른 어느 국가들보다 우위에 있었고 그것을 뒷받침하는 정치 · 군사적 힘을 확보하고 있었으며 예술과 과학, 사상 등 문화 일반에서도 찬란히 꽃을 피운 시대였다. 그러나 그 기간은 아주 짧았다. 1650년 이후에는 이미 그와 같은 절대적 우위를 상실하고 벌써 쇠퇴의 조짐을 보였다. 급기야 18세기로 들어가면 네덜란드는 적어도 상대적으로는 이류국가로 전락하였다.

스타트하우더 없는 시대

1648년 베스트팔렌 조약의 체결로 네덜란드는 이제 공식적으로 독립국가가 되었다. 이 과정에서 오라녀 가문에 대한 민중들의 지지가 중요한 역할을 했다. 그러나 그 내막을 들여다보면 온 국민이 모두 오라녀 가문의 지배를 지지한 것은 아니었다. 상층 부르주아들, 특히 대상인들의 입장에서는 민중들의 열렬한 지지 아래 전투적인 정책을 펴는 강력한 중앙정부라는 것이 그리 달가울 리가 없었다. 그들에게 중요한 것은 국제 경제 흐름 속에서 자유롭게 상품과 자본이 오가면서 이익을 챙기는 것이었다. 따라서 거기에 방해가 되는 국가와 정부를 찬성하기란 힘들었다.

네덜란드가 독립을 쟁취할 당시 오라녀 가문의 빌렘 2세는 그야말로 막강한 권력을 쥐고 있었다. 프리즐란드를 제외한 나머지 모든 주에서 스타트하우더직을 차지하고 있었고 육군과 해군의 지휘권을 사실상 장악하고 있었다. 상층 부르주아가 이에 대해 저항하고 과도한 권력 집중을 막아야 한다고 소리를 높였다. 전쟁도 끝나지 않았는가? 이런 움직임에 앞장선 기구는 전국의회였다. 이곳을 중심으로 세금을 줄이고 군인 수를 줄이라는 목소리가 높아져갔다. 빌렘은 이 상태를 묵과할 수 없었다. 자기에게 저항하는 세력을 그대로 놓아두면 안 될 것으로 생각한 그는 6명의 주동자를 체포했다. 사실상 국왕과 유사한 지위를 가진 강력한 인물과 상층 엘리트층을 대변하는 의회 간의 충돌이 막 시작되려고 했다.

그런데 이 상황에서 급작스러운 변화가 생겼다. 빌렘 2세가 천연두로 갑자기 사망한 것이다. 사태가 극적으로 되느라고 그랬는지 그로부터 일주일 후 그의 유복자가 태어났다. 그가 나중에 빌렘 3세가 된 인물이다.

국가의 위대한 인물이 사망한 데 대해 일단은 모두 조의를 표하기는 했으나, 바로 그 순간부터 전국의회는 이 기회를 이용하여 권력의 과도한 집중을 막는 조치를 취했다. 앞으로 모든 주의 스타트하우더직이 한 사람에게 돌아가서는 안 된다는 원칙을 결정한 것이다. 그리고 실제로 7개 주 가운데 5개 주에서는 아예 스타트하우더를 임명하지 않고 의회가 그 권력을 대신 행사함으로써 소위 '스타트하우더 없는 시대'가 시작되었다.

이 시기에 그와 같은 경향을 대변하고 그 방향으로 이끌어간 인물이 요한 드 비트(Johan de Witt)였다. 그는 '탈오라녀화'라고 이름붙일 수 있는 정책을 폈다. 그는 비밀 법령을 통해서 오라녀 가문 사람들을 모든 정부 공직에서 배제하도록 했고, 특히 스타트하우더직과 군사직을 영구히 떼어놓기로 하였다. 행정권과 군사권이 한 사람의 수중에 들어가면 그 사람이 곧 절대군주로 변질될 가능성이 크기 때문에 사전에 이를 방지해야 한다는 것이 그 의도였다.

이렇게 하는 것이 과연 좋은 일이었을까? 현재 우리의 시각에서 보면 민주적인 제도를 만들기 위한 노력이라고 긍정적으로 평가할 만하지만 문제는 그 시대의 배경에서 과연 중앙권력을 약화시키는 것이 바람직했는가 하는 점이다. 유럽의 근대는 싫든 좋든 국왕 중심의 강력한 중앙정부가 만들어져서 이를 중심으로 이웃 국가와의 경쟁에서 승리하고 살아남아야 하는 가혹한 경쟁의 시대였다. 밀림 속에서 혼자 민주적으로 살겠다고 한들 그렇게 되지 않는 것이다. 이 시대에는 빨리 강력한 국가를 건설하는 것이 국제 무대에서 선진국으로 가는 길이고, 거기에 실패할 경우(19세기에 가서야 통일을 이룬 이탈리아와 독일이 그런 예이다) 정치적인 후진국으로 남을 수밖에 없는 때였다.

영국 및 프랑스와의 충돌

16~17세기의 국제 정세는 급격히 변화하였다. 영국은 15세기만 해도 양을 쳐서 양모를 공급하는 유럽 변방의 삼류국가라고 해도 과언이 아니었다. 그런데 16세기 이후 급격한 발전을 거듭하여 17세기 이후, 특히 18세기 이후에는 유럽의 최대강국이 되었다. 17세기 중반은 그런 발전 도상에서 가장 큰 위기를 맞이한 시대였다. 1640년대에 내전과 반란을 겪기 시작해서, 네덜란드에서 요한 드 비트가 권력을 잡은 시기에는 이미 국왕을 처형하고 크롬웰이라는 강력한 인물이 정치와 군사적 실권을 잡고 있었다(이때가 영국사에서 유일한 공화정 시기였다). 프랑스 역시 17세기 전반까지 종교적 혼란과 국제 전쟁의 소용돌이 속에서 국내 여러 계층들이 국왕권을 뿌리째 뒤흔드는 대혼란기를 겪었으나 그 이후 루이 14세라는 강력한 군주가 정권을 확고히 하면서 유럽의 패권을 노리고 있었다. 네덜란드는 이 양대 강국 사이에 끼어서 고통을 받지 않을 수 없었다(동아시아의 대륙 국가와 섬나라 사이에 끼어 있는 우리나라와 적어도 표면적으로는 유사한 측면이 보이지 않는가).

네덜란드가 먼저 충돌한 국가는 영국이었다. 두 나라 모두 해상 무역과 해상 수송이 대단히 큰 비중을 차지하였다. 이제까지는 네덜란드가 훨씬 앞섰지만 영국이 바짝 뒤쫓아왔다. 크롬웰의 항해법은 이 점에서 자국의 이익을 확보하려는 조치였다. 그 내용은 "영국과 영국 식민지에 수입되는 상품은 영국 배 혹은 그 상품의 생산국의 배로만 수송할 수 있다"는 것이었다. 이 법이 규제하려고 하는 대상은 명백하게 네덜란드였다. 당시 유럽 최대의 해상 강국인 네덜란드는 유럽의 상품 수송을 독차지하고 있었다. 예컨대 독일 지역에서 영국으로 들어가는 상품도 네덜란드인들이 중간에서 상업 거래를 하고 또 네덜란드 배로 수송하였다. 그런데 항해법이 적용되면 그런 상품은 영국 배 아니면 독일 배로만 운송해야 했다. 해상 수송과 상업의 주도권을 놓고 벌인 이 경쟁은 곧 양국간의 전쟁—영란전쟁(1차는 1652~54, 2차는 1665~67)—으로 이어졌다. 2차 전쟁에서는 미셀 아드리안스존 드 뢰이터가 영국의 해군기지인 채섬(Chatham)까지 공격해 들어갔다. 궁지에 몰린 영국 정부는 항해법의 일부 내용을 완화할 수밖에 없었다. 그 결과 라인강과 스헬데강으로 온 상품을 영국으로 수송할 때에는 네덜란드 선박의 이용이 가능하다는 정도로 타협을 했다. 따라서 네덜란드로서는 독일과 영국 간의 무역과 수송을 당분간 계속 맡아 할 수 있었다.

이로써 영국과의 갈등이 어느 정도 정리되는가 싶었으나 곧바로 그보다 더 강력한 적인 프랑스와 충돌하게 되었다. 흔히 루이 14세의 시대는 프랑스 절대주의의 전성기이고 영광의 시대라고 기술된다. 볼테르는 세계사에서 페리클레스 시대, 아우구스투스 시대, 메디치 시대, 그리고 루이 14세 시대만이 위대한 시대이며, 루이 14세 시대에는 "유럽이 사교생활의 예절과 정신을 루이 14세의 궁정에서 배웠고", "그의 치세에서는 만사가 평온했다"고 썼다. 과연 그럴까? 그의 치세에서는 정말 만사가 평온했을까? 별로 그래 보이지 않는다. 이 시기의 프랑스는 침략자이고 전쟁기계에 다름아니었다. 그의 치세 내내 전쟁을 계속 치르고 난 후 프랑스는 사회경제적 위기에 봉착하였다.

1667년 루이 14세는 귀속권(dévolution)이라는 '봉건적인' 권리를 내세워 그의 전쟁의 데뷔전을 치렀다. 그 사정은 이렇다. 한 해 전에 스페인의 국왕 펠리페 4세가 죽었고 그 후계자는 카를로스 왕자였다. 여기에 누가 시비를 걸리라고는 생각도 못했을 것이다. 그러나 전쟁을 벌이려고 마음먹으면 그 빌미는 얼마든지 찾을 수 있다. 루이 14세의 부인 마리아 테레사는 죽은 스페인 왕의 전처소생이었는데, "현재 부인의 아들보다 전처소생의 딸에게 유산 상속의 우선권이 있다"는 주장을 내세워 스페인 왕위의 계승권이 자기에게 있다고 나선 것이다. 현 부인의 아들보다 전처에게서 태어난 딸에게 우선권이 있다! 이 주장은 귀족들의 유산상속과 관련해서 예전에 있던 관습인데(이것이 '귀속권'이다) 이것을 왕위계승 원칙에 적용한 것은 루이 14세의 독창성이다. 그리고 스페인 왕위에 대한 확실한 담보를 잡아놓기 위해서 스페인령인 벨기에를 침공했다. 이것은 네덜란드와 더 나아가서 영국, 독일의 여러 공국들에게도 위협적이었으므로 해당 국가들(영국, 독일의 일부 국가들, 그리고 스웨덴까지)이 동맹을 맺어서 저지했다.

루이 14세는 이 정도에서 물러설 약한 위인이 아니었다. 그는 영국 국왕인 찰스 2세와 비밀협약을 맺어서(도버 협정) 오히려 영국-프랑스가 동맹을 맺고 네덜란드를 침공하기로 한 것이다. 야사(野史)에서는 루이 14세가 보낸 아름다운 프랑스 여인들에게 찰스 2세가 완전히 넘어가서 그런 조약을 맺게 되었다는 주장이 있지만 그것이 과연 어느 정도 타당성이 있는지는 분명치 않다. 어쨌든 1672년에 프랑스의 강력한 육군 1만 2천 명이 물밀듯이 침략해 왔을 때 네덜란드가 존망의 위기에 빠진 것은 분명하다. 프랑스군은 단시간에 4개의 주와 83개의 요새를 점령해 버렸다. 그들이 유트레히트를 점령한 다음, 홀란드주를 넘보고 있는 동안 영국 해군도 거세게 공격해 들어왔다(이것이 3차 영란전쟁이다. 1672~74).

이런 위기의 순간에 네덜란드인들에게는 언제나 오라녀의 신화가 발동하게 된다. 국가를 구할 수 있는 마지막 인물로 오라녀가의 빌렘 3세를 불러들인 것이다. 1650년 유복자로 태어난 빌렘 3세는 이제 22세의 청년이었다. 전국의회는 오라녀 가문을 견제하기 위해 군 통수권을 주지 않기로 했던 결정을 스스로 뒤집어 '딱 한번'이라는 전제를 달고

군 통수권을 쥐어주었다. 그렇지만 그 미약한 병력을 가지고 할 수 있는 전술이란 한 가지밖에 없었다. 둑을 터뜨려서 물바다를 만드는 것이다. 독립전쟁 당시 스페인군을 상대로 신화적인 성공을 거둔 적이 있는 이 방식은 정말로 네덜란드적인 전술이라 하지 않을 수 없다. 그런데 이 무지막지한 방식은 이번에도 효과를 발휘해서 프랑스군은 홀란드를 점령하지 못하고 발이 묶였다.

당장 국가 전체가 점령당하는 것만은 피했으나 이제 네덜란드가 얼마나 국력이 약화되었는지는 만천하에 알려졌다. 육군의 사정도 그렇거니와 해상 제해권도 영국에게로 넘어갔다. 네덜란드에는 정치적인 대파국이 찾아왔다. 한번 오라녀의 열풍이 불자 그것은 곧 제어하기 힘든 상황으로 이어졌다. 빌렘이 구국의 영웅이 되어 정식으로 빌렘 3세라는 이름으로 홀란드와 젤란드의 스타트하우더가 되었고 그에 따라 이전의 고위 관리들을 대폭 물갈이했으며, 결과적으로 기존의 미약한 정부 체제가 무너졌다. 이런 정도까지는 예상할 수 있는 일이다. 그런데 일단 민중들이 들고일어나자 사태가 걷잡을 수 없이 격화되었다. 민중들은 국가가 위기에 빠진 책임을 상층 부르주아에게 물으려고 했고 이것이 유혈 시위로 이어졌다. 그동안 국정을 맡았던 비트 형제는 이해 8월 20일, 백주에 헤이그의 대로에서 성난 군중들에게 린치당해 살해되었다.

민중들의 열광적 지지와 함께 빌렘 3세는 1674년에는 5개 주에서 세습 스타트하우더가 되었다.

전쟁은 지지부진하게 오래 끌었으나 유럽 여러 나라들이 프랑스를 압박하자 드디어 1678년 네이메헨(Nijmegen) 조약이 체결되었다. 결과적으로는 네덜란드가 이전 영토를 모두 되찾고(심지어는 이 기회에 마스트리히트까지 얻었다) 통상조약까지 유리하게 맺었다.

요한 드 비트의 동생인 코르넬리스 드 비트는 빌렘 3세에 대한 음모를 꾸몄다는 누명을 쓰고 헤이그의 감옥에 투옥되었다. 요한 드 비트가 동생을 방문했을 때 성난 군중들이 봉기하여 두 형제를 살해했다. 얀 드 반(Jan de Baen) 그림, 암스테르담 왕립박물관 소장.

이제 확실하게 네덜란드의 권력을 장악한 빌렘 3세로서는 프랑스라는 강국의 위협에 대비하는 방안을 강구하는 것이 중요했다. 그렇게 하려면 비록 이전 전쟁에서는 영국이 네덜란드를 배반하고 공격했지만, 역시 영국과의 관계를 다시 회복할 필요가 있었다. 이제 유럽의 패권을 노리는 프랑스가 영국과 네덜란드의 공동의 적이 되었다. 따라서 영국과의 우호적인 관계가 필수적이었다.

그 기회는 영국의 왕위계승 문제와 함께 찾아왔다.

중요한 전환점은 1685년에 일어났다. 이 해는 우선 루이 14세가 낭트칙령의 폐기를 선언한 해이다. 낭트칙령은 1598년에 프랑스 국왕 앙리 4세가 프랑스의 종교적 갈등을 봉합하기 위해 신교도의 자유를 인정한 것이었는데, 거의 한 세기가 지난 후 루이 14세는 '하나의 종교를 믿는 백성들이 하나의 군주를 모시는 위대한 국가'를 이루어야 한다는 신념에 따라 이를 폐기하고 가톨릭만을 유일한 종교라고 선언했다. 이로 인하여 프랑스 상공업의 핵심 세력이었던 신교도들(위그노라 칭한다)이 수없이 해외로 빠져나갔으며 이중 다수가 네덜란드로 들어왔다.

프랑스의 이런 과도한 가톨릭 중심주의에 대해 개신교 국가인 영국도 근심어린 눈으로 지켜보고 있었다. 그런데 바로 그해에 영국 국왕 찰스 2세가 죽고 그의 동생인 제임스 2세가 왕위에 올랐다. 바로 이 제임스의 딸인 메리가 빌렘 3세의 부인이었으니 빌렘으로 보면 장인이 영국 왕이 된 것이다. 그런데 이 왕이 가톨릭 교도여서 영국민들은 불안에 싸였다. 그래도 영국민들이 희망을 걸었던 점은 왕에게 아들이 없으므로 그가 죽은 뒤 딸인 메리에게 왕위를 물려주면 종교적 갈등은 피할 수 있지 않을까 하는 것이었다. 그런데 1688년에 국왕의 두 번째 부인이 기어이 아들을 낳은 것이다! 남이 아들을 낳았다고 이렇게까지 실망하는 사례도 많지 않을 것이다. 이제 영국의회는 공식적으로 네덜

빌렘과 메리는 1689년에 영국의 공동왕으로 등극하였다. 영국과 네덜란드의 경제력과 군사력이 합쳐지자 프랑스와 힘의 균형이 맞춰졌다. 로버트 하딩 그림도서관 소장.

란드의 빌렘에게 영국으로 원정을 와달라는 요청을 했다. 빌렘은 장인을 공격하기 위해서 1만 5천 명의 군사와 함께 데번(Devon)에 상륙해서 런던까지 행진해 갔다. 그는 일부러 천천히 행진해 감으로써 적들이 도망갈 시간을 충분히 주는 전략을 세웠는데 과연 그의 계획대로 왕의 보좌관, 장군들이 모두 도망가고 왕도 프랑스로 도주해 버렸다. 그리하여 무혈입성을 하고 평화적으로 왕권을 교체했다는 명예혁명이 달성된 것이다.

1689년 영국의회의 요청으로 메리와 빌렘은 공동왕으로서 영국을 통치하게 되었다. 빌렘은 네덜란드에서는 사실상의 국가 원수였고, 영국에서는 윌리엄 3세라는 이름의 국왕이 된 것이다. 그리고 권리장전

(Bill of Rights)을 인정함으로써 이제 왕이 자의적(恣意的)으로 통치할 수 없게 되었다. 특히 세금이나 군사 문제처럼 중요한 안건에 대해서는 국왕이 의회의 동의를 얻어가면서 통치한다는 원칙이 수립되었는데, 이것은 영국 민주주의와 더 나아가서 민주주의의 역사 일반에서 매우 중요한 발전이었다. 동시에 영국과 네덜란드는 대단히 긴밀한 동맹관계에 들어가게 되었다. 네덜란드의 입장에서 보면 영국과의 동맹을 통해 프랑스를 견제하는 든든한 '빽'이 생긴 것이다.

그렇다고 해서 평화가 찾아온 것은 아니었다. 루이 14세는 영국과 네덜란드가 연합하여 프랑스를 견제하는 것을 지켜볼 수 없었다. 영국과 네덜란드로서는 프랑스가 앤트워프를 지배하여 플랑드르를 위협하지 못하도록 제해권을 확실하게 잡으려 했고 프랑스에 대항하는 동맹 조직을 확대해 나갔다(영국, 네덜란드, 독일 각국들, 스페인, 스웨덴으로 구성된 이 동맹을 아우크스부르크 동맹이라고 하고 이때의 전쟁을 아우크스부르크 전쟁이라고 부른다). 동맹국들은 프랑스의 군사력을 두려워하고 있었으므로 이를 견제하기 위해 예전에 여러 조약에서 결정된 프랑스의 국경선으로 철군할 것을 요구했다. 루이 14세는 차라리 자기가 선수를 치려고 했다. 그는 라인강 지역을 장악하고 특히 팔라티나 백작령을 초토화해 버렸다(이때 루이 14세 왕실에 시집 와 있던 팔라티나 백작 부인은 친정의 국토가 유린되는 상황을 보게 되자 당시의 착잡한 심정을 일기에 기록하였다). 9년 동안 지속된 이 전쟁 역시 우여곡절을 겪다가 결국은 모두 지치고 돈 떨어지고 난 후 타협을 맺는 순서로 진행되었다. 1697년의 레이스베이크 조약에서 루이 14세는 그동안의 점령지를 반환하고 빌렘이 영국 국왕이라는 점을 마지못해 인정해야 했다.

스페인 왕위계승 전쟁

루이 14세의 마지막 전쟁은 스페인 왕위계승 전쟁이었다.

이 시대에 국왕의 가장 기본적인 그리고 핵심적인 덕목의 하나는 우선 생물학적인 건강성이다. 왕 자신이 건강하게 오랫동안 살아야 하고, 가급적 확실하게 아들을 낳거나 딸을 낳더라도 정치적 수완을 발휘해서 그 딸이 왕위를 이어받게 해놓아야 한다. 그런데 이 기본적인 덕목을 갖추지 못한 왕들이 역사에는 숱하게 많다.

18세기의 벽두, 유럽에서는 다시 왕위계승과 관련된 두 번의 큰 사고가 있어서 유럽 국가들을 긴장시켰다.

우선 빌렘 3세가 낙마 사고로 갑자기 사망한 것이다. 게다가 그는 후손을 남기지 않고 죽었다. 그동안 강력한 (준)군주의 통치를 받았던 네덜란드의 상인 및 귀족들은 다시 그들의 이해에 부합되도록 중앙권력을 약화시키려고 했다. 각 주에서도 대체로 비슷한 생각을 하고 있었다는 것은 7개 주 가운데 5개 주가 스타트하우더를 임명하지 않았다는 데에서 알 수 있다. 프리즐란드와 흐로닝엔이라는 상대적으로 덜 중요한 주에서만 요한 빌렘 프리소를 스타트하우더로 임명했는데(1708) 그나마 그는 뜻하지 않은 사고로 죽고 말아서 18세기 초에 네덜란드는 강력한 지도자가 없는 상태가 되었다. 이것이 제2차 '스타트하우더 없는 시대'이다(1702~47). 이번 경우도 역시 오늘날 생각하듯이 민주주의 체제가 정착된다는 의미보다는 국가 권력의 공백과 그로 인한 무력화에 가까운 일이 벌어지고 말았다.

한편 스페인의 군주인 카를로스 2세 역시 후손 없이 사망하였다. 임종을 앞둔 시점에서 전 유럽은 스페인을 누가 차지하느냐라는 국제적인 문제에 봉착하게 되었다. 중요한 점은 '내가 먹지 못할 바에는 남도 못 먹게 한다'는 것이었다. 이때쯤에는 루이 14세도 전쟁이라면 지쳐 버려서 차라리 평화로운 해결을 바라고 있었다. 스페인 왕위를 이을 후보자들을 조사한 결과—유럽 왕실들은 이중 삼중으로 서로 결혼으로 맺어져 있었기 때문에 한 다리만 넘으면 모두가 사돈이었고, 어느 나라 왕위든 자기네 가문이 가장 계승권이 가깝다고 주장할 근거가 있었다—독일 황제의 아들, 프랑스의 왕후, 바바리아 선제후로 좁혀졌다. 루이 14세로서는 이제 또다시 전쟁을 벌이면서 노후를 피곤하게 보내기보다 차라리 적절한 타협안을 내놓기로 하였다. 프랑스가 먹지 못한다면 합스부르크 황실이 가져서도 안 된다. 어부지리라는 것이 있는 법이다. 차라리 바바리아 선제후에게 스페인 왕위를 안겨주도록 하자……. 그러나 평소 그답지 않은 일을 해보려고 하니 일이 뜻대로 되지 않고 꼬이고 말았다. 후보로 밀었던 5살짜리 바바리아 선제후가 죽고 만 것이다. 루이 14세는 빌렘 3세(영국왕으로서는 윌리엄)와 협상을 해서 스페인을 차라리 양분하기로 타협하였다(나라가 기울면 이런 꼴을 당하게 마련이다. 16세기에 기독교세계를 지키는 마지막 보루를 자처하던 스페인이 아니던가).

그러나 스페인의 대신들은 국가를 분할하는 사태를 피하면서 차라리 이 기회에 강한 국가에 가서 붙는 것이 낫겠다는 생각을 하고는 죽어가는 왕에게 루이 14세의 손자인 앙주 공이나 베리 공에게 왕위를 양도한다는 유언장에 서명하게 했다. 루이 14세로서는 위험을 무릅쓰고 자기 손주를 스페인 왕위에 앉힐 것인가, 안전하게 스페인의 반을 먹을 것인가 하는 '세기의 고민'에 빠졌다. 고민의 결과 여태까지 자신이 주장했던 바를 뒤집고 그의 손주인 앙주 공을 펠리페 5세라는 이름으로 마드리드로 보내기로 작정하였다. 약속 위반도 그렇거니와, 피레네 산맥 양쪽을 모두 포괄하는 거대한 왕국이 들어선다는 것은 빌렘을 비롯한 다른 유럽 군주들로서 도저히 받아들일 수 없는 일이었다. 그리하여 루이 14세는 생애 마지막 전쟁을 하는 수밖에 없었다.

스페인 왕위계승 전쟁은 1700년부터 1713년까지 계속되었다. 그동안 숱한 전쟁을 치른 프랑스가 다시 여러 국가들을 상대로 장기전을 치르다 보니 기진맥진하였다. 1708~09년 즈음에 이르러서는 프랑스는 절망 상태에 빠졌다. 웬만한 정도의 강화 조건이라면 프랑스는 다 받아들일 태세가 되어 있었다. 그러나 적의 마지막 숨통까지 눌러놓으려는 마지막 조치가 일을 그르쳤다. 영국은 루이 14세에게 당신이 저지른 일이므로 스스로 처리하라는 식으로, 프랑스가 군대를 일으켜서 스페인의 펠리페 5세를 축출하라는 요구를 한 것이다. "내 새끼와 전쟁을 하느니 차라리 적과 전쟁을 하겠다"는 루이 14세의 말이 틀렸다고는 할 수 없을 것이다.

죽음 직전까지 갔던 프랑스는 마지막 힘을 쥐어짜서 공격을 감행했고 1712년 전투에서 드냉 장군이 승리를 거둠으로써 기사회생했다. 게다가 그동안 중대한 사태 변화가 일어났다. 오스트리아 황제가 사망한 것이다. 만일 동맹군이 원하는 대로 펠리페 5세를 쫓아내면 결과적으로 스페인과 오스트리아가 다시 하나의 황제 밑에 합쳐질 가능성이 있는데, 동서 양쪽에 거대한 영토를 가진 제국이 생겨난다는 것은 차라리 더 나쁜 일일 수도 있지 않은가. 그리하여 일은 급속하게 진행되어 1713년 유트레히트 조약이 체결되었다. 펠리페 5세는 그대로 스페인 왕으로 눌러앉되 스페인과 프랑스 양국의 왕실을 합쳐서는 안 된다는 조건을 붙였다.

이 전쟁은 당시 유럽의 국제관계를 여실히 보여주고 있다. 어느 한 나라가 유럽 전체의 패권을 차지하지는 못하며, 여러 나라가 서로가 서로를 견제하는 가운데 동맹을 맺어서 치열하게 경쟁하는 것이다. 많은 이론가들은 이것이 중국과 유럽이 다른 핵심적인 사항이라고 설명한다. 중국은 하나의 강력한 황제 밑에서 통합되어 있는 데 비해 유럽은 각국으로 나누어져 있고 모두가 부국강병을 위해 죽느냐 사느냐의 경쟁을 하고 있는 것이다. 이것이 바로 유럽이 다이내믹한 상태를 유지하면서도 그토록 폭력적이 된 원인인 것이다. 어느 나라도 유럽의 패권을 차지하지 못하는 상태에서 남은 힘은 유럽 바깥으로 내뻗쳤다. 이것이 유럽의 식민주의 · 제국주의와 연결되는 기본 배경이다.

여기에서 주목할 국가는 영국이다. 총체적인 힘에서 볼 때 가장 강력한 국가는 프랑스였지만 실질적 이익을 챙기는 나라는 늘 영국이었다. 다른 나라들끼리 갈등관계에 빠져서 서로 대치하도록 하고 그것을 조정하는 역할을 하는 것도 영국이었다. 무엇보다도 대륙 내의 지저분한 전쟁에 직접 개입하는 일은 가급적 피하면서 제해권은 확실하게 장악했다.

네덜란드는 좋게 말하면 일취월장하는 영국을 후원자로 두고 있는 셈이고, 나쁘게 말하면 영국의 앞잡이 역할을 하는 셈이 되었다. 이제 네덜란드는 주도적으로 무슨 일을 도모할 수 있는 힘이 없었다. 이 시기에 전쟁이란 정말로 엄청난 돈이 드는 일이었는데 재정적으로 거덜난 네덜란드는 그럴 여력이 없었고 할 수 없이 영국이 시키는 일만 하게 되었던 것이다.

전쟁과 평화, 그리고 쇠락

전쟁이 끝나자 그동안 전쟁에 여념이 없던 각국은 우선 휴식을 필요로 했다. 싸울 때 다시 싸우더라도 잠시 숨을 고를 필요는 있었던 것이다. 영국의 월폴과 프랑스의 플뢰리 같은 평화주의자가 재상이 되어서 국제관계를 조율했다. 네덜란드 역시 이에 질세라 평화주의를 선언했다. 그런데 강국이 평화주의를 이야기하는 것은 들어줄 만한데, 약소국이 평화주의를 외치는 것은 어딘지 공허하게 느껴지고 때론 처량해 보일 수도 있다("평화가 최고야, 하고 개구리가 황새에게 말한다(Vrede best, zei de kikker tegen de ooievaar.)"라는 네덜란드 속담이 있는데 바로 이 상황과 정확히 맞는 말이다). 네덜란드의 힘이 갈수록 쇠퇴해졌다는 것은 다음번 오스트리아 황위계승 전쟁에서 명백하게 드러났다.

오스트리아 황위계승 전쟁의 '원인'이라고 거창하게 말할 필요도 없을지 모른다. 독일 지역 내에 새롭게 강국으로 떠오르고 있는 프로이센과 전통의 강국 오스트리아는 언제고 한번 싸울 수밖에 없는 관계였다. 그런데 오스트리아의 황제로서 마리아 테레사라는 여제(女帝)가 탄생하자 프로이센의 프리드리히 2세가 시비를 건 것인데 그 요지는 간단히 말하면 "어떻게 감히 여자가 황제에 오르느냐"는 수준의 것이었다. 그리고는 전쟁을 도발해서 자원의 보고인 슐레지엔을 차지하였고 이것이 다음에 7년전쟁이라는 복수혈전을 낳았다는 것이 이 시대 양국 관계의 요점이다. 그런데 이 갈등은 국제관계 구조의 결을 따라 확대 재생산되었다. 프로이센의 원수인 오스트리아에 대해 프랑스가 전쟁을 선포하였고, 다시 그 프랑스의 배후에 있는 원수인 영국과 네덜란드가 프랑스에게 전쟁을 선포한 것이다. 계몽주의 시대라는 18세기 유럽의 국제관계가 그렇게 이성적이지 않다는 것을 알 수 있다. 1747년 프랑스는 이제 껍데기에 불과한 네덜란드를 마음놓고 유린하였다. 거의 아무런 저항도 받지 않고 브레다를 점령해 버린 것이다.

네덜란드의 역사에서는 비슷한 이야기가 자주 반복되곤 한다. 위기가 닥치자 다시 오라녜 열풍이 불었다. 구국의 인물을 기대하는 민중심리에 불이 붙은 것이다. 사람들은 그동안 상층 부르주아가 하자는 대로 국가체제를 유지했더니 이런 참담한 결과가 되었다고 생각하였다. 그리하여 다시 이를 치유할 기적의 인물이 등장할 것을 기대하게 되었는데 그 대상은 당연히 오라녀 가문이었다. 해당 인물은 오라녀-나사우-디츠의 빌렘(Willem of Orange-Nassau-Dietz, 1711~51)으로서 프리즐란드의 세습 스타트하우더였다. 세습 스타트하우더라는 이 직위는 1718년에 흐로닝엔, 1722년에 드렌터와 헬더란드, 그리고 1747년에는 여타의 다른 주들까지 모두 따르게 되었으니, 그 결과 그는 최초로 7주 모두에서 세습 스타트하우더 및 군 총사령관이 되었고 이런 자격으로 빌렘 4세가 되었다. 그는 전국의회 직속 영토에 대해서도 통치권을 받았고 동인도회사와 서인도회사의 이사직까지 부여받았다. 그에 대한 기대가 어느 정도로 막중했는지 알 수 있는 대목이다. 그렇다면 그는 그런 기대에 부응하여 네덜란드를 중흥시켰을까?

결코 그렇지 못했다. 한 인물에게 모든 문제를 한번에 해결해 달라고 소망하는 것 자체가 무리였다. 너무 큰 기대는 곧 그만큼 큰 실망으로 이어지게 마련이다. 그가 전권을 쥔 지 1년이 채 지나지 않은 1748년에 자신들의 기대에 못 미치자 실망한 민중들이 폭동을 일으켰다. 이름하여 '세리 항거'라는 것인데, 가난한 사람들이 세금을 못 내겠다고 버티다가 아예 세리들의 집을 덮쳐서 세간을 밖으로 집어던져 길거리에서 부수는 것이었다. 도시에서 빈민들이 이런 봉기를 일으키는 정도로 네덜란드는 초라한 모습을 드러내고 있었다. 빌렘 4세는 4년 후 별다른 성과 없이 죽고 말았다(1751).

그가 사망했을 때 그의 아들은 몇 살이었을까? 실권자가 죽었을 때 아들이 너무 어리다는 점 역시 이 나라의 전통이었을까? 빌렘 5세는 겨우 3살이었다(지도자들은 좀더 일찍 아이를 낳든지 최소한 아이가 고등학교 갈 나이 정도까지는 살아야 할 것이다). 그래서 그의 어머니인 하노버의 안나(Anna of Hanover, 1709~59)가 섭정이 되었고 로더베이크 에른스트 백작(Lodewijk Ernst, 1718~88)이 총사령관직을 맡았다. 그런데 곧 어머니마저 죽자 이 백작이 빌렘의 보호자 역할을 자처하였다.

1766년 빌렘이 성년의 나이인 18세가 되자 스타트하우더가 되었다. 국가 최고 지도자 역할을 하기에는 약간 젊은 것은 사실이다(잘 해야 대학교 1학년 혹은 재수생 나이이니까). 그렇다고 그것을 핑계로 백작이 계속 영향력을 행사하는 것은 월권이었다. 이 시대에 오라녀 가문의 사람들은 17세기와는 달리 뛰어난 인물을 배출하지 못하고 있었다. 그 중에서도 이 빌렘 5세가 가장 떨어지는 편이었다. 그는 아둔하고 나약하였다. 18세기가 저물어가는 이 시기, 아메리카 대륙에서는 독립전쟁 끝에 장래의 초강대국인 미국이 태동중이고, 프랑스에서는 새로운 세계를 열어갈 대혁명의 기운이 움트고 있었지만 네덜란드에는 쇠락의 그림자가 길게 드리워져 있었다. 그러나 어떻든 유럽과 아메리카에서 격렬하게 휘몰아치는 변화의 격류 속에 네덜란드 역시 조만간 휘말려 들어갈 수밖에 없을 것이다. Coming soon!

제6장

세계를 무대로 한 네덜란드의 모험

제국주의, 식민지, 동인도회사

네덜란드는 한때 세계 최대의 식민지 세력이었다. 17세기에 동인도회사가 아시아로 들어와서 초대형 무역망을 건설한 것을 비롯해서 아메리카와 아프리카 대륙에도 식민지 및 거류지를 건설했다. 칼뱅주의의 영향으로 네덜란드는 식민지 주민들이 극심한 빈곤에 빠지지 않도록 한다고 주장했으나 실제로는 다른 식민국가와 다를 바 없이 착취를 했다. 그 영향은 20세기까지 지속적으로 이어지고 있다.

동인도회사

해외 식민지 팽창에서 가장 앞서 있는 나라는 스페인과 포르투갈이었다. 포르투갈은 일찍이 아시아에 들어가서 인도의 해안 지역과 인도네시아의 주요 거점들을 장악하고 특히 후추와 같은 향신료 무역을 독점하고 있었다. 스페인은 아메리카 대륙의 섬과 일부 내륙 지역을 장악하여 무엇보다도 막대한 양의 은을 들여왔다. 네덜란드는 16세기 말이 될 때까지 아시아나 아메리카로 직접 가기보다는 이 두 나라의 식민지 운영에 간접적으로 참여함으로써 이윤을 얻는 것에 만족했다. 후추 교역의 경우를 보자. 포르투갈은 다른 나라가 자신의 영역에 들어오는 것을 철저히 막으려고 했다. 외국 선박이 아시아의 바다에 들어오려고 하면 무력을 동원해서 나포하였고, 항해와 상업에 대한 사항은 국가 기밀로 지키고자 했다. 후추의 구입과 판매는 국가 독점, 더 정확하게는 왕실 독점으로 삼았다. 포르투갈은 한 도시—리스본 혹은 앤트워프—를 지정해서 그곳에서만 후추를 판매했다. 따라서 유럽의 대상인들은 그곳에서 후추를 대량 구매한 다음 이를 재판매함으로써 이익을 챙겼다. 네덜란드로서는 힘들게 아시아를 가지 않더라도 이 재분배 사업에서 자기 몫을 지킬 수 있으면 충분히 만족해 했다.

그러나 16세기 후반에 문제가 생기기 시작했다. 우선 1580년에 포르투갈이 스페인에 합병된 다음, 네덜란드 상인들에 대한 제재가 강화된 것이다. 그리고 1590년대에 들어가면 유럽 각국의 대상인과 은행가 집단이 연합하여 후추 판매를 독차지하고 네덜란드 상인들을 배제하려고 하였다. 1591년에 당대 최고의 대상인 가문이었던 푸거가는 독일의 벨저, 이탈리아의 로발레스카, 포르투갈의 안드레아와 토마스 히메네스(Andrea and Tomas Ximenes) 등과 콘소시엄을 형성한 다음 후추 사업을 독점하였으며 판매망의 중심지를 아예 함부르크로 옮겼다.

이에 불안을 느끼게 된 네덜란드 측으로서는 아시아로 직접 가서 스스로 후추를 구해 오는 방도를 찾게 되었다. 이미 자본, 인력, 경험이 충분히 갖추어진 데다가 1585년 스페인군의 앤트워프 약탈 사건 이후 남부 네덜란드의 재원이 더해져 있던 터였다.

여기에서 무엇보다 필요한 것은 정보였다. 아시아 항해와 아시아 상업 관련 정보를 얻는 가장 효율적인 방법은 포르투갈이 국가 일급비밀로 지키고 있는 정보를 빼돌리는 것이었다. 여기에서 린스호텐, 하우트만 같은 '산업 스파이'들이 맹활약을 하였다. 이들은 포르투갈 선단에 신분을 속이고 들어가서 직접 아시아 교역을 수행해 본 다음 고국으로 돌아와 그 정보를 제공하였다.

1590년대에 드디어 아시아 항해를 처음 시도하는 모험적인 회사들

린스호텐

아시아와 교역을 할 때 과연 어떤 아이템이 필요한가? 아시아 교역을 처음 준비하는 네덜란드 상인으로서는 이런 질문에 대한 정보가 필수적이었다. 그런데 린스호텐이 포르투갈의 아시아 교역에서 염탐해 낸 정보는 의외의 답을 주었다.

"리스본을 떠나서 동양으로 가는 배들은 상품을 거의 싣지 않는다. 단지 약간의 기름과 포도주를 싣고 그 외에는 식량과 바닥짐뿐이다. 대신 상자에 8레알 동전들을 가득 싣고 간다."

다른 물품을 가져가는 것보다는 은화를 가지고 가는 것이 가장 효과적이었던 것이다.

마찬가지로 항해에 대해서도 린스호텐은 중요한 정보를 제공했다. 그의 말에 따르면 포르투갈 선박은 우선 브라질 해안에 이르기까지 대서양을 가로질러 항해한 다음 그곳에서 희망봉 쪽으로 방향을 전환하여 간다. 이 항로는 수많은 항해 시도 끝에 무풍(無風)으로 인한 항해 불가능 상태에 빠질 위험이 가장 적은 것으로 판명난 것이었다. 아시아로 향하는 항해 지식이 전무한 네덜란드의 선원들에게 이것만큼 중요한 일은 없을 것이다.

(그야말로 '벤처' 회사였다)이 형성되었다. 이를 당시에는 '원거리 회사(verre compagnie)'라고 불렀다. 회사라고는 하지만 이 형식은 우리가 아는 회사와는 달리 한번의 사업에 국한된 것으로서 항해가 끝나면 이익을 나누고 해산하였다. 그런데 1597년에 처음으로 아시아에 갔다가 돌아온 선단은 상업적으로 성공을 거두었다고 할 수 없었다. 240명의 선원 중 87명만이 살아서 돌아왔고 후추를 팔아 얻은 수익은 비용을 겨우 충당할 정도였다. 그러나 중요한 것은 바로 가능성을 확인한 것이다.

이후 몇 년 새에 8개의 회사가 세워져서 경쟁적으로 아시아 항해를

그러나 무엇보다도 네덜란드 상인들에게 가장 중요한 사항은 아시아의 포르투갈 상업 현황에 대한 정보였다. 그의 견해에 따르면 아시아의 포르투갈 제국은 수비가 대단히 취약하고 대부분의 사람들이 자신의 이익 챙기기에 급급한, 대단히 사기가 떨어진 상태에 있다는 것이다. 그리고 무엇보다 중요한 사실은 자바에 관한 다음의 언급이었는데, 이 부분은 네덜란드 상인들이 아시아로 직접 가도록 부추긴 결정적인 구절이라고 평가된다.

"이곳에는 쌀과 모든 종류의 식량, 즉 소, 돼지, 양, 닭, 양파, 마늘, 인디언너트 등이 풍부할 뿐 아니라 정향, 육두구와 같은 향신료도 풍부히 나는데, 이곳 사람들은 이것을 말라카로 가져간다. 이곳의 중요한 항구는 순다 칼라파(Sunda Calapa)이며 여기에서 순다 해협이라는 이름이 유래했다. 이곳에는 후추가 많이 나는데 인도 혹은 말라바르의 후추보다 질이 좋다. 이곳의 후추 생산량이 어찌나 많은지 이곳 사람들은 일년에 4천~5천 포르투갈퀸탈을 실어보낸다. 이곳에서는 포르투갈인들의 간섭 없이 자유롭게 이 물품들을 거래할 수 있다. **왜냐하면 포르투갈인들이 이곳으로 직접 오지 않고 자바인들 자신이 이곳 상품을 말라카로 가져가기 때문이다.**" (강조는 본서 저자의 강조)

했다. 그 중 어떤 것은 성공하고 어떤 것은 실패로 끝났는데, 이런 과정을 거쳐서 아시아 항해가 분명 유망한 사업이라는 것으로 판명되었다. 그러다 보니 이 회사들간의 지나친 경쟁이 문제가 되었다. 암스테르담 회사는 자기 배 선장에게 이런 지시를 내렸다.

"현지에 가면 무조건 상품을 구입하라. 만일 우리 배에 그 상품을 적재하지 못하는 한이 있더라도 무조건 사들여라. 그래서 젤란드 배가 상품을 사지 못하도록 막아라."

이 문제를 풀려면 국가가 나서는 수밖에 없었다. 즉 네덜란드 전국의회가 나서서 하나의 회사를 설립하도록 유도하는 것이었다. 1602년에 아시아 무역에 관심을 가졌던 선구 회사들이 하나로 통합하여 동인도회사를 세웠는데, 그 이름이 '하나로 통합된 동인도회사(Verenigde Oostindische Compagnie)', 통칭 네덜란드 동인도회사이다(이를 흔히 VOC라고 표현한다).

이 회사는 이전 회사와는 달리 한 번의 사업 후에 해체되는 것이 아니라 오랜 기간 동안 그대로 유지된다는 특징이 있었다. 오늘날의 관점에서 보면 이것이 그다지 새로울 것이 없어 보이지만 당시에는 생소한 개념이었다. 회사 조직의 특징은 지역별로 6개의 지사(支社, Kamer)로 구성되어서, 회사에 참여하고 싶은 사람은 이중 하나의 지사를 통해 참여한다는 것이다. 6개의 지사는 암스테르담, 젤란드, 로테르담, 델프트, 호른, 엥크회이젠이었다. 이를 통해 들어온 초기 자본은 6천 5백만 플로린으로서 당대에는 기록적인 대자본이었다. 그런데 그 구성을 보면 암스테

중국에서 만든 이 접시의 한가운데에는 네덜란드 동인도회사를 상징하는 VOC 문양이 새겨져 있다.

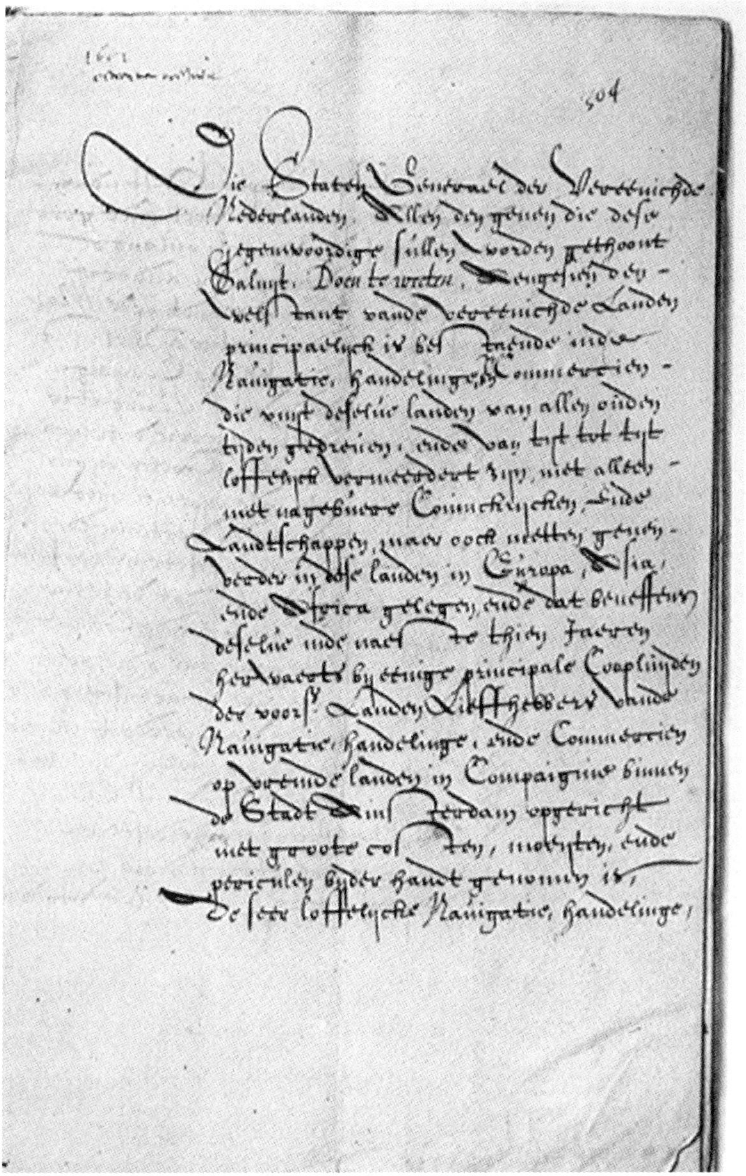
Die Staten Generael der Vereenichde
Nederlanden. Allen den genen die dese
iegenwoordige sullen worden gethoont
Saluyt. Doen te weten, Dat gesien den -
welstant vande vereenichde Landen
principaelyck is bestaende inde
Navigatie, handelinge, ende Commercien -
die uuyt deselue landen van allen ouden
tyden geschiet, ende van tyt tot tyt
loffelycken vermeerdert zyn, met alle -
met nagebuere Coninckrycken, Ende
Landtschappen, maer oock metten geens -
verder in dese landen in Europa, Asia,
ende Africa gelegen, ende dat beneffens
deselue inde naest te thien jaeren
herwaerts by eenige principale Coopluyden
der voorss. Landen Liefhebbers vande
Navigatie, handelinge, ende Commercien
op verinde landen in Compaignie binnen
de Stadt Amstelredam opgericht
met groote costen, moeyten, ende
perickelen bynder handt genomen is,
Dese selve loffelycke Navigatie, handelinge,

1602년 동인도회사 특허장의 첫 장.

르담 지사가 3천 7백만 플로린을 차지하여 50퍼센트가 넘으며 젤란드 지사가 1천 3백만 플로린으로서 20퍼센트를 차지하였다. 이 역시 네덜란드 경제 전체에서 암스테르담이 차지하는 비중이 얼마나 큰지 보여주는 사례이다. 투자자의 면모를 보면 1만 2천 플로린이라는 거액을 투자한 대주주도 있지만, 다음 예에서 보듯이 소액 투자가들도 상당수 있었다.

진네켄 윌렘스, 하녀	—100길더
레이스베트 프란스, 얀 벤닝거의 과부	—150길더
기르트 얀스, 레이니어 파우의 하인	—50길더
미셸 헨드릭스, 제화공	—300길더

일반 주주들은 투자한 자금에 대해 나중에 배당을 받기만 하고 실제 회사 운영은 전문가인 이사들이 맡고 있었다. 그리고 이사들 가운데 가장 영향력이 큰 17명이 위원회를 이루어서(이를 '17인위원회(Heeren Zeventien)'라 한다) 이 기관이 최고 결정권을 가졌다.

네덜란드 동인도회사의 정말 중요한 특징은 국가의 기능을 많이 맡아 수행하고 있다는 점이다. 1602년 설립 당시 받은 특허장의 내용을 보면 이 회사가 할 수 있는 권한 중에 전쟁 포고와 평화조약 체결, 요새 건설, 징병, 행정 관료 지명 등이 있다. 이는 분명 일반 상업회사가 할 일이 아니라 국가 기능이다. 이것을 보면 동인도회사는 '자본'과 '국가'의 결합 형태라고 할 만하다. 이런 점이 이 회사가 본국과 멀리 떨어진 지역에서 2세기 동안 성공적으로 사업을 벌일 수 있었던 요인임에 틀림없다. 아시아는 그렇게 호락호락한 곳이 아니다. 정치적으로는 강력한 국가기구가 통제하고 있으며(중국이나 무굴 제국, 페르시아를 보라), 이미

17이라는 수

다음과 같은 유명한 퀴즈가 있다. 아라비아에 한 상인이 17마리의 낙타를 유산으로 남기고 죽었다. 그의 세 아들에게 낙타의 분배에 관해서 이런 유언을 남겼다. 장남이 2분의 1, 차남이 3분의 1, 막내가 9분의 1을 가져라. 17의 2분의 1, 17의 3분의 1, 17의 9분의 1이라……. 아들들은 도저히 이 비율대로 낙타 17마리를 나눌 수가 없어, 옆집에 사는 역사학 교수에게 이 문제를 풀어달라고 했다. 그러자 교수는 자기 친구에게서 낙타 한 마리를 빌려왔다. 그리고는 "아버지의 전 재산이 낙타 18마리라고 가정하고 이제 그 비율대로 나누어가지라"고 했다. 장남은 18마리의 2분의 1인 9마리, 차남은 3분의 1인 6마리, 막내는 9분의 1인 2마리를 가졌다. 아들들이 나누어 가진 낙타 수는 9+6+2 = 17! 한 마리가 남아 교수는 그 낙타를 도로 친구에게 돌려주었다. 어떻게 해서 이런 일이 일어난 것일까?

이 17이라는 숫자가 가지는 함의가 정말로 흥미롭다. 16이나 15, 혹은 18과 달리 17은 분할이 불가능한 수이다. 이 단순한 사실을 가지고 네덜란드 내 경제적 힘의 배분을 절묘하게 이룬 것이다. 17인의 구성을 보면 암스테르담이 8명, 젤란드가 4명, 기타의 4개의 지사 그룹(로테르담, 델프트, 호른, 엥크회이젠)에서 각각 한 명씩 모두 4명이 된다. 그리고 남은 한 명은 젤란드가 한 번, 그 다음에는 여타 4개 지사 그룹에서 한 번씩 내기로 하였다. 이것을 살펴보면 아주 흥미로운 점을 읽을 수 있다. 암스테르담은 17분의 8의 비중을 차지해서 그 자체만으로 과반수를 넘겨 회사를 지배할 수가 없다. 나머지 세력이 연합하면 9표로서 암스테르담을 견제할 수 있는 것이다. 그런데 9표 중에서 젤란드는 4표를 가져서 역시 비-암스테르담 계열 중 혼자 과반수를 차지할 수는 없다. 그 나머지 소규모 지사들이 합쳐서 젤란드와 동수를 이루기 때문이다. 그렇다고 아무런 결정을 못 내린 채 있을 수는 없으므로 한 번은 젤란드가, 그 다음에는 군소 지사들이 한 표를 더 가지게 한 것이다. 17인 위원회의 운영은 철저히 비밀이어서 그 기록이 남아 있지 않아 구체적인 운영 내용은 알 수 없지만 권력의 적절한 배분과 견제를 추구하려고 한 인상을 받는다.

오랜 상업 전통 위에서 유능한 상인들이 효율적인 상업망을 형성해 가지고 있었다(동남아시아의 바다 위에는 아랍 상인, 인도 상인, 중국 상인 등이 활발하게 움직이고 있었다). 게다가 포르투갈과 스페인이 자신의 활동 영역 내에 다른 유럽 세력이 들어오는 것을 막으려고 혈안이 되어 있었다. 이런 곳으로 뚫고 들어와서 새로운 상업 영역을 개척하려면 순수한 상업활동만 하는 조직으로는 불가능하다. 무력과 정치력을 갖추어야만 하는 이유가 여기에 있다.

17세기 이후 동인도회사는 아시아에서 포르투갈 세력을 급속히 축출해 나갔다. 인도네시아의 자바섬 서쪽에 바타비아를 본부로 삼아서 여러 거점들을 마련하고 이 거점들을 연결하는 상업망을 조직해 나갔

벵골의 후글리에 건설된 동인도회사의 상관.

다. 페르시아의 가므론, 인도 북서쪽의 수라트, 인도 남서쪽의 코로만델, 인도 북동쪽의 벵골, 몰루카 제도의 여러 섬들, 대만의 포트 홀란디아, 일본의 데시마 등 여러 지점에 상관(商館)들이 수십 군데 설치되어 있었다.

바타비아(현재 자카르타)는 1619년에 쿤(Coen)이 건설한 요새로 출발했는데, 이곳이 도시로 발전하여 아시아의 네덜란드 식민지를 총괄하는 중심지가 되었다. 1700년경에는 인구가 7만 명인 대도시로 발전했고 18세기 말에는 다시 그 두 배의 인구가 되었다. 이들 가운데 유럽인이 약 6천 명이었고 그 외에 많은 혼혈인들이 있었다. 이곳에 있는 인도위원회라는 기관이 아시아 내 식민지 전체를 관장했으며, 그 의장이 총독이었다. 이 본부는 물론 본국의 동인도회사 본사로부터 지시를 받아서 그 지휘를 받으며 운영해야 했으나, 본국의 지시가 도착하는 데에 8개월이 소요되는 당시의 통신 상황에서 실질적인 업무는 모두 이 기관이 결정했다.

동인도회사는 우선 유럽 상품을 아시아에 가져와서 팔고 그 대신 아시아 상품을 유럽에 가지고 가서 팔았다. 그러나 유럽산 직물, 와인, 일부 사치품 등은 값이 비싼 데다가 아시아 시장에서 그리 반기지 않는 것들이었다. 반대 방향으로 아시아에서 유럽으로 가지고 가는 상품이 훨씬 더 중요했는데, 초기에는 후추, 정향, 육두구(肉荳蔻) 같은 향신료의 비중이 컸으나 후기로 갈수록 동남아 상품보다는 차와 도자기 같은 중국과 일본 물건들이 더 중요해졌다.

그러나 이런 유럽과 아시아 간의 상품 이동이 결정적으로 중요한 것이 아니었다. 그보다는 아시아 내 여러 지역들 간의 교환이 더 중요했다. 예를 들면 이런 식이다. "유럽에서 은을 들여와서 중국 비단을 산다 → 이 비단을 일본으로 가져가서 구리와 금을 산다 → 이것을 가지고 가서 인도로 가서 인도 직물과 교환한다 → 몰루카 제도로 가서 직물을 팔고 대신 정향 · 육두구 같은 향신료를 산다 → 이를 유럽에 가져가서 판다." 이렇게 여러 과정의 거래를 하는 동안 여러 단계에서 이익이 발생하는 것이다. 그 중 어떤 과정은 다음 과정의 거래가 이루어지도록 손해를 보면서도 거래를 하기도 하였다. 이러한 아시아 지역 내의 교역을 '지방교역(country trade)' 혹은 '인도 내의 교역(commerce d'Inde en Inde)'이라 한다.

이런 교역 활동이 그야말로 상품과 화폐의 이동으로만 되는 것은 아니다. 이국 땅에서 이익을 남기기 위해서는 '교환'만 해서는 안 되며 '힘'으로 강제해야만 한다. 결국 독점체제를 만드는 것이 최종 목표이다. 예를 하나 들어보자. 향신료 거래 중에서 가장 큰 이익을 내는 것은 육두구인데 이것은 반다(Banda) 지방에서만 났다(이와 달리 후추는 인도네시아의 여러 섬들과 인도 해안지역 등 광범위한 곳에서 생산되었기 때문에 독점체제가 불가능하다). 동인도회사는 1602년에 반다 측으로부터 이 향신료들을 네덜란드인에게만 독점적으로 공급한다는 약속을 받아냈다. 그러나 네덜란드인들이 그 대가로 제공하기로 한 음식, 의복 등의 공급이 신통치 않자 반다인들은 포르투갈, 영국, 스페인 및 아시아 상인들에게 향신료를 마구 판매했다. 그러자 네덜란드 측은 1621년 쿤(Coen)의 지휘 하에 살인과 강제 이주 등의 방식을 써서 반다를 무력 정복했다. 그리고 홀란디아 요새(Fort Hollandia)를 건설한 다음, 노예들과 식민 이주민을 들여와서 플랜테이션을 운영했다. 이러한 독점체제는 1864년까지 지속되었다. 네덜란드를 비롯한 서구 세력의 식민지 운영은 이처럼 아시아 · 아프리카 · 아메리카인들에게 지대한 피해를 입혔다.

물론 무력을 행사해서 독점을 이룬다는 것이 아무 데에서나 가능한 것은 아니다. 중국, 페르시아, 일본 같은 곳들은 탄탄한 정치조직과

데시마(出島)에 있는 네덜란드 상관. 네덜란드 상인들은 다른 곳에 가지 못하고 오직 이 작은 인공 섬에 갇혀 지내야 했으므로 생활이 대단히 따분했다. 그러니 위안거리로는 '술, 여자, 그리고 노래' 뿐이었다.

강한 군사력을 가진 인구 밀집지역이므로 몇 개의 선단을 가지고 강압할 수는 없는 일이다. 네덜란드 상인들은 이런 곳에서는 적당히 적응하면서 거래를 트는 수밖에 없었다. 일본의 경우를 보면, 쇄국정책으로 외국인들의 출입을 엄격히 금하되 다만 예외적으로 중국인과 네덜란드인들의 출입을 허락하였다. 그러나 그것도 나가사키의 작은 인공섬인 데시마(出島)에 상관을 두고 이곳에만 머물며 엄격한 통제 아래 거래를 해야 했다. 일본의 근대화에서 데시마섬은 대단히 중요한 의미가 있다. 17세기 이후 오랫동안 일본이 서구인과 접촉하고 이를 배우는 곳이었던 것이다. 일본의 제1외국어는 영어나 독일어가 아니라 화란어였으며, 화란의 학문을 배우기 위해 많은 번역가들이 숱하게 많은 네덜란드 서적을 번역했다. 란카쿠(蘭學)라 불리는 '네덜란드 학문'은 일본의 서구화, 근대화에 지대한 공헌을 하였다.

동인도회사는 사업 규모로 보나 영향력으로 보나 근대사에서 가장 중요한 조직의 하나인 것이 분명하다. 17세기 말에 이 회사는 정보와 현찰 보유, 거래액 등에서 세계 최고의 회사였다. 그러나 18세기에 들어가면 이 회사는 장기적인 침체에 빠져들어갔다. 우선 아시아의 여러 거점지역들을 연결하는 사업망을 계속 유지하는 것이 힘겹게 되었다. 자금도 부족할 뿐 아니라 당장 인력 공급에 차질이 생겼다. 게다가 현지 사업 여건이 많이 악화되었다. 일본은 교역을 제한하려 했고, 페르시아는 정치적으로 혼란 상태에 빠져서 사업이 쉽지 않았으며, 귀금속을 공급하던 곳들을 상실했다(은과 구리를 제공하던 일본이 대표적이다).

후추와 같은 전통적인 상품은 가격이 폭락하여 큰 이윤을 남길 수 없었던 반면 차와 직물 등 수요가 큰 '신상품'의 거래에서는 영국이 더 앞서갔다.

브로델(F. Braudel)은 식민 세력 중에서 누가 아시아의 패권을 쥐느냐는 것은 결국 누가 인도를 차지하느냐에 달린 문제라고 보았다. 인도를 장악하면 이것을 발판삼아 그 다음에 중국을 장악하게 된다는 것이다. 네덜란드는 너무 일찍 성공하여 그 당시 가장 탐나는 지역이었던

오방떡과 금화

길거리에서 파는 오방떡은 원래 일본 금화의 모양을 본떠 만든 것이다. 가난한 사람이 오방떡 몇 개로 점심을 때울 때 정신적으로는 번쩍거리는 금화를 몇 개씩이나 차지하는 꿈에 젖을 수 있다.

인도네시아에 주력하게 된 반면, 후발국으로서 인도네시아를 놓친 영국과 프랑스가 어쩔 수 없이 인도로 들어가게 된 것이 역설적으로 우위를 차지하게 된 것이다.

18세기 말, 동인도회사의 유지 비용은 급증하고 수익은 감소하는 가운데 영국과 4차 영란전쟁에 돌입하게 되었다(제2부 제7장 참조). 영국이 네덜란드의 배를 공격하고 거점들을 공격하자 이 회사의 거래가 거의 중단되었다. 정부가 나서서 해군을 아시아에 파견하고 한편으로 구제금융을 긴급 지원하였다. 그러나 프랑스의 침략을 받아 네덜란드 본국이 정치적 혼란에 빠져서 동인도회사에 대한 지원이 힘들게 되자 1799년 모든 자산과 부채를 국가가 떠안는 조건으로 국영화하였다. 그러나 그런 조치로도 동인도회사를 회생시킬 수는 없었으므로 결국 이 회사는 해체되었다.

인도네시아 식민지

동인도회사의 청산은 형식적으로는 1799년에 이 회사의 특허장(charter) 기한이 만료되었을 때 이를 더 이상 연장하지 않는 방식으로 처리되었다. 그리하여 인도네시아는 더 이상 동인도회사의 거래 지역이 아니라 네덜란드령 인도(Nedrlandse Indie)라는 이상한 이름으로 본격적인 '식민지'가 되었다. 그러나 이 시기에 네덜란드의 국내 사정은 최악이었다. 나폴레옹에 의해 국가 전체가 정복된 마당에 식민지를 운영하는 것은 불가능했다(제2부 제7장 참조). 이 틈을 타서 영국이 네덜란드의 식민지들을 접수해 나갔고, 이때 인도네시아 역시 영국으로 넘어갔다. 이후 네덜란드 식민지는 영국에게 빼앗겼다가 도로 찾았다가 하는 일이 반복되었지만 나폴레옹 전쟁의 전후 처리과정에서 최종적으로 '원래의 주인'인 네덜란드가 되찾게 되었다.

새로 형성된 네덜란드 왕국이 필요한 자금을 쉽게 얻을 수 있는 길은 바로 식민지를 착취하는 것이었다. 이전에는 사회 안의 누구도 적빈(赤貧)에 빠지도록 방치해서는 안 된다는 칼뱅주의 원칙에 입각해서 식민지 역시 과도한 착취를 금지시켰으나, 이제는 그런 과거의 주장이 무색하게도 정부가 직접 나서서 착취체제를 구축해 나갔다. 돈이 궁해진 정부는 사기업 운영을 금지시킨 후 정부 주도로 식민지 주민들에게 커피, 설탕, 인디고 등을 재배하도록 했다. 그것이 소위 경작체제(cultuurstelsel. 영어로는 culture system, 혹은 cultivation system)이다.

원래 나폴레옹의 지배로부터 벗어난 직후 인도네시아에 대해서는 네덜란드교역 회사(Nederlandsche Handel-Maatschappij. NHM)를 통해 경영하였다. 아시아 교역 상인들이 모두 참여하고 국왕이 대주주인 이 회사는 1824년에 창설되었으나 영업 성과가 신통치 않았다. 그래서 1830년에 새로운 총독인 요한네스 반 덴 보쉬(Johannes van den Bosch)가 완전히 새로운 경영 시스템을 만들어냈는데 이것이 바로 경작체제이다.

이 방식은 식민 지배를 받는 자바의 마을에서 경작지의 5분의 1을 따로 떼어서 수출용 작물을 재배하여 식민 정부에 바치도록 한 것이다. 이와 일단 별개로 마을 단위로 식민 정부에 일정한 액수의 지대를 내도록 규정해 놓았다. 앞에서 말한 5분의 1의 경작지에서 생산한 작물이 그 지대보다 많으면 주민들이 차액을 환불받고, 모자라면 그 차액만큼 더 내야 하는 것이 이 제도의 핵심 사항이다. 결국 네덜란드 식민 정부는 어찌 되었든 최소한의 수출 물량을 확보할 수 있었다. 이 제도는 네덜란드로 보자면 대성공이었다. 인도네시아 식민지로부터의 수출 액수가 1830년에 1천 3백만 길더였던 것이 10년 후에는 7천 4백만 길더로 상승하였다. 이런 방식으로 확보한 수입은 엄청난 액수에 달해서 1840년부터 1880년 동안 네덜란드 정부는 매년 평균 1천 8백만 길더의 수입을 얻었는데, 이는 국가예산의 3분의 1에 해당하는 큰 액수였다.

네덜란드 정부의 원래 희망은 이 방식이 농업 생산성을 크게 향상시켜서 현지 주민들의 복리도 증진시키는 것이었다. 그러나 의도대로 생산성이 향상되지는 않았다. 이런 상황에서 네덜란드 정부가 막대한 수익을 올렸다는 것은 곧 식민지로부터의 '착취'의 결과라고 하지 않을 수 없다. 결과적으로 인도네시아의 식민지 상황을 몹시 악화시킨 것이다. 게다가 이 체제를 잘 이용하여 부를 축적한 사람들과 그렇지 않은 사람 사이에 차이가 벌어져 심각한 사회적 갈등을 가져왔다. 특히 식민지체제에서 네덜란드 식민 당국과 일반 주민 사이에 중개 역할을 맡은 농촌의 상층계급 사람들이 식민지 권력을 등에 업고 다른 주민들을 억압하고 착취함으로써 일반 평민들은 더욱 열악한 상황에 몰렸다. 이 점에 대해서는 식민지 관료 출신의 작가인 물타툴리가 쓴 소설《막스 하뷜라르》에서 예리하게 고발하고 있다.

게다가 농촌 내 상업화에서 유리한 위치에 있었던 중국 상인들이 징세청부업과 사금융업을 하면서 별개의 카스트로서 세력을 확대해 나간 점도 특기할 만한 사항이다.

경작체제는 가혹한 식민지 수탈에 대한 인도주의적 비판만 받은 것이 아니라 정반대로 식민지 경영에 대한 정부 독점을 반대하는 업자들의 비판도 받았다. 1860년대부터 개인 영업의 자유를 주장하는 상인들이 자신들의 독자적인 영업 행위를 주장하고 나섰다. 그리하여 1870년대가 되면 정부 주도의 경작체제와 동시에 거액의 개인 자본이 식민지에 들어갔다.

이로 인하여 식민지 산업이 다시 한 번 변화되었다. 인도네시아의 수출액은 이 이후 60년 동안 10배로 증가하였고 그 품목도 고무, 코프라(copra. 야자열매 말린 것), 주석, 석유 등의 공업원재료 위주가 되었다. 그리고 이런 활동의 중심지는 이제 자바가 아니라 수마트라로 바뀌었

막스 하블라르

"그곳에 서구의 이방인들이 몰려와 그 나라의 주인임을 자처했다. 그들은 토양의 비옥함을 이용하려는 심산에서, 유럽 시장에서보다 더 인기좋은 다른 품종을 생산하는 데 주민들의 노동력과 시간을 희생하도록 종용했다. 나약한 그들을 움직이는 데에는 지극히 간단한 한 가지 정략만이 필요했다. 주민들은 토호의 말에 복종하는 터라, 토호들을 손아귀에 넣기만 하면 만사형통할지고. 이익금 일부를 그들 몫으로 나눠주겠다는 약조 아래……. 결국 완전무결한 대성공이었다.

네덜란드 시장에 경매되고 있는 질릴 만큼 막대한 물량의 자바 출산품을 주목하노라면, 이 정책의 효율성에 가히 확신이 가고도 남으리라. 그러나 고상한 방법이라고는 결코 자부하지 못할 것이다. 왜냐하면 이 결과에 비례하여 농민 자신들이 그만한 보수를 누리는가를 누가 묻는다면 부정적인 대답밖에는 할 말이 더 없기 때문이다.

정부는 그들 고유의 소유지에 정부가 원하는 품종을 의무적으로 재배토록 강요했고, 생산된 농산품을 정부 아닌 제삼자에게 파는 경우에는 처벌케 하고, 그리고 그들에게 사들이는 가격은 정부 임의대로 책정한다.

독점권을 쥔 무역업체의 중간 역할로 관장되고 있는 유럽으로의 반출에 드는 수송비가 상당하다. 게다가 토호들에게 안겨줄 격려

다. 이곳에 새로운 형태, 새로운 품목의 대규모 플랜테이션이 들어선 것이다. 이것은 새로운 식민지 회사들 소유의 대농장들이었다.

말하자면 19세기 이후 네덜란드의 인도네시아 지배는 갈수록 체계적인 식민지 수탈체제를 갖추어간 것이다. 다만 무한대의 착취를 한다

금 역시 구입가를 높여준다. 또 장사의 생리라는 것이 결국 이익을 남겨야만 되는 것이고 보니, 이윤을 취할 만한 곳은 다름아닌 생산자들에게서뿐이다.

자바인들이 꼭 굶어죽지 않을 만큼만, 잘못했다간 국가적 산출력을 저하시킬 우려가 있으므로, 꼭 그만큼만 자바인에게 지불했다…….

이리하여 불쌍한 자바인은 결국 이중 관권에 이끌려 계속 채찍질을 당하는가 하면, 자신들의 논에서 끌려나오는 광경이 왕왕 눈에 띄기도 하고, 그같은 제도의 산물로 기아난이 자주 발생했다…….

기아난? 기름지고 비옥한 땅으로 축복받은 자바에 기아난이라고? 그렇다. 독자에게 고하건대 요 몇 년 전만 해도 기아로 지역 전체가 몰살을 당한 실례가 있었다. 어느 어머니들은 식량이 궁해 자식을 팔려고 내놓았고, 어떤 어머니들은 자식을 잡아먹기도 했다."

• 물타툴리의 《막스 하빌라르》, 지명숙 옮김, 문학수첩, 1994, 89, 90쪽 중에서

다우베스 데커(Douwes Dekker)의 필명인 물타툴리(Multatuli)는 말레이아식 이름 같지만 사실은 라틴어로 '나는 많은 고통을 당했다'는 뜻이다. 당시 네덜란드 지식인들은 학교에서 라틴어를 배웠으므로 이를 다 알았을 것이다. 《막스 하블라르》는 19세기 말에 네덜란드 내에서 제기된 식민지 지배를 비판한 대표 작품으로 당시 미국의 노예해방 운동에 깊은 영향을 준 스토 부인의 《톰 아저씨의 오두막》 정도의 의미를 가졌다.

는 것은 인도적인 입장에서도 비판이 거세었고 또 애초에 그렇게 하는 것이 가능하지도 않았기 때문에 식민지의 상황을 고려한 경영체제를 만들어야 한다는 주장이 제기되었다. 1891년에 당시 식민지상 빌렘 카렐 반 데뎀(Willem Karel van Dedem)이 식민지 자체의 이익도 정책에 고려해야 하며 이것이 식민 정부 구성에 반영되어야 한다고 주장한 것도 이런 맥락에서 나온 것이다. 실제로 20세기 들어와서 이런 방향으로 약간의 정책 변화가 있었으니 그 중에서 특히 중요한 것으로서 일종의 식민지 의회라 할 수 있는 국민위원회(Volksraad, People' s Council)를 들 수 있다. 이것은 원래 단순히 자문기구로 출발했으나 1925년부터는 입법 기능도 가지게 되었다(이와 관련된 사항은 제2부 제8장에서 계속).

뉴네덜란드

아시아에 비해 아프리카와 아메리카 지역에 대한 식민지 지배 및 경영은 상대적으로 비중이 낮다고 할 수 있다.

북미 지역의 식민지는 아시아 항로를 찾으려는 탐험의 결과로 얻어졌다. 그 중 중요한 인물로는 헨리 허드슨(Henry Hudson)이 있었다. 그는 네덜란드 동인도회사를 위해서 일하는 영국인 항해사였다(당시 상황에서 이것은 그렇게 이상한 일이 아니었다. 마치 요즘 유럽 축구 선수들이 자기 나라가 아닌 다른 나라 팀에 소속되어 경기를 하는 것으로, 예컨대 프랑스의 지네딘 지단이 스페인의 레알 마드리드 팀에서 뛰는 것과 같다). 16세기에만 해도 인도로 가는 항로를 찾는 것이 여전히 중요한 과제였다. 남쪽 항로의 경우 스페인과 포르투갈이 길목을 막고 있는 데다가 열대 바다를 항해하는 것이 대단히 위험하다고 생각하고 있었다. 이 시기에 사람들은 북쪽 어딘가에 인도까지 항해할 수 있는 바닷길이 있으리라고 생각했으므로 이를 찾는 것이 여러 국가에서 초미의 관심사였다. 허드슨은 우선 러시아를 관통하여 인도로 가는 북동항로가 있으리라고 생각하고 북쪽 바다를 헤매고 다녔지만 결국 실패했다. 오늘날 우리는 그런 항로가 없으며 따라서 실패하지 않을 수 없다는 것을 잘 알고 있다. 그러자 이번에는 아메리카 대륙을 가로질러 인도로 가는 북서항로가 있으리라고 생각하고 북미 지역을 탐험하였다. 이 역시 오늘날 우리의 관점에서 보면 애초에 불가능한 일이라는 것을 잘 알고 있다. 따라서 그런 항로는 찾지 못했지만 대신 오늘날 뉴욕이라고 불리는 곳을 발견하였고, 이 땅은 네덜란드의 소유가 되었다.

1621년 서인도회사(West Indische Compagnie)가 창설되었다. 이 회사의 창설 의도에는 약간 '불순한' 구석이 있다. 1621년, 12년간의 휴전이 끝나고 스페인과의 전쟁이 재개되자 네덜란드 당국은 스페인이 많은 식민지를 가지고 있는 서인도 지역에서 식민 활동을 함으로써 스페인을 괴롭힐 요량으로 회사를 만든 것이다. 따라서 회사의 내재적 의도 자체가 벌써 약탈, 노략질, 지배, 정복 등을 깔고 있었다. 당연히 회사정책도 동인도회사에 비해서 훨씬 호전적이었다. 그러나 전반적인 성과는 그리 좋지 않았다.

서인도회사는 허드슨이 발견한 그 지역을 항구적인 식민지, 즉 뉴네덜란드로 만들려고 하였다. 이곳의 첫 지사인 페터 미누이트(Peter Minuit)가 인디언들에게 60길더 어치의 상품을 주고 구입한 섬이 오늘날의 맨해튼섬이다(1625). 이 시기에 서구인들이 원하는 것은 주로 비버 가죽이었다. 이처럼 주요 목적이 거주보다는 교역에 있었으므로 이곳에는 최소한의 인력만 보냈으며, 그나마 제대로 된 사람들이 이런 곳에 갈 이유가 없었다. 뉴네덜란드의 마지막 지사인 페터 스튀브산트(Peter

Stuyvesant. 담배 이름으로 유명하다)의 말에 의하면 구빈원 같은 곳에서 쓰레기 같은 사람들을 모아서 보냈다는 것이다. 그러나 다행히 네덜란드의 '쓰레기 같은' 사람만 온 것이 아니라 다른 나라 사람들도 이곳에 몰려왔기 때문에 인력 문제는 차차 해결되었다. 또 다른 지사인 빌렘 키프트(Willem Kieft)의 말에 의하면(1644) 이곳 거주민들 사이에는 18개의 다른 언어가 사용되고 있었다. 물론 주류를 차지하는 것은 네덜란드의 언어와 문화였다. 나중에 영국이 이곳을 인수하여 뉴암스테르담이 뉴욕이 된 다음에도 오랫동안 네덜란드어가 주류였다는 점은 1763년까지도 뉴욕 교회에서 네덜란드 언어가 사용되었다는 사실에서 알 수 있다.

영국이 이 지역을 빼앗은 것은 1664년이었다. 당시 영국 국왕인 찰스 2세가 그의 동생 제임스(요크 공)에게 이 지역을 기증하였는데, 그는 자기 소유라는 것을 확실히 하기 위해서 군대를 파견하였다. 네덜란드 시기의 마지막 무렵인 이 해에 이곳 인구는 약 1만 명에 불과했다. 같은 시기에 이웃 영국계 지역인 보스턴이나 플리머스 지역에는 이미 인구가 5만 명이어서 우선 인구수에서 당해낼 수가 없었다(이런 초보적인 수준의 역사가 진행되는 곳에서는 무엇보다도 머릿수로 좌우하게 마련이다).

1673년에 네덜란드인들이 이 지역을 일시적으로 되찾았으나 다음 해에 2차 영란전쟁이 끝나자 영국과 네덜란드는 공식적으로 이 지역을 수리남과 교환하였다. 오늘날의 뉴욕과 이름 없는 섬 하나를 맞교환한 일을 천하의 어리석은 짓이라고 비난할 수는 없다. 예컨대 자원의 보고이며 전략적 요충지인 알래스카에 대해서 볼테르는 "몇 평의 눈덩이"라고 불렀고, 러시아 정부는 이 땅을 고작 720만 달러를 받고 미국에 팔지 않았던가(1867)! 그 당시 사정으로 보면 최고의 수익을 기대할 수 있는 사업은 사탕수수 재배였고, 따라서 겨울이면 눈이 펑펑 내리는 뉴욕 같은 불모지에 비하면 수리남이 훨씬 조건 좋은 땅이라고 판단한 것이다.

하여튼 이 교환은 이후 역사에서 네덜란드인과 영국인, 수리남인, 또 이로쿼이 인디언 등 모든 사람들의 운명을 갈라놓은 중요한 전환점이 되었다.

수리남

1499년 스페인의 알론소 데 오헤다르(Alonso de Hojedar)가 처음 '발견'한(어디까지나 서구인의 관점에서 사용하는 용어이다) 수리남은 원래 이곳 인디언들이 기아나(Guiana)라고 부르는 곳이었다. 백인들의 도래 이후 초기 상태에 관한 기록은 그리 많지 않다. 1613년에 네덜란드인 50가구가 이주해서 담배 농장을 경영하려고 했다가 다음해인 1614년에 스페인인에 의해 몰살당한 것, 1650년에 프랜시스 윌러비 경(Lord Francis Willoughby)이 바르바도스에서처럼 사탕수수 농장을 운영하기 위해 인력을 보내기 시작했으며 1년 뒤에는 100명의 영국인들과 흑인 노예가 도착했다는 것 등이 알려져 있을 뿐이다.

그 후 1667년에 아브라함 크레인센(Abraham Crijnssen) 제독이 이곳을 점령했고, 바로 그해에 체결된 브레다 평화조약으로 네덜란드 영토가 되었다. 현지에 있던 영국계 사람들은 자마이카로 송출되었다. 이 섬의 소유주는 처음에는 젤란드였으나 젤란드 당국은 수익사업을 하려다가 투자유치가 신통치 못하자 26만 길더를 받고 서인도회사에 판매해 버렸다. 다시 이 회사는 지분의 3분의 1을 암스테르담시와 코르넬리스 반 아르센(Cornelis van Aerssen)에게 판매했다. 사업은 자기 일이라고 책임지고 나서는 사람이 있어야 되는 법이다. 아르센은 이 섬의 실질적 식민주로 여겨지는데, 그는 독재적이고 정열적인 통치를 한 것으로 알려졌다.

그 이후부터 플랜테이션 사업이 진행되었다. 18세기 후반에는 사탕수수, 카카오, 면, 담배, 인디고, 커피를 경작하는 농장이 500여 곳 있었다. 1787년에 이곳 인구는 4만 9천 명이었고 이중 90퍼센트가 노예였다.

그러나 이 섬은 1770년대에 위기를 맞았다. 네덜란드 경제가 열악해지고 투자가 메말라가면서 농장주들이 파산하기 시작했다. 서인도회사는 단기 이익을 노리기만 할 뿐 인프라(infrastructure)에 대한 투자를

노예무역

노예무역은 이윤이 큰 사업이었다. 역사가 반 딜렌에 의하면 아프리카에서 노예 한 명을 사는 비용이 20~30플로린인데 브라질에서 팔 때에는 그 10배를 받았다고 한다(물론 그렇다고 수익률이 1천 퍼센트라는 식으로 이야기한다면 단순논리가 될 것이다. 이 사업에는 부대비용이 대단히 많이 들었고 위험부담도 매우 높았기 때문이다). 그리고 노예무역은 자체의 수익성보다도 플랜테이션 운영에 필수적인 인력을 공급하였다는 점에서 더 큰 의미를 가진다. 네덜란드는 노예의 주 공급지인 서아프리카 해안에 1585년부터 여러 교역거점들을 설치했다. 이것은 포르투갈이 오래 전부터 해왔던 방식을 좇아서 한 것이었다. 1648년에 80년전쟁이 끝나자 서인도회사는 아예 노예무역을 주요 업무로 시작한 것이었다.

네덜란드의 노예무역은 대체로 1630~1795년 동안에 이루어졌는데, 네덜란드가 유럽 국가 전체의 노예무역에서 차지한 비중은 약 10퍼센트 정도였다. 이들이 송출한 노예 수는 약 46만 명으로 추산되며 이

등한시했는데, 이것이 결국 장기적 불황으로 이어진 것이다.

1792년에 이 섬은 서인도회사로부터 전국의회로 소유권이 넘어갔다. 이 섬의 운명도 인도네시아와 비슷하게 되었다. 프랑스 혁명과 나폴레옹의 네덜란드 정복이라는 혼란기에 이 섬은 영국에게 넘어갔다. 1802년 아미앵 조약으로 네덜란드에 귀속되었다가 1804년에 다시 영국이 차지하고, 그 후 1816년에 영국이 네덜란드 왕국에 되돌려준 것도 인도네시아와 유사하다.

19세기에는 이 섬의 수익성이 계속 떨어졌는데 그 중요한 이유의

것은 유럽 각국이 행한 전체 노예 송출의 5퍼센트를 차지하는 수이다. 영국, 포르투갈, 프랑스가 90퍼센트를 차지한 데 비하면 네덜란드의 노예무역의 비중은 그리 크지는 않은 편이다. 그나마 1770년대 이후 네덜란드 경제가 어려움에 봉착하자 노예무역도 중단했다.

야코부스 엘리자 요안네스 카피테인(Jacobus Eliza Joannes Capitein)은 노예 출신의 흑인이었다. 그는 1728년에 네덜란드에 들어왔는데, '유럽 대륙에는 노예가 존재하지 않으며, 다른 곳에서 노예였던 사람도 유럽 대륙에 첫발을 딛는 순간 자유인이 된다'는 계몽주의 이데올로기 덕분에 자유를 얻었다. 그의 전 주인과 친구들이 그에게 교육을 시켜서 급기야는 레이덴 대학에 입학하여 신학박사 학위까지 받았다.

아마도 그가 최초의 흑인 박사일 것이다. 그가 발표한 박사 논문의 내용은 '성경에 따르면 노예제는 정당하다'는 것이었다(!). 그의 논문은 그 후 라틴어와 네덜란드어로 여러 판을 거듭하며 출판되었고, 노예제와 노예무역 옹호자들에 의해 많이 인용되었다. 게다가 서인도회사의 배려로 그 자신이 아프리카의 엘미나에 목사로 파견되었다. 그는 흑인들에게 도대체 어떤 내용의 설교를 하였을까?

하나가 노예무역 중단 이후 노동력이 부족해졌기 때문이다. 노예제 플랜테이션에서 노예가 없으면 만사 끝인 것이다. 그래서 1873년부터 벵골인, 1890년부터 자바인을 계약제 노동자(indentured)로 수입하였다. 경제적 성과로 보면 이 조치는 별다른 효력을 발휘하지 못했으나, 사회적 갈등과 진통, 인종적 충돌을 야기시킨 측면에서는 최악의 정책이었다. 그 결과 20세기에 복잡하기 이를 데 없는 갈등이 빚어지고 말았다.

1975년에 수리남이 독립하였을 때, 그나마 지금까지의 식민지 지배체제에서 네덜란드가 인종간 싸움이 일어나지 못하도록 막아주는 힘으로 작용하였으나 그것이 사라지자 아시아계 사람들은 크레올계의 지배에 대해 두려움을 가지게 되었다. 이로 인하여 수리남으로부터 네덜란드로 대규모 이민 행렬이 이어졌다. 1972년에 네덜란드 내 수리남인이 5만 5천 명이다가 1975년에는 그 수가 13만 명으로 증가한 것이 그 점을 말해 준다.

네덜란드 안틸레스

네덜란드 안틸레스는 6개의 섬으로 구성되어 있는데 통칭 abc섬들과 sss섬이라고 불린다. abc섬이란 아루바(Aruba), 보네르(Bonaire), 쿠라사오(Curaçao)로서 리워즈 제도(Leewards Ids.)의 일부를 이룬다. 또 sss섬이란 세인트마틴(Saint Martin), 세인트외스타티우스(Saint Eustatius), 사바(Saba)로서 이들은 윈즈워드 제도(Windsward Ids.)의 일부이다. 그러나 1986년 아루바와 쿠라사오가 갈등을 겪다가 아루바가 떨어져나와서 네덜란드 왕국 내의 독립적인 지위를 획득했다.

이 섬들은 처음에 서인도회사에 의해 식민화되었다가, 1791년 이

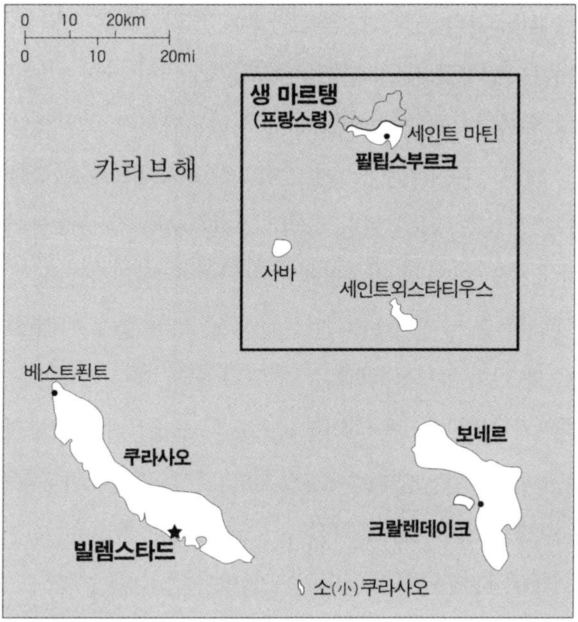

네덜란드 안틸레스

회사의 해체 후 본격적인 식민지가 되었으며 1954년 독립했다. 독립했다고는 하나 네덜란드가 외교와 국방을 계속 책임지고 있었다.

아루바는 면적이 190제곱킬로미터로서 베네수엘라에서 30킬로미터 떨어진 곳에 위치해 있다. 1499년에 처음 호에다(앞서 언급했듯이 수리남을 발견한 인물이다)가 발견한 후 서인도회사가 1634년에 인수했다. 이 섬은 카리브해의 해적 중심지로서 이름을 떨쳤을 뿐, 그 외 별다른 경제적 중요성을 확보하지 못했다가 1924년 베네수엘라 유전 발견 이후 경기가 급격히 좋아졌다. 라고 정유 · 수송 회사(Lago Oil and Transport Company)가 이곳에 정유공장과 석유 운송시설을 설치했기 때문이다.

보네르(28.8제곱킬로미터)에는 플랜테이션 농장이 들어섰으나, 19세기 이후 이윤이 줄어들고 그 이후 점차 영락을 거듭하다가 20세기에 섬

주민들이 베네수엘라, 수리남, 혹은 아루바, 쿠라사오로 이민을 갔다.

쿠라사오(472제곱킬로미터)는 리워드 제도에서 가장 큰 섬이다. 처음에는 소 방목장으로 사용되었으나, 서인도회사가 브라질을 상실한 후 이곳과 세인트외스타티우스에 아메리카로 보내는 노예들을 임시로 하선시키는 장소로 사용되었다. 그 외 별다른 경제적 중요성이 없었으나 1916년에 로열 더치 셸 정유공장이 들어선 후 번영하였다.

세인트마틴은 일찍이 1493년 콜럼버스의 2차 항해 때에 그의 지도에 기입된 바 있다. 이 섬은 무인도였으나 염전 개발 목적으로 1631년에 네덜란드가 식민 사업을 시작했다. 그 후 스페인에게 빼앗겼다가 베스트팔렌 조약의 결과 남쪽(34제곱킬로미터)은 네덜란드가, 북쪽(51제곱킬로미터)은 프랑스가 나누어 가졌다. 그러나 특이한 점은 그 후 영국민이 많이 이주해 와서 언어는 영어가 쓰인다는 점이다.

세인트외스타티우스(31제곱킬로미터)는 1636년에 젤란드인이 식민화하였으며, 사탕수수 플랜테이션이 들어섰다. 또 아메리카 독립전쟁 때 전쟁 물자를 수송하는 일로 번영을 누리기도 했다.

사바(12.8제곱킬로미터)는 1640년경 이웃의 여러 섬 주민들이 이주해 와서 면, 사탕수수, 커피 등의 작물들을 재배하였다.

현재 이 지역들은 모두 관광사업과 석유산업을 주요 활동으로 삼고 있다. 그러나 석유산업의 경우, 기계화가 많이 진행되어서 인력이 덜 필요해지자 실업 문제가 갈수록 심각하게 되었다. 그래서 네덜란드, 수리남 등지로 주민들이 많이 이주하고 있다.

이외에도 네덜란드는 한때 브라질 일부 지역을 점령하기도 했다. 네덜란드 서인도회사가 1630~54년 중 올린다와 레시페 근처 해안 지역을 공격하여 차지한 다음, 제법 합리적인 식민지체제를 이루기도 했으나 스페인으로부터 다시 독립을 찾은 포르투갈이 이 지역을 재탈환

함으로써 네덜란드령 브라질이라는 것은 사라져버렸고 포르투갈이 브라질 전체를 장악하게 되었다.

남아프리카

1869년 수에즈 운하 개통 이전에는 유럽과 아시아를 잇는 길은 아프리카 남쪽을 도는 긴 항로밖에 없었다. 케이프 식민지는 이 긴 항로상의 중간 기착지로서 중요한 역할을 했다. 그런 목적으로 이 지역을 개발하자는 아이디어를 낸 사람들은 1648년에 이곳에 조난당해서 살다가 귀국한 선원들이었다. 그들이 이곳의 여건을 보고 본국에 식민지 건설을 건의했던 것이다.

1652년 얀 반 리베크(Jan van Riebeeck)의 주도 하에 이 지역에서 식량을 재배하여 선박들에게 공급하는 기착지를 건설하였다. 1657년 첫 번째 식민지 주민이 도착했는데, 대개 고아원과 구빈원 출신의 빈민들이었다. 특히 여자가 부족하므로 고아원 출신의 여자들을 모집해 왔다. 여기에 더해서 프랑스에서 종교 압박을 피하여 위그노(프랑스의 개신교도들)들이 자유를 찾아 이곳에 들어왔다.

이곳은 엄격히 말하자면 네덜란드 국가 식민지가 아니라 동인도회사 소속 식민지였다. 이 회사의 경영은 다른 식민지와 마찬가지로 '모든 정치적인 일에 독재적이고, 모든 경제적인 일에 독점적'이었다. 그리하여 주민들이 이 회사의 방식에 반대하게 되었고 급기야는 주민들이 회사의 통제를 벗어나서 독립을 추구했다. 1795년 일단의 사람들이 회사가 아니라 국가 직속의 자유 헌정 정치체를 만들고 독립을 선언하였다. 그러나 오래 가지는 못했다. 이곳 역시 네덜란드의 다른 식민지와 마찬가지로 나폴레옹 시기에 큰 격변을 겪었다. 프랑스의 침입시에 영국이 이 지역을 점령해 버린 것이다. 아미앵 조약의 결과, 이 지역이 다시 네덜란드로 반환되었다가 곧 다시 영국의 점령을 받은 것까지는 다른 지역과 같다. 그러나 다른 곳과 달리 나폴레옹 시대가 지난 후에도 영국은 이 지역을 네덜란드에 돌려주지 않고 그대로 유지하였으며, 그 대신 네덜란드에 6백만 파운드의 보상금을 지급하는 선에서 처리하였다.

그리하여 이 지역은 공식적으로 영국령이 되었으나 주민들 중에 여전히 네덜란드계 사람들의 수가 더 많았다(이 현상은 1870년까지 계속되었다). 영국과의 갈등을 피하려던 이 사람들은 영국의 지배를 벗어나고자 내륙지역으로 들어가버렸다. 이 이동을 대이주(Great Trek, 1836~40)라 부른다. 그들은 오렌지강과 대평원을 넘어 트란스발(Transvaal) 지역으로 가서 이곳에서 남아프리카공화국(South African Republic)과 오렌지자유국(Orange Free State)을 건설했다.

별다른 일이 없었다면 이 사람들은 정착지에서 계속 농사를 지으며 살아갔을 것이다(이들을 지칭하는 말인 'boer'는 '보어전쟁'에서 보이듯이 '보어'로 잘못 발음하지만 원래 발음은 '부어'이며, 네덜란드어로 농부라는 뜻이다). 그런데 이곳에서 금과 다이아몬드가 발견된 것이다.* 1868년에 영국은 2개의 독립국에서 발견된 다이아몬드 광산을 차지했고, 1877년에는 남아프리카공화국 내의 뤼덴부르그(Lydenburg)의 금광지역을 합

* 1866년 오렌지강 연안에서 21캘럿짜리 다이아몬드 원석이 발견되면서 이 지역이 다이아몬드 생산지라는 것이 알려졌다. 영국 정부는 이 지역이 아프리카 원주민 추장에게 속한다고 선언하고는 그 추장이 영국 정부에 지배를 요청했다는 식으로 이 땅을 차지했다. 이즈음 프레토리아 근처에서 3,025캐럿짜리 세계 최대의 다이아몬드가 발견되었다(여기에서 떼어낸 다이아몬드는 현재 영국 왕관에 박혀 있다). 영국은 이 지역까지 차지했다. 세실 로즈는 남아프리카의 대규모 다이아몬드 광구를 사들이면서 광산회사를 설립하였는데, 이것이 유명한 드 비어스사이다.

병했다. 이것이 1차 보어전쟁으로 이어졌다. 이제 이 지역에서는 영국, 포르투갈, 독일 등 제국주의 세력의 추악한 충돌이 일어났다.

로즈(Rhodes. 클린턴, 힐러리 등을 배출한 옥스포드의 유명한 로즈 장학재단을 만든 사람이다)는 남아공화국들을 전복시키기 위해서 외국인들(uitlanders)을 부추겨서 크루거(Kruger) 정권에 봉기를 일으키려고 했다. 그리고 그의 친구 제임슨(L. S. Jameson)이 봉기 진압을 구실로 남아프리카 공화국을 접수하려는 음모를 꾸몄다. 이 일은 계획대로 잘 되지 않아서 로즈는 사임하였으며, 외교적인 갈등은 2차 보어전쟁으로 이어졌다(1899~1902). 이때 영국군에 의한 보어인들의 대학살이 일어났다. 영국군은 잔인하게도 보어인들을 수용소에 밀어넣어서 갓난아기를 포함하여 2만 6천 명이 사망하도록 하였다.

이 전쟁을 치르면서도 두 개의 공화국은 독립을 지켰지만 영국계인 나탈(Natal)과 케이프 식민지(Cape Colony)가 합쳐서 남아프리카동맹(Union of South Africa)이 되었다. 이렇게 해서 20세기 초에 백인 세력들 간의 갈등은 어느 정도 정리가 되어갔지만 문제는 흑백간의 인종 문제가 남았다. 절대권력을 휘두르는 백인(30퍼센트)과 그렇지 못한 흑인(70퍼센트) 간의 갈등은 20세기에 들어와서 세계사상 유례없는 최악의 인종탄압을 낳았다.

제7장

근대를 향한 도전과 응전

혁명 · 위기 · 새로운 도약

■■■ 18세기 말, 유럽은 '혁명의 시대'로 진입해 있었다. 정치적으로는 미국혁명과 프랑스혁명, 사회 · 경제적으로는 산업혁명이 앞으로 도래할 새로운 세계를 형성해 가고 있었다.

17세기의 황금기를 보낸 네덜란드는 그 이후 오랜 동안 조용한 몰락을 거듭하고 있었다. 유럽 최고의 부국(富國)이 이제 최빈국 중의 하나가 되었고 엘리트는 부패했다. 네덜란드는 이대로 이류 국가로 주저앉을 것인가?

시대의 격류는 싫든 좋든 네덜란드를 거친 변화의 흐름 속에 밀어넣었고, 이 위기의 시대를 헤쳐가면서 이 나라는 점차 그들 나름의 독자적인 사회를 형성해 갔다. 그것은 유럽 전체를 뒤흔들어놓은 자유주의 및 사회주의의 유입과 그에 대한 네덜란드적 대응이 빚어낸 결과였다. 소위 '지주제(支柱制)'라는 것이 그 결과물이다.

'애국파'의 봉기

18세기 말 네덜란드의 국내 정치와 국제관계에서 중요한 문제는 우선 미국의 독립전쟁이었다. 국내의 자유주의자들은 미국 독립전쟁과 사상적 궤를 같이하고 있었다. 빌렘 5세의 무능하면서도 부패한 정권 그리고 오라녀 가문을 맹목적으로 추종하는 '왕당파'들에 반대하는 이 사람들은 영국의 절대주의 지배에 항거하여 민주적인 독립 공화국을 세우려는 아메리카 식민지인들을 지지하였다. 지역적 · 계급적 구분을 넘어서 전국에 걸쳐 자유주의적 개혁을 밀어붙이려는 운동을 벌이던 이들은 스스로를 '애국파'라고 불렀다. 이들은 대체로 중산층이었는데, 전통적으로 오라녀 가문을 열광적으로 지지하는 하층 민중들과 거리를 두고 있었다. 말하자면 이들은 그동안 권력에서 상대적으로 소외되었던 계층으로서, 새로운 변화를 희구하였다.

이러한 자유주의 개혁세력이 미국 독립운동을 지지하는 이면에는 경제적 이해관계도 무시할 수 없는 요인이다. 상인들은 미국 독립운동 세력에 각종 군수품들을 판매함으로써 큰 이익을 챙겼다. 네덜란드령이었던 세인트외스타티우스는 중요한 군수품 보급기지 역할을 했으며 네덜란드 중산층은 일종의 전쟁 특수로 인한 이익을 누리고 있었던 것이다.

'애국파'는 이처럼 정치적 · 사상적 · 계급적 · 경제적 계기들이 함께 작동하여 나타난 현상이었다. 이 운동의 성격을 잘 보여주는 대표적인 문서로는 1781년 무명으로 출판된 〈네덜란드 국민에게(Aan het Volk van Nederland)〉가 있다. 무명 작가라고 되어 있지만 실제 작성자는 요안 데르크 반 데어 카펠렌 토트 덴 폴(Joan Derk van der Capellen tot den Pol, 1741~84)이었다. 그 내용은 민주 정체와 국민주권을 옹호하고 이를 위해서는 민병대와 신문이 필요하다는 주장이었다. 이는 분명 미국 독립과 연관이 있었다. 사실 그는 의회에서 미국을 공식 인정해야 한다고 주장한 중심 인물이었다(네덜란드는 1782년에 미국을 승인했다). 그러나 이 문건을 잘 분석해 보면 무장 봉기를 주장한 듯하면서도 사실은 매우 온건한 내용이었다. 즉 혁명적이기보다 점진적인 개혁을 요구한 것이다. 그는 과두 귀족들을 견제하기 위해 시민들의 협의체를 만든다는 계획 정도였을 뿐 그 이상의 과격한 주장은 하지 않았다.

자신의 식민지에 대해 독립을 부추기는 움직임을 영국은 좌시하지 않고 강력하게 응징하기로 결정하였다. 1780년 영국은 네덜란드에 선

〈네덜란드 국민에게〉

"……네덜란드인들이여, 무장하라. 그리고 국가의 일에 관심을 가져라. 왜냐하면 그것은 바로 당신의 일이기 때문이다. 이 나라는 당신 모두의 것이지 지배자와 그 일당들의 것이 아니다. 그들은 자유로운 바타비아족의 후손, 네덜란드의 인민인 우리 모두를 그들의 세습 재산으로 여기고, 그들이 원하는 대로 털을 깎든지 도살할 수 있는 소나 양으로 취급한다. 어느 한 나라에 사는 주민 모두가—도시민이든 농민이든, 부자든 빈민이든, 대인이든 소인이든—그 나라의 진짜 주인이다. 그들은 어떻게 통치를 받는 것이 좋을지 스스로 결정할 권리를 가진다……. 정부에 참여하고 있는 사람들, 지배자든 그 누구든 이 나라에서 권력을 행사하는 사람들은 당신의 이름으로 그렇게 하는 것이다. 그들의 모든 권력은 당신에게서 나온다. 이 지역에서 네덜란드 연합이라는 이름으로 세워진 이 민족공동체의 주주, 소유주, 지배자는 당신이다. 정부 인사들은 그 회사의 이사진일 뿐이다. 당신들이 자기 호주머니에서 돈을 꺼내 그들에게 지불하고 있는 것이며, 말하자면 그들은 당신의

전포고를 하여 4차 영란전쟁이 일어났다. 이 전쟁에서 네덜란드는 심대한 타격을 입었다. 즉각적인 군사적 타격도 그렇거니와 국제교역이 완전히 중단되었고, 세인트외스타티우스는 영국의 점령 후 요새가 파괴당했다. 네덜란드는 항복하지 않을 수 없었다. 이런 국난의 상황에서 네덜란드의 내부 갈등은 극도로 격화되어서 애국파 대 왕당파 간의 갈등은 거의 내전을 방불케 했다.

제5장에서 보았듯이 당시 스타트하우더는 빌렘 5세였는데, 3세 때 그의 아버지가 사망한 후 섭정을 맡던 어머니마저 사망하자 후견인 역할을 하던 로더베이크 에른스트가 거의 절대적인 영향력을 행사하였

권위에 복종하고 당신에게 책임을 지고 당신의 말만 들어야 하는 하인인 것이다. 다시 말하지만 모든 사람은 자유롭게 태어난다. 그 누구도 다른 사람에 대해 천성적으로 권력을 가질 수는 없다…….

네덜란드 인민들이여, 언론의 자유를 소중히 여기도록 하라. 왜냐하면 그것이야말로 당신의 민족적 자유에 대한 유일한 지지물이기 때문이다. 만일 우리가 다른 시민들과 자유롭게 이야기하지 못한다면, 만일 우리가 제때 경고하지 못한다면, 압제자의 일은 그만큼 쉬워진다…….

무장하라, 지휘봉을 잡고 침착하고도 겸손하게 이끌어나갈 사람을 선출하라(영국인들의 공격을 받기 전에는 단 한 방울의 피도 흘리지 않았던 아메리카인들을 본보기로 삼으라). 이스라엘인들을 예속에서 해방시켜서 자유로운 민족으로 만들었던 자유의 신인 여호와가 우리의 정당한 대의(大義)를 도우리라.

네덜란드인들이여, 사랑하는 동포들이여, 나는 당신의 충직한 시민입니다.

1781년 9월 3일, 오스텐데(Ostende)에서"

1787년에 영국인이 애국파를 희화화해서 그린 그림이다. 개구리, 개, 오리 등의 도움을 받는 네덜란드인들이 벽에 그려진 프로이센 병사를 과녁 삼아 사격 연습을 하고 있다.

다. 심지어는 1766년 비밀리에 '자문조약'을 맺음으로써 빌렘은 사실상 양위한 것이나 같았다. 그만큼 빌렘 5세는 무능력하였다. 그런데 애국파 신문인 《드 포스트 반 네더-레인(*De Post van Neder-Rhijn*)》지가 1784년 이 비밀조약의 내용을 폭로하자 그 결과 섭정이 쫓겨나 버렸다. 이제 이 무능력하고 소심한 빌렘 5세는 홀로 버려진 아이처럼 되었다. 애국파는 정치적 압박을 강화하여 갔다. 피터 파울루스(Pieter Paulus) 등이 주동하여 민주적 개혁을 요구하였으나 빌렘이 이를 거부하자 홀란드주는 차차 그의 실권을 빼앗아갔다. 무엇보다도 헤이그의 주둔군 통수권을 빼앗아버린 것이다. 불안해진 그는 여러 도시를 전전하는 수밖에 없었다.

남편이 무능하면 부인이라도 똑똑해야 사는 법이다. 빌렘의 부인인 프로이센의 빌헬미나(Wilhelmina)는 시댁인 영국의 하노버 왕실과 친정인 프로이센에 구원을 요청했다. 이에 대해 영국 왕실은 도덕적인 지지를 약속했다. 그렇지만 정치적 위기에 빠진 사람에게 도덕적 지지라는 것은 큰 힘이 되지 못한다. 한편 친정 쪽인 프로이센에서는 그 유명한 프리드리히 대왕이 당시 국왕이었는데 그의 충고는 애국파와 잘 화해하든지 아니면 네덜란드를 떠나라는 것—그리고 그럴 바에는 차라리 남편도 데리고 떠나라는 것—이었다. 결국 어느 쪽도 도움을 주지는 못했다.

1787년 빌헬미나는 사태를 주시하다가 당시 애국파의 분열 상황을 보고 이참에 남편의 권력을 도로 찾겠다고 헤이그로 떠났다. 그러나 중간에 하우다(Gouda)시의 애국파들이 그녀를 붙잡았고, 홀란드 주 위원회는 그녀에게 여행 허가를 내주지 않았다. 당시 프로이센에서는 국왕이 바뀌어서 프리드리히 빌헬름 2세가 집권하고 있었다. 그는 이 사태에 대해 사과를 요구했으나 거절당하자 2만 명의 군대를 끌고 네덜란드를 침공했다. 네덜란드는 안이하게도 프랑스군이 도와줄 것으로 오판하고 있었다. 프로이센군은 금세 홀란드주를 점령하고 빌렘 5세를 다시 스타트하우더로 임명했다. 그러나 이것은 완전히 역효과를 가져왔다. 그나마 미약하게 유지되던 스타트하우더에 대한 존경심은 사라져버리고 오직 외국군에 의해 이 체제가 겨우 유지되는 지경에 이른 것이다. 빌렘을 압박하던 많은 애국파 인사들은 체포, 재산몰수, 심지어 사형을 당하였다. 문자 그대로 반동의 시대가 도래한 것이다.

이때 수천 명의 애국파 인사들이 벨기에 지역과 프랑스로 도주했다. 이들은 망명지에서 프랑스혁명을 직접 경험하게 되었다. 사실 애국파들은 중산층 출신이었으며, 대체로 온건한 개혁을 요구하였다. 그런데 이들이 지켜본 프랑스혁명은 민중들이 전면에 나서서 극히 과격한

1795년 프랑스군이 암스테르담 시내로 진군해 들어가는 모습이다.

양상으로 치닫고 있었다. 애국파 인사들은 이 현상을 공포 속에서 지켜보고 있었다. 이때까지도 애국파들이 빌렘 5세와 접촉해서 그 스스로 민주적 개혁을 하라고 요청한 것도 이런 맥락에서였다. 그러나 빌렘은 완강히 이전 방식을 고집할 뿐이었다.

1792년 혁명전쟁이 일어나면서 상황은 급변하였다. 올 것이 오고 만 것이다. 오스트리아, 프로이센과 프랑스 사이의 전쟁은 곧 오스트리아령 네덜란드(즉 벨기에 지역)를 전쟁터로 만들었고, 이 불똥이 네덜란드까지 튀었다. 이제 프랑스 군대는 장-샤를 피쉬그리(Jean-Charles Pichegru) 장군 지휘 하에 네덜란드로 진격해 들어왔으며, 이 틈에 애국파들의 봉기가 일어났다. 네덜란드는 다시 한 번 비장의 카드를 뽑아들었으니 운하와 강의 물을 흘려서 적을 막는 최후의 전술을 사용한 것이다. 그러나 제방을 터뜨리는 이 수법도 자주 쓰면 효력이 떨어지는 것일까, 이 해 겨울의 강추위로 물이 모두 얼어붙어서 프랑스군은 미끄럼을 타며 네덜란드로 밀려들어왔다. 빌렘 5세는 영국으로 도망가고(이후 영국은 여러 네덜란드 지도자들의 피난처가 되었다) 의회는 바타비아 공화국을 선포했다(1796년 1월 26일). 애국파가 프랑스를 등에 업고 정권을 잡은 것이다.

신생 공화국은 프랑스와 동맹조약을 맺었다. 그 내용을 보자. 공화국은 마스트리히트, 벤로, 림부르크, 플랑드르를 프랑스에 넘기고 1억 길더를 지불해 주며 3만 명의 프랑스 군대 유지비를 부담한다! 이를 두고 '동맹조약'이라고 부르는 것이다!

영국은 즉각 네덜란드의 교역을 마비시키고 식민지들을 빼앗기 시작했다. 식민지와 관련된 당시의 상황은 급격한 부침이 있었다. 1802년 3월 25일에 프랑스와 영국 사이에 아미앵에서 평화조약이 체결되었다. 그 내용 중 하나가 영국이 전쟁 기간 중에 빼앗은 프랑스 및 그 동맹국들의 식민지를 되돌려준다는 것이었다. 네덜란드 역시 이 조약에 따라 잃어버린 식민지들을 도로 찾았다(다만 실론만은 이때 영국이 차지하였다). 오라녀 가문이 신생 공화국을 인정해 주는 대신 이전에 자기들이 가졌던 재산과 공직에 대한 보상으로 5백만 길더를 받기로 한 것도 이때의 일이다. 그런데 1803년 아미앵 평화조약이 깨지고 영불 전쟁이 재개되자 프랑스는 네덜란드에게 전쟁 참여를 강요했다.

이런 와중에 원래 의도했던 애국파들의 민주정 구상이 제대로 될 리가 없었다. 무엇보다도 전쟁 상황에서 오는 어려움이 컸고 지도자들 사이에 분열도 심했다. 이 시기에는 여러 차례 헌법이 만들어지고 그 사이사이에 정변이 일어나는가 하면 나폴레옹 황제가 계속 자의적(恣意的)인 명령을 내려서 국정을 좌우하는 혼란의 상황이 연출되었다.

우선 프랑스의 1795년 헌법을 모델로 한 헌법이 1798년 4월 23일에 통과되었다. 그러나 나폴레옹 황제가 1801년에 스힘멜페닝크(Schimmelpenninck)에게 더 민주적인 헌법을 만들라는 교시를 내리셔서 새 헌법을 제정하게 되었으니 이를 프랑스 헌법이라 부른다. 이 헌법의 제정은 코미디에 가까운 과정을 거쳤다. 새 헌법의 초안은 상원에서 거부되었으나 그럼에도 불구하고 투표에 부쳐졌다. 투표에 참여한 사람들 중 다수가 헌법 비준 거부의사를 표시했지만 투표자 수와 찬성자 수를 교묘하게 기만하여 발표함으로써 새 헌법안을 통과시켰다. 이렇게 해서 민주적인 헌법은 극히 비민주적인 방식으로 통과되었다.

그러나 황제께서는 이 헌법도 마음에 들지 않았는지 1805년 스힘멜페닝크에게 명령하여 또 하나의 헌법을 제정케 하였다. 전체 투표권자 35만 3천 명 중 4퍼센트인 1만 4천 명만이 투표에 참여하였다. 어쨌든 이중 136명이 반대하고 나머지는 찬성하였으므로, 그 결과 갈수록 더 민주적인 헌법이 갈수록 더 비민주적인 방식으로 제정되었다. 스힘멜페닝크는 최고 실권자가 되어서 1인이 국정을 농단하는 일이 벌어졌다. 이런 식의 정치를 통해 여러 법률들이 제정되었다.

그런데 이 혼란의 와중에서, 그리고 이 엉망의 정치 과정을 통해서 내용상으로는 상당히 좋은 조치들이 만들어졌으니 정말로 역설적인 일이 아닐 수 없다. 각 주의 조직화, 재정의 중앙집중화, 전국 단위의 조세제도 재편, 하급학교 제도의 정비, 의료 학교 건립, 건강관리 제도 확보, 네덜란드어 스펠링과 문법 정비 등등 매우 긍정적인 발전의 토대가 이때 만들어졌다.

네덜란드 왕국(1806~10)과 프랑스의 지배(1810~13)

황제께서는 스힘멜페닝크에 대해서도 별로 탐탁지 않으셨던 것 같다. 그는 영국과의 전쟁을 더 효율적으로 수행하기 위해서는 이런 체제로는 힘들고 네덜란드를 아예 왕국으로 만들고 자기 동생을 왕으로 임

왕립 박물관

루이 나폴레옹이 취한 정책 가운데 하나로는 1808년에 암스테르담의 유명한 왕립박물관(레익스무제움(Rijksmuseum))을 건립한 것이 있다. 프랑스혁명 중에 국왕의 '보물'을 인민에게 되돌려주어야 한다는 취지에서 일반인이 관람할 수 있는 루브르 박물관이 만들어졌듯이 그 원칙을 그대로 이 나라에 적용한 것이리라. 다만 현재의 건물은 1885년에 완공된 후대의 건물이다. 이곳은 15~17세기 회화 작품 콜렉션이 대단히 좋은 최고의 박물관 중의 하나이며, 특히 렘브란트, 베르메어 등의 걸작 예술품들이 수집되어 있다. 아마도 가장 유명한 작품은 렘브란트의 〈야경대(Nightwatch)〉일 것이다.

명하는 것이 차라리 낫겠다고 생각했다. 그래서 1806년 동생인 루이 나폴레옹을 네덜란드 국왕으로 임명하였다(이 비슷하게 1806년 조셉 보나파르트가 나폴리 왕, 1807년 제롬 보나파르트가 베스트팔렌 왕이 되었다).

그런데 다시 한 번 이상한 일이 벌어졌다. 의외로 루이는 자기 형의 제국적 의도보다도 네덜란드의 이익을 옹호하는 태도를 보인 것이다. 그리하여 앞에서 언급한 스힘멜페닝크의 법안을 실제로 적용하였으니, 그의 시대에 네덜란드 법은 프랑스의 이성적인 방식대로 정리되었고 내용적으로는 네덜란드의 이익을 지키는 것이었다. 독재자에 의해 만들어지고 외국 지배자에 의해 집행된 훌륭한 조치라는 것도 가능하긴 한 모양이다.

나폴레옹 황제는 동생이 하는 짓거리를 이해할 수 없었을 것이다. 그래서 그를 내쫓고 네덜란드를 새로운 체제로 개편하기로 하였다. 루이 나폴레옹은 명목상 국왕이었지 본사에서 파견된 지사장 같은 존재에 불과했던 것이다. 본사의 명령을 따르지 않는 지사장이 파면되듯이 국왕이 파면되어 버렸다!

나폴레옹은 이제는 명분이나 껍데기 치장을 치워버리고 솔직하게 네덜란드를 병합해 버렸다. 이제는 정말로 황제의 의도대로 작동되었다. 네덜란드는 대륙체제(영국을 경제적으로 압박하기 위해서 유럽 대륙과 영국과의 교역을 전면 금지시킨 나폴레옹의 정책)에 강제로 참여하게 되었다. 그러다 보니 무역은 공식적으로는 완전 중단되었고 영국과의 밀수만이 은밀히 이루어지고 있었다. 나폴레옹 법전이 도입되었고, 통일적인 정치제도가 마련되었으며, 법 앞의 평등과 종교의 자유가 보장된 것은 사실이다. 그러나 이렇게 외국인이 부여해 준 자유가 과연 실질적인 자유였을까? 강요된 자유는 자유도 아니다. 무엇보다도 네덜란드 국민들은 프랑스군에 강제 징병되었다. 나폴레옹을 따라 러시아 원정에 참전했던 네덜란드인 1만 5천 명 중 수백 명만이 살아서 돌아왔다. 1813년 라이프치히 전투에서 나폴레옹이 패배하자 온 국민이 환영해 마지않은 것도 당연하다. 1813년 12월 1일 네덜란드는 독립을 선언했다.

오랜 기간 외국의 압제에 시달리다가 해방을 맞이한 네덜란드인들이 첫 번째로 한 정치적 행동은 무엇이었는가? 빌렘 5세의 아들을 국왕으로 선언한 것이다! 이쯤 되면 오라녀 가문에 대한 네덜란드 국민들의 열광적 지지는 사회심리학적 분석이 필요한 정도가 아닐까 싶다. 그는 빌렘 1세가 되었다(스타트하우더가 아니라 국왕으로서는 첫 번째 인물이었기 때문에 1세가 된 것이다). 곧 프로이센군과 신설 네덜란드군이 프랑스의 유제를 청소하는 작업에 들어갔다.

네덜란드 왕국과 자유주의적 개혁

나폴레옹 체제 이후 영국은 프랑스에 강력한 쐐기를 박고 싶어했다. 그 결과로 나온 것이 남북 네덜란드(벨기에와 네덜란드)를 합쳐서 하나의 왕국으로 통합한다는 아이디어였다.

1814년에 새 헌법이 채택되었다. 그리고 벨기에의 거부에도 불구하고 이 헌법안이 통과되었다(8월 24일). 이에 따르면 상원과 하원이 존재하는데, 모두 네덜란드와 벨기에 측이 반씩 차지하는 것으로 되어 있었다. 네덜란드에 비해 벨기에 인구가 7배 많다는 점을 보면 이는 명백하게 불공평한 일이었다.

사실 그동안 남북은 너무나 다르게 발전해 왔다. 거슬러 올라가보면 양국은 분명 하나의 뿌리에서 자라나서 16세기에 갈라져 나왔다. 그러나 300년이 지난 후 쌍둥이 형제는 너무나도 달라져 있었던 것이다.

무엇보다도 경제적 여건이 확연히 달랐다. 북쪽은 상업에 집착해 왔던 반면 남쪽은 공업화를 크게 진행시켰다. 물론 산업혁명 시기에 대세는 공업화였다. 그래서 국왕도 공업화를 강력하게 추진했는데, 그러다 보니 남쪽은 고율 관세정책을 지지한 반면 북쪽은 이에 저항하였다. 또 북쪽의 국가 부채가 너무 커서 그 액수가 12억 5천만 플로린에 달한 반면 남쪽은 2천 5백만 플로린에 불과했다.

게다가 종교적 갈등도 큰 문제였다. 1814년 헌법은 남쪽의 거부로 북쪽에만 적용되었는데, 여기에서는 왕실은 개신교도여야 한다고 못박고 있었다(이 조항은 다음번 헌법에서 삭제되었다). 언어도 갈등 요소였다. 남쪽에서는 네덜란드어권과 불어권이 갈라져 있었다(오늘날에도 벨기에는 두 언어 사이의 갈등이 심한데, 아주 극단적인 경우에는 불어권 소방차가 달려왔다가 그곳이 네덜란드어권이면 불을 끄지 않고 도로 갔다는 일화가 있을 정도이다). 네덜란드의 지배 정권이 불어 사용 국민에게 네덜란드어를 강요하는 것은 극단적인 저항을 불러일으킬 소지가 있었다. 일본어 강제사용과 더 나아가서 창씨개명(創氏改名)을 경험한 우리는 이를 잘 이해할 수 있다.

19세기 유럽은 그야말로 '혁명의 시대'였다. 그리고 혁명의 수도는 파리였다. 이곳에서 혁명이 발발하면 곧 전 유럽으로 그 불똥이 튀었다. 1830년의 7월혁명 역시 마찬가지였다. 시민들이 거리에 바리케이드를 치고 저항하여 끝내 반동적인 정권을 몰아낸 사건은 이웃 벨기에에 큰 영향을 미쳤다. 이 해 8월, 브뤼셀에서 네덜란드의 지배에 항거하는 거센 시위가 벌어졌으며 곧 임시 정부가 들어서고 독립을 선언했다. 네덜란드와 벨기에 양국은 아무리 유사한 환경과 같은 역사적 뿌리를 가졌어도 이제는 하나의 나라로 묶이는 것은 불가능하다는 것이 분명했다. 네덜란드 측은 벨기에에 대해 행정적인 분리를 허용하는 조치를 취했으나, 벨기에가 원하는 것은 완전 독립이었다. 애당초 무리하게 두 나라를 합쳤던 주변 강대국들은 이제 와서는 양국을 분리하려 하였다. 그러나 한번 지배권을 잡은 네덜란드 왕실은 벨기에를 포기하려 하지 않았다. 1831년 6월 26일, 주변 강대국들은 런던 의정서를 통해서 양국 분리를 선언하였고 이에 힘입어 벨기에는 레오폴트를 국왕으로 선출하였다. 그리고 프랑스 군대가 진입해서 빌렘의 군대를 밀어붙였고, 1832년에는 앤트워프를 점령하고 해안 지역을 봉쇄했다. 그 다음해인 1833년에 들어가서야 이러한 군사적 상황은 진정 국면에 들어갔다. 빌렘 국왕은 그 후로도 오랫동안 벨기에의 분리에 반대하였으나, 1839년에 가서 드디어 분리를 공식화하였다.

1840년에는 코미디 같은 일이 벌어졌다. 빌렘 국왕은 전 부인과 사별하였는데, 다시 결혼하기 위해서 왕위를 양여하려고 한 것이다. 그런데 그 대상인 우트르몽(Oultremount)이라는 백작부인은 벨기에인이었고 가톨릭 교도였다. 세기의 로맨스라고 부를 만했지만 때가 별로 좋지 않았던 것이다. 언론이 그냥 두지 않고 강력하게 비판한 것은 물론이다. 그리하여 국왕이 사임하고 그의 아들 빌렘 2세가 왕으로 등극하였다.

네덜란드는 산업화에 뒤쳐져 있는 대신 정치적 자유는 증대하였다. 그 결과 '혁명의 해'인 1848년에 각국이 다시 한 번 혁명으로 몸살을 앓는 때에 네덜란드는 비교적 평화롭게 입헌민주제 국가로 발전할 수 있었다. 다시 한 번 혁명의 수도 파리에서 일어난 2월혁명을 보고 빌렘 2세는 빨리 스스로 변신하는 것이 현명하다고 판단하였다. 그 자신의 말대로 국왕은 24시간 만에 자유주의자로 변신하였다.

이 해에 만들어진 새 헌법은 중간층에 더 많은 정치적 권한을 허용한 대단히 자유주의적인 것이었다. 그 주요 내용은, 제2원(하원)과 시의회 의원들은 일정 액수의 세금을 내는 시민들에 의한 직선을 통해서 선출되며, 그 의원들의 임기는 4년이고 2년마다 정원의 절반을 교체 선출하고, 제1원(상원)은 주 의회에서 임명하고 임기는 9년인데 3년마다 3분의 1씩 교체 선출하며, 의회가 각료에게 질의할 권한을 갖고 각료는 의회에 대해 책임을 진다는 등의 내용이다. 이전에는 국왕이 제1원 의원을 임명하고 그 임기는 종신이었으며, 각료는 의회가 아니라 국왕에게 책임을 지는 것으로 되어 있었다는 점을 볼 때 정말로 큰 정치적 변화라고 할 만했다. 이 시대의 정치적 발전의 정도로 보면 국왕이 중심이 되는 입헌군주정 정도만 해도 상당한 발전이라고 할 수 있을 터인데, 네덜란드에서는 의회가 정치적 중심 역할을 하는 입헌군주정으로 나아간 것이다. 어쩌면 당시 네덜란드의 여건을 놓고 볼 때에는 과도하게 자유주의적이라는 평가를 받을 정도였다.

이런 변화에 반대한 인물은 왕세자 빌렘 3세였다. 아버지가 국왕의 권력을 마음껏 줄여놓는 것을 보고 가슴이 에이는 슬픔을 느꼈을 것이다. 그 슬픔이 어찌나 큰지 자신은 왕위계승을 포기한다고 선언하고, 이 사실을 언론에 공표하라고 큰소리쳤으나 그의 아버지가 이를 금지시켰다. 그런데 정작 1년 후 아버지가 사망하자 왕세자는 내가 언제 그랬냐는 듯이 왕위에 올랐다. 그러나 그의 성향이 어떻든 간에 그가 직면한 것은 요한 루돌프 토르베케(Johan Rudolf Thorbecke) 내각이었다. 그는 바로 1848년에 그 시대 다른 어느 곳보다 더 자유주의적인 헌법 제정을 주도했던 인물이었다. 국왕과 토르베케 수상은 불과 얼음처럼 융합하기 힘든 관계였다. 그런데도 그는 모두 세 번에 걸쳐서 수상을 역임했다(1849~53, 1862~66, 1871~72).

토르베케는 독일, 벨기에, 네덜란드 등지의 여러 대학교에서 역사학과 법학을 연구했던 교수 출신으로서, 그가 평소 가지고 있던 신념대로 자유주의적 개혁을 추진했다. 항해법, 소비세 폐지, 운하망 정비 등을 통해 자유무역을 촉진했고, '학교투쟁'(아래 참조)에서는 중립적인 학교 운영을 선호했다.

그러나 토르베커의 1차 정권은 1853년 가톨릭 교회 문제 때문에 붕괴되었다. 교황 피우스 9세가 네덜란드에 5개의 새로운 주교구를 만들려고 하였는데, 이에 대해 개신교 측이 심하게 반대하였다. 이들은 가톨릭의 세 확대에 반대하는 서명운동을 벌여서 5만 명 이상의 서명을 받아내고는 이를 국왕에게 전달하였다. 자유주의자 토르베커는 가톨릭 교회에 대한 정부 통제를 없애야 한다는 소신을 가지고 있었는데, 국왕이 서명운동을 계기로 개신교 측의 편을 들려고 하자 사표를 제출한 것이다. 눈엣가시 같던 토르베커가 사표를 내자 국왕은 흐뭇한 마음으로 이를 수리하였다.

그러나 토르베커는 두 번 더 내각을 이끌었다. 1862년에 노예제 폐지 문제가 심각한 사회·정치적 쟁점이 되었을 때 빌렘 3세가 그를 다시 부른 것이다. 토르베커는 노예제 폐지를 관철시켰다. 그러나 1866년 자바에 도입된 봉건적 강제노역체제를 없애려다가 반대에 부딪히자 사퇴해 버렸다(제2부 제6장의 '경작체제' 부분 참조).

2차 토르베커 내각이 무너지던 무렵 유럽의 정치 상황은 심각하게 돌아가고 있었다. 특히 프랑스와 프로이센 사이에 전운이 감돌고 있었다. 이 상황에서 빌렘 3세가 그의 영지로 되어 있던 룩셈부르크를 프랑스에 매각하려고 하자 프로이센의 비스마르크가 제동을 걸었고, 열강이 달려들어서 룩셈부르크를 중립국으로 만들어 독립시켰다. 그러더니 1870년에는 기어이 프랑스와 프로이센 사이에 전쟁(보불전쟁)이 발발했다. 네덜란드는 만일의 사태에 대비해서 동원령을 내렸다. 이런 국가 위기 상황이 되자 빌렘 국왕은 다시 토르베커를 불러서 조각을 의뢰했다(1871). 그는 가장 급한 문제인 동원령의 개선안을 마련하다가 다음해

사망하였다.

19세기 후반의 경제적 변화

19세기에 네덜란드의 경제 상황은 극도로 열악한 수준이었다. 17세기에 암스테르담을 정점으로 하는 네덜란드 경제가 유럽 최고 수준에 올랐으며 당시 전세계에 걸친 식민지를 소유한 경제 대국이었던 것과 비교해 보면 무상함이 느껴질 정도이다. 17세기 후반부터 네덜란드 경제는 헤게모니를 잃고 후퇴의 길을 걷고 있었다. 물론 18세기 이후 이 나라 경제가 한 순간에 몰락한 것은 아니었다. 다만 영국이나 프랑스처럼 경제력이 상승하는 다른 국가들에 비해 '상대적으로' 뒤쳐지기 시작했다고 할 수 있다.

어쩌면 이 나라는 너무 일찍 성공한 경험이 스스로의 덫이 되었는지도 모른다. 전성기인 17세기의 상황에 대해 '후대의 관점에서 되돌아보면(이런 평가가 옳지 않을 수 있지만)' 여러 약점을 안고 있었다. 비록 공업이나 농업 분야도 다른 국가에 비하면 생산성이 높았지만 기본적으로 이 나라의 경제는 상업의 비중이 너무 컸다. 그리하여 이 다음 시기에 경제 발전의 관건이 공업화가 되었을 때에도 여전히 과거 성공의 궤적을 이어가고 있었던 것이다. 이것은 벨기에와 비교해 볼 때 분명히 드러난다. 예전에는 남부의 벨기에보다는 북부의 네덜란드가 경제적으로 훨씬 앞서 있었지만 산업혁명 시기에 이르자 벨기에는 유럽 대륙에서 가장 앞선 공업국의 하나가 된 반면 네덜란드는 그렇지 못했다. 국내 투자처가 마땅치 않자 유휴 자본은 외국에 투자되었다. 네덜란드 자본은 경쟁국이라 할 수 있는 영국에 흘러들어가서 영국의 공업화에 상당한 기여를 하였다.

이것은 네덜란드 경제가 '국민경제' 단위로 조직화되기보다 도시 중심 경제의 성격을 강하게 띠고 있던 것과도 관련이 있다. 이 점에서 네덜란드 경제의 약화는 정치 현상과도 맞물려 있었다. 근대사에서 강국으로 발전하려면 국민국가로의 응집성을 강화시키고 그 단위로서 경제력을 확보하여야 한다. 17세기 암스테르담 위주의 상업 및 금융 중심의 번성은 이런 점에서 볼 때 완전한 의미의 근대 경제로 진입하기 이전 방식, 즉 베네치아나 세비야의 경제와 같은 '도시경제' 방식이 극도로 번영한 상태라고 볼 수 있다.

18세기 말이 되면 네덜란드 경제는 더더욱 활력을 잃었다. 식민지로부터의 수익도 떨어져서 동인도회사는 사실상 파산하였다. 여기에 프랑스의 침입은 산업 기반을 철저히 파괴해 놓았다. 이렇게 되자 이 나라는 단지 상대적인 의미가 아니라 절대적인 빈곤 상태가 되어서, 유럽의 최빈국인 아일랜드와 유사한 수준으로 떨어졌다. 산업혁명이 한참 진행중인 영국이나 벨기에, 프랑스와 비교하면 이 나라는 가난한 농업국이 되어 있었다. 새로 구성된 왕국이 긴히 필요로 하는 자본은 새로 재편된 인도네시아 식민지에 대한 착취에 의존하고 있었다. 이것이 19세기 전반기 상황이었다.

전환점은 토르베커 시대였다. 그의 시대는 자유주의적 정치체제가 자리잡는 시기인 동시에 네덜란드 경제가 19세기 후반에 이륙하는 발판을 만드는 시기이기도 했다. 이때 상업이 되살아나고 국가 채무도 많이 줄었다. 무엇보다도 철도 붐이 일었으며 전기 및 통신용 전신주가 세워졌다(이 양자는 흔히 함께 일어나는 일이다. 철도를 따라 전신주가 세워졌기 때문에 열차를 타고 가다보면 차창 밖으로 전선이 줄곧 기차를 따라오는 것이 '근대적' 풍경이 되었다). 국가 경제 전체가 서로 소통할 수 있는 인프라인 철도망과 전신망(그리고 여기에 더해서 이 나라의 특징인 운하망)의 형성은 본격적인 근대화의 시작에서 핵심 사항이었다. 그리고 네덜란드의 특징적인 사업으로서 증기기관을 이용해서 할렘 호수를 간척하는 거대한 프로젝트를 수행한 것도 이 시대의 일이다(1849~51).

이런 준비 끝에 19세기의 4/4분기에는 네덜란드의 경제와 사회가 크게 변모하기 시작했다. 여기에는 무엇보다도 독일의 영향이 컸다. 비스마르크의 철혈정책으로 인한 독일 통일의 여파가 이웃 나라에 직접 전해져 왔다. 유럽 동쪽에 거대한 국민국가가 건설되고 그곳에서 다른 어느 곳보다도 빠른 공업화가 진행되고 있다는 것은 이제 막 근대화를 시작하고 있던 네덜란드에게 더 이상 좋을 수 없는 기회를 제공했다. 오늘날에도 그렇지만 네덜란드는 유럽의 관문 역할을 하고 있었고 특히 라인강을 통해서 독일과 바로 연결되었다. 독일 서부의 루르 지역이 가장 빨리 공업화가 진행되는 곳인 만큼 이곳과 상업적 연결을 가지면서 공업화의 연계 효과를 누리는 것이 네덜란드 경제의 활로를 열어주었다.

학교와 사회적 기둥

19세기에 일어난 네덜란드의 정치적 · 경제적 변화는 이 나라 사회의 구성 원리에 근본적인 영향을 미쳤다. 우선 19세기 초에 있었던 프랑스의 지배는 이 나라 정치에 혁신적인 변화를 가져왔다. 민중계급과 중산층이 각각 정치세력으로 전면에 나서서 거리에서 충돌하였고, 프랑스혁명의 이념이 유입되어서 비록 '왕국'이라는 낡아 보이는 틀 속에서나마 점차 자유주의 체제가 확대되어 갔다. 여기에 19세기 후반에 산업화가 진행되면서 노동계급이 형성되어 갔고, 사회와 경제적 삶의 양태가 전체적으로 변화해 갔다. 한적한 시골이 시커먼 연기를 내뿜는 공장 지대로 바뀌어가는 이런 상황은 어디에서나 사람들의 삶을 뿌리에서부터 흔들어놓게 마련이다. 농촌 지역은 황폐해지고 도시에는 빈민들이 몰려들어 뿌리뽑힌 사람들의 빈민촌이 생겨나는 시대……. 이런 상황에서 사람들은 어디에서 안전을 구할 수 있을 것인가.

여기에 필요한 답을 제시한 사람 중의 하나가 목사 출신의 정치가 아브라함 퀴이퍼(Abraham Kuyper)였다. 그가 제시한 답은 다름아닌 칼뱅주의였다. 급격한 변화의 시대에 오히려 가장 낡고 전통적인 답을 내놓은 것이다. 그에 걸맞게 그가 창건한 정당 이름도 '반(反)혁명당'이었다. 프랑스혁명과 산업혁명이라는 시대의 큰 흐름이 사람들을 불안하게 할 때 시대착오적으로 보이는 저 먼 과거의 유산을 다시 꺼내서 제시하는 것이 어떤 의미가 있을까?

그러나 퀴이퍼의 칼뱅주의는 16세기의 칼뱅주의가 아니라 19세기의 칼뱅주의라는 점을 잘 인식해야 한다. '믿음'을 통해 이 불안한 시대에 우리 삶의 근거를 만들되 그 틀은 사람들의 자치를 통해 이뤄져야 하고 또 그것을 국가 제도를 통해서 보장해야 한다는 것이다. 이것이 곧 각 집단별로 삶의 지주(支柱)를 가진다는 원리로 발전하게 된 단초이다.

당시 진보적인 자유주의와 퀴이퍼의 반혁명주의가 충돌한 것은 학교교육 문제에서였다. 우리 사회도 그렇지만 교육 문제는 교육 분야 하나만의 문제가 아니라 국가와 사회의 핵심에 가 닿는 문제이다. 그런데 퀴이퍼의 생각으로는 국가가 주도하는 하나의 교육 체계를 강제로 시행한다는 것은 그가 증오하는 자유주의 확산의 중심 기제였다. 그의 주장에 따르면 기독교 원리가 중요하다고 믿는 사람들은 그들의 자식들에게 그들이 원하는 바대로 기독교 교육을 시킴으로써 기독교 미덕에 따른 삶을 살게 해야 한다는 것이다. 쾨이퍼 자신은 물론 칼뱅주의를 염두에 두고 이런 주장을 한 것이지만(이런 원칙에서 그는 1880년에 암스테르담 자유대학을 설립하였다), 그렇다고 전 국민 모두가 칼뱅주의 교육을 받아야 한다고 주장하는 것은 결코 아니다. 가톨릭 신자들은 그들 나름대로 그들의 교육기관을 두어서 교육을 하면 될 것이고 또 다른 삶의 원리를 가지고 있는 집단이라면 그들 자신의 교육을 시킬 권리를 인정하자는 것이다. 요는 국가가 일률적인 방식으로 일률적인 내용을 가르치는 것에 대해 반대하고, 각 집단이 자신이 생각하기에 올바른 교육을 시킬 수 있도록 보장해야 한다는 것이다. 이 원칙이 더 확대되면 각 집단은 자신의 삶을 스스로 조직할 권리를 보장받아야 한다는 것이 된다. 다시 정리하면 국가는 주민들에게 미리 정해진 방식의 삶을 살라고 강요할 것이 아니라 각 집단이 자유롭게 자기 원칙을 정해서 살아갈 수 있도록 큰 틀을 만들기만 하면 되는 것이다.

학교교육 문제는 19세기 내내 네덜란드 사회를 달구어놓았고 그 논쟁의 결과가 바로 오늘날까지도 그대로 이어지고 있다. 학교교육에 관한 변천사를 보면 그 자체로는 교육 분야에 국한된 문제로 보이면서도 더 넓게 이 사회의 성격 변화, 갈등의 변화를 어느 정도 짚어볼 수 있다.

1806년 바타비아 공화국 시절의 반 덴 엔데(Van den Ende) 법에서는 시가 운영하는 공립학교에서 기독교 원칙에 근거한 교육을 하되 신교와 구교 중 어느 하나로 치우쳐서는 안 된다고 천명했다. 특수(bijzondere) 학교, 특히 사립 종교학교에 대해서는 그 설립이 이론상 가능하지만 시가 설립 허가를 거의 내주지 않으므로 사실상 금지한 것이었다.

근대 민주주의의 시작이라는 1848년 헌법 이후 이 문제와 관련된 갈등이 본격적으로 불거졌다. 가톨릭 신도들이 들고일어난 것이다. 이들은 가톨릭 학교 설립 허가를 요구했는데, 이는 종교전쟁의 조용한 재연이라 할 만했다. 이를 두고 학교전쟁(Schoolstrijd)이라고 부른다. 1825년에 가톨릭계 의원 레오폴드 반 사세 반 이셀트(Leopold van Sasse van Ysselt)는 교육의 자유를 달라는 연설을 했는데, 이때의 자유란 가톨릭 신도들이 가톨릭 학교에서 가톨릭 원칙을 배울 자유를 의미했다. 토르베커는 이 자유를 인정해야 한다는 신념을 가지고 있었지만 '자유주의자'들은 여기에 반대했다. 이때의 이 자유주의자들, 19세기 중엽의 자유주의자들이란 민중이 아니라 지식인들로서, 지방적 · 국지적인 이해보다는 국민적 · 민족적 이해를 위한 보편적인 선(善)을 지향해야 한다는 주장을 했다. 이들의 주장에 따르면 모든 학생들이 그들의 종교와 상관없이 학교에서 지식을 배워야 하며, 학교에서 어떤 하나의 종교를 가르칠 것이 아니라 학생 스스로 종교에 대한 자신의 생각을 정리하도록 배워야 한다는 것이다. 말이야 맞지만 실제로는 가톨릭 학교가 없는 상황에서 개신교도들이 계속 수의 우위를 차지하는 것이 당연하고 결과적으로는 가톨릭에 비해 신교 측에 유리하였다. 따라서 신교도들은 이 논리에 찬성하였다.

19세기 중엽이 지나면서 갈등은 더욱 악화되었다. 교황 칙서 '콴타 쿠라(Quanta cura, 1864)'와 네덜란드 주교들의 1868년 포고는 가톨릭 교도들에게 공립학교에 다니지 말라고 권고하는 내용이었다. 그러자 개신교 정당은 개신교 학교만 설립하고 국가가 여기에만 지원해야 한다는 주장을 펴기에 이르렀다.

신교와 구교 간의 갈등이 주된 내용이었던 이 문제에서 큰 전환이 이루어진 계기는 1878년 카페이네(Kapeyne) 교육법이었다. 그 핵심 내용은 학교 운영의 기준을 크게 높인 것이었다. 그 결과 학교 운영에 많은 비용이 들게 되었고 따라서 가톨릭 학교만이 아니라 개신교 학교들 역시 위협을 느끼게 되었다. 신교와 가톨릭 양측 모두 국가가 학교 운영에 필요한 비용을 지원해야 한다고 요구하였다. 이제는 '설립 허락'이 문제가 아니라 국가의 '재정 지원'이 문제가 된 것이다. 학교 운영비를 국가가 대라는 점에 대해 쾨이퍼는 개신교 측 30만 명의 서명을 받았고, 스하프만(Schaepman)은 가톨릭 측 16만 명의 서명을 받았다. 이렇게 양측의 요구가 일치하자 이제까지 원수처럼 지내온 양 교파가 연합해 국가에게 지원을 요청하는 압박을 가하게 되었다. 이 연합은 1885~1925년 동안 정부를 통제하였다.

이후에는 여러 내각들이 차례로 국가의 지원을 늘려갔고 드디어 1920년 드 비서(De Visser) 교육법은 국가가 그 어떤 학교이든 재정을 지원할 것을 약속하기에 이르렀다.

국가는 학교의 시설, 학급 규모, 교과목, 교사의 자질, 시험 등에 대한 기준을 제시하지만, 어떤 교재를 쓰라든가, 혹은 어떤 교사를 임용하라고 할 수는 없다. 국가는 학생들이 네덜란드어를 읽고 쓸 수 있어야 한다고 주장할 수는 있으나 어떤 책을 보면서 그것을 배우라고 말할 수는 없는 것이다. 학부모의 입장에서는 자기 아이를 어떤 학교든지 보낼 권리를 가진다. 그리고 학교 입장에서는 아이들을 유치해야 정부의 지원 하에 학교를 유지할 수 있고 일정한 수의 학생이 오지 않으면 문을 닫는다는 점에서 일종의 시장법칙이 작용하는 셈이다. 오늘날에는 종교 학교만이 아니라 다른 교육방법을 주장하는 학교들도 이런 국가 지원을 이용한다. 이 규칙대로라면 예컨대 최근 우리나라에서 시도되고 있는 여러 대안학교들도 일정한 수의 학생이 모이고 규정된 자격조건이 충족되면 학교를 설립할 수 있고 이에 대해 국가가 재정적으로 책임져야 한다.

노동 문제와 투표권 확대 문제

19세기 후반 이후 제기된 또 하나의 문제는 노동 문제이다. 노동 문제는 산업화의 진행에 따라 필연적으로 발생하지만 네덜란드에서는 다른 나라에 비하면 갈등이 덜한 편이었다. 네덜란드의 산업화가 상당히 늦어서 이런 문제 자체가 뒤늦게 나온 것이다. 그러나 19세기 말이 되면 다른 유럽 국가들처럼 네덜란드에서도 열악한 노동 조건으로 인한 사회 문제들이 심각한 지경에 이르렀다. 1870년 이후 19세기 말까지 노동계층의 비중이 전체 인구 가운데 25퍼센트에서 33퍼센트로 확대되었다. 20세기 초에 드디어 이 갈등이 폭발하였는데, 1903년 암스테르담의 부두 노동자와 철도 노동자의 연대 파업이 대표적이다. 이로 인하여 암스테르담의 교통이 마비될 정도로 막강한 노동자의 힘을 과시하였다. 그러자 당시 집권세력인 쾨이퍼 내각은 이를 억압하기 위한 조치를 취하고 소위 '목조르기' 정책을 추진하였다. 그 내용은 파업 참가자를 처벌하고 비참가자를 보호한다는 것이었다. 그리고 이에 항의하는 철도 노동자들을 대량 해고해 버렸다. 이 사건을 거치면서 사회민주당 계열에 실망한 노동자들은 그들 나름의 조직을 강화해 나갔다. 우선 1906년에 네덜란드 노동조합연맹을 조직했고, 1909년에는 네덜란드 공산당을 조직했다.

그런데 여기에서 특기할 만한 현상이 벌어졌다. 원론적으로 이들은 사회 전체를 향한 개혁 프로그램을 제시해야 했다. 그러나 이미 쾨이퍼 식의 지주화가 주류가 되자 사회주의라는 것 역시 그 지주화의 틀 속에 한 기둥이 되고 말았다. 그들의 세력이 미약했기 때문에 어쩔 수 없이 쾨이퍼의 원칙을 수용하지 않을 수 없었던 것이다. 그리하여 칼뱅주의라는 기둥, 가톨릭이라는 기둥과 함께 사회주의라는 기둥이 형성되었다. 말하자면 쾨이퍼의 원리는 종교만이 아니라 정치 강령, 노동조합, 문화단체 등에 이르기까지 사회 전체로 확대되어서 이 나라 사회의 삶의 기본 조직원리가 되기 시작했다.

19세기 내내 중요했던 또 하나의 정치적 이슈는 투표권 확대 문제였다. 원래 투표권 확대를 주장하던 사람들은 자유주의자들이었다. 그들의 의도는 반종교적인 성향이 강했다. 그들이 원하는 것은 종교인사들의 영향을 적게 받는 도시민들의 투표권 확대였기 때문이다.

1798년 헌법에서는 20세 이상, 일정한 조건을 만족시키는 사람(예컨대 스타트하우더에게 충성을 서약한 사람)들에게 투표권을 주었으나, 1814년 헌법은 오히려 이보다 한참 후퇴하였다. 이때의 것은 소위 센서스 방식이었는데, 세금을 낸 액수와 교육 정도를 감안하여 투표권자를 미리 정하는 것이었다. 1848년 토르베커의 헌법 수정안은 이 체제를 유지하였지만 대신 투표권자를 사실상 크게 확대하여서, 투표권자가 5만 5천 명에서 10만 명이 되어 총인구의 3.5퍼센트가 되었다. 이것은 현재의 관점에서 보면 극소수 시민만이 투표권을 가진 것이라서 도저히 민주적 혹은 자유주의적이라는 이름을 붙이기 힘들 정도이지만 당시로서는 그나마 투표권자층이 상당히 확대된 것이며, 또 앞으로 더욱 확대될 가능성을 보여주는 일이었다.

그러나 투표권 확대에 대한 반대도 대단히 컸다. 예컨대 1878년에 카페이네 수상은 미국의 사례를 예로 들면서 투표권이 확대되면 엄청난 뇌물, 폭력, 사기가 판친다고 주장하였다. 그럼에도 불구하고 실제로 투표권은 계속 확대되어 갔다. 남성 투표권자의 비율은 1887년에 29퍼센트, 1896년에 49퍼센트가 되었는데, 이는 교육과 경제 확대의 자연스러운 결과였다. 1916년에는 이 비율이 70퍼센트가 되었고, 1917년에 가면 모든 남자가 투표권을 확보했으며, 드디어 1922년 여성들도 투표권을 가지게 되었다.

역설적으로 투표권 확대의 결과로 패배한 것은 자유주의자들이었다. 사실 투표권의 확대를 필요로 한 것은 보수주의자인 쾨이퍼로서도 마찬가지였다. 자신의 주장을 지지하는 사람들은 결국 엘리트보다는 중하층민이었기 때문이다. 아닌게 아니라 투표권이 확대되자 국민들은 종교정당들을 선택하였다. 이 정당들은 20세기 내내 권력을 잡았는데 이 현상은 1994년 '자주색 정권(제2부 제8장 참조)'이 성립될 때까지 지속되었다.

그리하여 19세기 말부터 20세기 초반에 이르는 기간 중에 네덜란드는 소위 지주화라는 원칙이 정립되기에 이르렀다. 사람들은 자신의 신념에 부합되는 집단 속에서 전적으로 자기 삶을 영위한다. 예컨대 칼뱅주의자들은 칼뱅주의 학교 교육을 받고, 칼뱅주의 신문 · 방송을 보고 들으며, 그들끼리 모여 살고, 그들만의 문화 · 스포츠 클럽에 가입한다. 이런 것들이 그들의 삶의 기둥이 되는 것이다. 한편 다른 신념을 가진 사람들은 그들의 삶의 기둥을 따로 가진다. 그렇다면 서로 다른 집단들(혹은 기둥들) 간에는 어떻게 지내는가? 답은 관용과 합의(consensus)이다. 서로가 서로를 인정하며 평화롭게 공존하는 것이다. 그리고 이 전체를 포괄하는 큰 틀인 국가 운영에서는 서로 협력한다.

이 원칙은 20세기에 들어와서 내용적인 보충을 해 나갔다. 그 최종 도달점은 복지국가이다. 네덜란드에서 기아와 궁핍은 사라져갔다. 사람들은 사회적 안전망 속에서 살게 되었다. 이것은 분명 해방의 의미로 받아들일 수 있으나, 그것은 개인의 해방이 아니라 집단적인 해방이었다. 이런 체제를 유지 · 발전시킨 점에서 19세기의 유산은 20세기 후반까지 오래 영향을 미쳤다.

제8장

평화와 풍요의 실험들

대격변의 20세기

■ ■ ■ 20세기 이후의 네덜란드 역사를 어떻게 이해해야 할까? 우선 이 나라의 역사를 따로 떼어서 이해할 수 있는 부분이 있고 이 나라를 포괄하는 유럽사나 세계사 속에서 파악해야 할 부분이 있다는 점을 먼저 지적해 두자. 두 번의 세계대전은 유럽 대륙 전체에 엄청난 피해를 가져왔다. 그리고 제2차 세계대전 이후 냉전 시대에는 유럽 대륙 전체가 미국과 소련의 영향권으로 재편되었다. 이런 국제관계 속에서 네덜란드 내부적으로는 심대한 사회적 변화를 겪었다. 20세기는 워낙 대격변의 시대여서 20세기 초와 20세기 말을 비교해 보면 거의 별개의 행성을 보는 듯하다. 그 가운데에서 가장 큰 변화의 시점을 들라면 아마도 1960년대라고 해야 할 것 같다. 얼핏 생각하면 제2차 세계대전과 나치의 점령이 사회 전체를 변화시키는 거대한 충격을 주었을 것으로 예상하기 쉬우나, 이것은 파괴적이기는 했지만 구조적인 변화를 가져오지는 않았다. 오히려 근본적이고 구조적인, 혹

은 본질적인 변화는 차라리 1960년대의 혁명이라고 보아야 할 것 같다. 그 내용은 지주화의 붕괴와 새로운 사회 원칙의 정립일 것이다. 그리고 그런 내적인 변화는 다시 유럽의 전체 구조의 변화라는 큰 흐름과 맞물려 있다.

전쟁과 위기

19세기 후반부터 네덜란드는 고립주의와 중립정책을 추진하고 평화주의를 표방했다. 이는 강대국에 둘러싸인 나라로서는 어쩔 수 없는 선택이었다. 그 결과 군사적인 측면은 더더욱 등한시하게 되었다.

제1차 세계대전 때에는 다행히 독일이 네덜란드를 직접 공격하지 않았다. 독일의 원래 계획인 슐리펜 작전은 남부 네덜란드 지방을 통과하여 벨기에를 공격한다는 것이었으나 마지막 순간에 작전 내용이 바뀌었던 것이다. 네덜란드로서는 가까스로 중립을 지키게 되었다. 참전국들이 네덜란드의 독립을 인정한 이유는 첫째, 네덜란드의 뒤편에 영국이 버티고 있다는 점, 둘째, 독일 입장에서 차라리 네덜란드가 존재하면 이것이 일종의 방어막이 될 수 있으며 또한 독일에 경제적 이익이 될 수 있다는 점 때문이었다.

그러나 중립을 지킨다고 해서 이 나라가 정말로 전쟁과 무관하게 초연히 있을 수는 없었다. 우선 주변 국가들로부터 대규모의 피난민들이 들어왔다. 벨기에, 독일, 프랑스의 피난민들이 유입하여 네덜란드는 많은 비용을 지출했으며(3,700만 길더의 비용이 들었다고 추정된다), 자칫 전쟁에 끼어들어갈 뻔했다. 게다가 전쟁 말기에 독일 황제 빌헬름 2세가 네덜란드로 망명해 왔다. 전후 협상국들이 네덜란드에 독일 황제를 인도하라고 요구했으나 네덜란드는 이를 끝까지 거부했다. 잘못하면 독일과의 마찰이 커질 우려가 있었기 때문이다. 이런 문제들 때문에 네덜란드는 전후 상당히 곤경을 겪었다.

제1차 세계대전 이후 네덜란드는 큰 변화보다는 보수적이고 안정적인 방향의 정책을 추구하였고 조용한 가운데 사회 변화를 이루어갔다. 학교 문제나 선거권 확대 문제 같이 19세기 이래 진행되어 온 변화의 요구를 수용하고 이를 완수하는 일에 매진한 것이다. 그리고 이렇게 함으로써 종교 갈등과 사회적 갈등을 흡수하여 갔다. 이때의 큰 원칙은 사회의 여러 세력들이 모두 그들의 주장을 펼 수 있도록 해준다는 것이었다. 그리고 그렇게 하기 위해서는 최종적으로 정치적 해결이 필요하였는데 이는 군소 정당들의 출현으로 귀결되었다. 이것은 1917년 헌법 개정으로 비례대표제를 도입함으로써 확립되었다. 이와 같은 사회 · 정치적 정비 작업은 안정적이고 지속적인 경제성장으로 이어졌다. 호경기가 당분간 이어진 것이다. 그러나 그 기간이 그리 길지는 않았다. 세계 대공황의 충격이 네덜란드 경제에 미쳐왔던 것이다.

네덜란드의 수출은 독일 및 일본과의 경쟁에 밀렸다. 당시 국제적인 저가정책은 특히 네덜란드에 불리하게 작용하였으며, 독일의 자급자족 추구정책 역시 악영향을 미쳤다. 이를 타개하기 위해 네덜란드는 1933년부터 보호주의 정책을 폈다. 그러나 이미 높아진 고임금이 불리한 요소로 작용하였다. 게다가 무모한 금본위제도 고집으로 경제가 풀리지 않았으며, 특히 실업률이 엄청나게 높아졌다. 네덜란드는 1936년에 가서야 유럽에서 가장 늦게 금본위제를 폐기하였는데, 화폐가치가 22퍼센트 절하된 다음에야 비로소 실업률이 낮아졌다. 그러나 이렇게 경제가 겨우 안정되려고 할 무렵 다시 한 번 세계대전이 발발함으로써 네덜란드는 또다시 극심한 파괴를 당하였다.

제1차 세계대전과는 달리 제2차 세계대전 때에는 네덜란드는 독일의 직접 공격을 받고 점령당하였다. 영국과 프랑스를 공격해야 하는 독일은 그 중간에 끼인 네덜란드를 그냥 둘 수 없었던 것이다.

1940년 5월 10일 나치가 선전포고도 없이 공격을 시작하였다. 며칠 뒤인 5월 14일 로테르담이 나치 공군의 폭격을 당해서 항구시설과 정박 중인 선박들까지 완전히 파괴되었다(나치 독일에 의해 한 번, 그리고 다음에는 연합군에 의해 또 한 번 폭격을 맞은 로테르담은 옛 건물들이 많이 파괴되었으며 그 결과 오늘날 네덜란드에서 가장 현대적인 대도시가 되었다. 로테르담 중심가는 마치 뉴욕 같다). 네덜란드는 곧바로 항복하였다. 빌헬미나(Wilhelmina) 여왕을 비롯한 왕실과 정부는 영국으로 피난을 가서 임시 정부를 구성하였다.

히틀러의 친구인 자이스-인크바르트(Seyss-Inquart)가 나치 하 네덜란드 정부 수반(Reichskommissar)이 되었다. 그는 오스트리아 나치즘의 주도적 인물로서 오스트리아와 나치 독일의 합방을 사실상 주관했고, 폴란드의 총독을 거쳐서 네덜란드의 나치 지배를 담당하게 된 것이다. 그는 나중에 뉘른베르크 전범재판에서 유죄 판결을 받고 사형당했다.

독일은 처음에 네덜란드에 대해 조심스러운 점령정책을 폈는데, 그 이유는 이 나라를 같은 게르만계 형제 민족으로 취급하였고 그래서 이 나라가 나치즘에 동조하리라고 기대했기 때문이다. 그러나 결과적으로 이 정책은 전혀 먹혀들어가지 않았다. 네덜란드에도 나치가 있긴 했으나 큰 세력이 되지는 못했다. 이 나라는 산업화 및 그로 인한 갈등이 다른 나라에 비해 덜했고, 20세기 초반의 경제 상황도 무난한 편이어서 갈등이 그렇게 심하지 않았던 데다가 무엇보다도 네덜란드인들의 태도가 전통적으로 관용적이어서 극히 배타적인 독일식 국가사회주의는 이 나라와 맞지 않았기 때문이다. 따라서 1941년 이후 나치 독일은 이전의 우호적인 점령정책을 포기하고 억압적이 되었다. 이에 맞서 네덜란드 국민 역시 저항하였다. 1941년에 나치의 반유대정책에 항의하는 파업이 진행되었다. 네덜란드 공산당(Communistische Partij Nederland, CPN)의 주도하에 암스테르담 철도 노동자들이 앞장서고 다른 업종들이 동조하였다. 학교도 텅텅 비었다. 네덜란드 경찰들도 전혀 이를 단속하지 않아서 나치의 SS부대가 이를 진압해야 했다.

이것이 네덜란드의 반(反)나치 투쟁을 이야기할 때 흔히 거론하는 사례이다. 그러나 네덜란드인들은 정말로 영웅적으로 점령 세력에 저항하며 싸웠을까? 최근의 연구들이 밝히는 실상은 매우 충격적이다. 1941년 파업은 아주 예외적인 사건에 불과했으며 네덜란드인들은 전체적으로는 오히려 나치에 순응적이었다. 그 결과 다른 어떤 나라에서보다도 유대인들의 피해가 컸다. 네덜란드 유대인 중 75퍼센트가 죽었는데, 이것은 유럽 국가들 가운데 가장 높은 비율이다(심지어는 독일보다도 높다!). 벨기에와 노르웨이 40퍼센트, 프랑스 25퍼센트, 이탈리아 20퍼센트, 덴마크 2퍼센트와 비교해 보라! 유대인 중 끝까지 숨어서 화를 피한 비율은 네덜란드보다 그 악명높은 폴란드가 오히려 더 높은 정도이다.

도대체 왜 이런 결과가 빚어진 것일까?

여기에서 네덜란드 지주제의 강점과 약점이 명백하게 드러난다.

사실 네덜란드는 지정학적인 여건상 주변 강대국의 침략을 자주 받았다. 그 중에서도 역사상 가장 큰 외국 세력의 점령과 지배로는 16세기에 알바가 지휘하는 스페인 군대의 점령과 히틀러의 점령을 거론한다. 그런데 그렇게 강한 점령 세력이 그토록 폭압적으로 자신의 체제를 강요했어도 네덜란드의 체제는 변화하지 않았다. 나치의 지배 역시 긴 시간대로 보면 한 번의 폭풍우와도 같아서 피해는 엄청났지만 폭풍우가 지나가자 네덜란드는 예전의 모습으로 되돌아갈 수 있었다. 19세기 말부터 형성된 여러 지주 집단들은 물론 나치 세력에게 차례로 주도권을 빼앗겼으나 결코 나치를 지지하는 집단이 되지는 않았다. 시민들은 단순히 그 집단에 더 이상 참여하지 않음으로써 수동적인 저항을 한 셈이다. 모든 단체가 마찬가지였다. 예를 들어 레이덴 대학이 유대계 교수를 내쫓으라는 압박을 받자 이 대학의 교수와 학생이 모여서 회의 끝에 그들 자신이 더 이상 학교에 나오지 않음으로써 사실상 나치의 기도를 무력화시켰다. 대학 총장이 끌려가는 일을 당했지만 어쨌든 대학 전체가 나치에 협력하는 일은 피한 것이다. 한마디로 말해서 지주제 방식은 나치의 강압으로 무너지지 않았다.

그러나 네덜란드의 원칙인 화해와 타협의 태도가 좋은 것만은 아니라는 점 역시 여기에서 극명하게 드러난다. 나치에 대해서 수동적인 저항을 함으로써 나치에 완전 동화되지 않은 것은 분명하지만 결국은 나치의 의도를 전적으로 거부하지도 못한 것이다. 거듭 강조하는 바이지만 네덜란드인들은 사회적으로 서로 관용으로 대하고 국가 전체로 보면 콘센서스를 찾으려 한다. 그런데 그것은 결국 통치집단에 대해서 강하게 저항하기보다 순응적인 태도를 취하는 결과를 낳곤 한다. 정부 역시 그에 걸맞은 온건하고 합리적인 세력이라면 다행이겠지만, 그렇지 않을 경우 심각한 문제가 발생하게 된다. 나치 점령 당국에 대해서까지 저항보다 타협의 자세를 취한 것이 비극적인 결과를 낳은 것이다. 예컨대 네덜란드 공무원들은 그들 자신이 유대인 박해에 찬성한 것은 결코 아니었으나, 유대인 인구조사, 명부 작성 등의 업무 지시에 순순히 따랐고, 유대인들을 보호하기 위해 한곳에 모아 기차로 이송시킨다는 나치의 의심스러운 주장에 대해 일절 의문을 제기하지 않은 채 그대로 따랐다. 그들은 다만 선의를 가지고 성실하게 임무를 다한 것이라고

안네의 일기

《안네의 일기》는 나치에 의해 희생당한 한 가녀린 영혼의 기록으로서 제2차 세계대전의 참혹함을 증언하는 소중한 문서이다.

"1943년 11월 8일

……밤이 되어 침대에 누우면, 내가 아빠 · 엄마와 헤어져 홀로 지하 감옥에 갇혀 있는 것만 같은 느낌이 들곤 합니다. 때로는 길거리를 헤매기도 하고, 은신처에 불이 나기도 하고, 밤중에 군인들이 쳐들어와서 우리를 연행해 가기도 하는 장면이 떠올라 절망한 나머지 침대 밑에 숨고 싶을 지경이에요. 모든 것이 바로 눈앞에서 실제로 일어나는 일처럼 또렷하게 보여, 그 뒤에도 계속 그런 일이 당장에라도 현실로 나타날지 모른다는 공포로부터 도망칠 수가 없습니다……. 은신처에 사는 우리 8명, 이 8명이 내게는 검은 먹구름에 둘러싸인 아주 작은 한 조각의 푸른 하늘처럼 여겨집니다. 우리가 서 있는 이 뚜렷이 구분된 둥근 공간은 아직까지는 안전하지만, 주위의 먹구름이 점점 다가와, 조여오는 위험으로부터 나를 격리시켜 주는 이 원을 자꾸만 좁혀가고 있습니다. 지금 우리는 위험과 암흑에 완전히 포위되어 있기 때문에, 필사적으로 도망갈 길을 찾으며 서로 부딪히고 있는 거지요. 아래 세상을 보면 인간끼리 서로 싸우고 있고, 위를 보면 평온하고 아름답습니다. 그 사이에서 거대한 먹구름은 우리를 막아섭니다. 우리를 위로도 아래로도 못 가게 하면서, 마치 절대로 무너지지 않을 벽처럼 가로막고 있습니다. 그것은 우리를 으깨버릴 듯이 억누르지만, 아직 거기까지는 이르지 않았습니다.

내가 할 수 있는 일은 그저 울면서 부디 그 검은 원이 물러나 우리 앞에 길이 열리게 해달라고 기도하는 것뿐입니다.

그럼 안녕, 안네로부터."

그런데 《안네의 일기》는 사실 일부만 출판되었고 상당한 분량이 의도적으로 빠져 있었다. 빠진 부분은 안네가 남자친구인 페터를 사랑하게 되고 육체적으로도 그리워하는 부분, 엄마에 대한 갈등 부분으로서, 아마도 제2차 세계대전 직후의 시점에서는 반나치 기록으로서의 가치만을 더욱 부각시키기 위해서 일부러 배제해 버린 것 같다. 최근에 와서야 그동안 누락되었던 부분을 되살려 완결본이 출판되었다. 이처럼 육체적으로도 성장하고 정신적으로도 갈등을 겪는 모습이 함께 있어야 잔혹한 탄압 하에서도 정말로 '인간성'을 꿋꿋하게 지켜가는 모습을 온전하게 볼 수 있는 것이 아닐까?

"1944년 3월 2일
애정, 도대체 애정이란 무엇일까요? 내가 생각하는 애정은 말로는 표현할 수 없는 그 무엇입니다. 애정이란 상대를 이해하는 것, 상대를 배려하는 것, 좋은 일이든 나쁜 일이든 상대와 함께 나누는 것입니다. 그리고 길게 내다보면 그것은 육체적인 애정에도 적용됩니다. 결혼을 했든 안 했든, 아이가 있든 없든, 그런 건 문제가 안 됩니다. 비록 인간으로서 존엄성을 잃었다고 해도 만약 누군가 옆에 있어주고 죽을 때까지 자신을 이해해 준다면, 다른 누구와도 공유하지 않는 자기 혼자만의 누군가가 있다는 것을 안다면, 그런 건 전혀 문제되지 않습니다……. 오늘 오후, 겨우 페터를 붙잡고 45분 정도 이야기를 할 수 있었습니다. 페터는 자기 이야기는 좀처럼 하지 않는 편인데 그래도 아주 조금씩 마음을 열게 되었습니다.……"

안네의 가족이 숨어살던 프린센흐라흐트 263번지는 안네프랑크하우스라는 이름으로 기념관이 되어 있다. 서가로 입구를 가린 뒤채로 들어가면 이 가족이 숨어 살던 공간을 직접 볼 수 있고, 세계 각국에서 번역된 안네의 일기 책들을 볼 수 있다.

안네는 1945년 3월에 베르겐-벨젠 수용소에서 발진티푸스로 죽었고 그녀가 사랑했던 페터는 1945년 5월 5일 마트하우젠 수용소에서 해방 사흘 전에 죽었다. 역설적인 것은 안네의 아버지가 제2차 세계대전 발발 직전까지 독일군에 물품을 납부하던 사업가였다는 점이다.

하지만, 과연 그렇다고 할 수 있는 것일까?

네덜란드가 부분적으로 해방되기 시작한 것은 1944년 연합군의 노르망디 상륙작전이 성공한 9월 이후의 일이다. 그러나 아른헴(Arnhem)에 교두보를 확보하여 라인강을 넘으려는 마켓 가든 작전(Operation Market Garden)이 실패함으로써 라인강 이북 지역의 해방은 1945년 5월까지 기다려야 했다.

1944~45년의 겨울이 그 악명 높은 '기근의 겨울(hongerwinter)'이다(17세기 한때 집 한 채 값에 해당하는 고가의 물품이었고, 오늘날에도 네덜란드를 상징하는 그 귀한 튤립 구근을 양파처럼 데쳐먹을 수밖에 없었다는 때이다). 이때 망명정부의 지시로 철도가 파업을 했는데, 이것이 독일을 궁지로 몰아넣었지만 동시에 나치 치하의 네덜란드인들에게도 치명적인 곤경을 안겨주었다. 식량과 연료를 공급받지 못하게 된 네덜란드인들은 굶주림과 추위에 시달리다가 수도 없이 죽어갔다. 그렇지 않아도 절약정신이 투철한 이 나라 사람들이 물건을 더욱 아껴 쓰고 특히 할머니들은 지하실에 비상식량을 쟁여놓는 습관이 몸에 배게 된 데에는 분명 이때의 경험이 작용했을 것이다. 네덜란드가 해방을 맞이한 것은 다음해인 1945년 5월 5일이다.

전쟁이 끝났어도 그 피해는 막심했다. 독일은 전쟁 수행을 위해서 지독한 수탈을 자행했다. 공장 전체를 들어내 가곤 했고, 군수품 생산을 위해서 모든 쇠붙이를 실어갔으며 심지어 교회 종과 기차 레일까지 파내갔다고 한다. 독일군이 물러간 다음 네덜란드의 철도, 항구, 교량, 운하 등 모든 것이 고장나 있어서 네덜란드의 경제는 황폐해질 대로 황폐해져 있었다. 전쟁 막바지에는 독일군을 괴롭히려고 일부러 낡은 배 같은 장애물을 운하에 집어넣었는데, 해방 이후에는 이것이 네덜란드 경제의 발목을 잡았다. 50만 명이 홈리스(homeless) 신세가 되었다. 운

붉은 악마의 비극

제2차 세계대전 말기, 네덜란드 해방의 분수령이 된 마켓 가든 작전은 벨기에 북쪽 국경 지역에서 3개의 강을 넘어 루르 지역으로 진격하는 통로를 낸다는 것이었다.

1944년 9월 17일에 1만 명 이상의 영국 공수부대원들이 아른헴 서쪽의 오스터르베이크에 투하되었다. '붉은 악마(Red Devil)'라는 별명을 가진 이 부대의 임무는 아른헴으로 진격하여 네더르 레인강을 넘는 다리를 확보하는 것이었다. 그러는 동안 2만 명의 미국 병사와 3천 명의 폴란드 병사들이 남쪽에서 그라베(Grave)에서 마스강을 넘고, 네이메헨에서 발(Waal)강을 넘어 진격해 오기로 되어 있었다. 그러나 이 시기에 아른헴에 짙은 안개가 끼어 작전이 여의치 않았다. '붉은 악마'는 다리를 확보하기 위해 9일 동안 치열한 전투를 벌였으나 2천 명이 전사하고 5천 명이 부상되거나 실종되었다. 500명은 주민들의 도움으로 숨어 있었고 2,300명은 남쪽으로 후퇴했다. 그때서야 마스강과 발강을 넘은 연합군이 진격해 왔으나 너무 늦게 도착한 것이다. 아른헴의 해방은 다음해인 1945년 4월 8일에 가서야 이루어졌다.

하에 둥둥 떠 있는 선박-주택들은 오늘날에는 낭만적이고 운치 있는 명물이 되었지만 원래는 해방 후 집 없는 사람들이 급한 대로 살 집을 마련하기 위해서 운하에 띄어놓은 것들이었다. 남아 있는 트랙터가 없었으므로 오랜만에 말들이 다시 쟁기를 끌게 되었다. 말들도 시대를 잘못 만나면 그런 고생을 하는 법이다.

네덜란드의 국가 채무는 전시중에 230억 길더에 달했다. 모든 것이 엉망이었다. 이제부터 부역자 색출, 선거, 정부 재구성 등 정치적 재건과 경제적 재건을 동시에 이루어야 했고, 탈식민지 문제도 처리해야 했다.

탈식민화

19세기 인도네시아에서 일어난 몇 차례의 봉기는 지방적인 차원이었을 뿐 민족주의적 운동이라고 할 수는 없었다. 민족주의 운동 단체들이 형성된 것은 새로운 제국주의적 착취가 심화되고 그에 따라 민족 문제에 새롭게 눈뜬 엘리트층이 형성된 20세기 초반 이후의 일이다. 1908년에 조직된 부디 우토모(Budi Utomo. '지고의 노력'), 1912년에 조직된 사레카트 이슬람(이슬람 연합) 등이 대표적인 단체이다. 특히 후자는 한때 회원 수가 40만 명에 달했던 대세력이었다. 게다가 유라시안(백인과 아시아인 혼혈인) 중심의 인도당, 네덜란드인이 주도한 인도 사회민주연합(이것은 1920년에 공산당이 되었고 1924년에 인도네시아 공산당이라는 이름을 채택하였다) 등도 가세하였다.

그러나 이 모든 운동들은 큰 성과를 얻지 못하고 쇠락해 갔다. 그 원인이 이슬람이나 공산주의와 같은 개별적인 분파에 한정되어 있기 때문이라고 파악한 수카르노는 우선은 인도네시아 독립 쟁취에 총력을 기울여야 한다고 보고 1920년대에 새로운 도시 엘리트들을 결집하기 위해 반둥 스터디 클럽을 만들어 이를 중심으로 여러 세력들을 결집하였다. 이것이 확대 · 발전되어 1927년에 인도네시아 민족당(Partai Nasional Indonesia. PNI)이 되었다. 그러나 곧바로 수카르노가 체포되면서(1929) 이 세력이 약화될 수밖에 없었다. 그러자 인도네시아 독립의 두 번째 주역인 모함마드 하타(Mohammad Hatta)가 주동이 되어 신민족당 세력이 만들어졌다. 1930년대에는 이처럼 수카르노 중심의 구민족당 세력과 하타 중심의 신민족당 세력이 독립운동의 두 주역이었다.

네덜란드 당국은 일찍이 독립운동 움직임을 무마하기 위한 조치로 인도네시아에 '국민위원회' 설립을 허락하였는데, 이것은 임명 혹은 선출된 인종별 대표들의 모임으로서 식민지 문제에 대해 토론하거나 비판하는 정도까지는 가능했지만 그 이상의 의결은 불가능하다는 한계가 있었다. 1930년대에 네덜란드는 한편으로 독립운동 세력을 탄압하면서 다른 한편으로 이 국민위원회에 참여할 것을 회유함으로써 독립운동 세력을 약화시켰다.

여기에 결정적인 변화의 계기가 된 것은 일본의 동남아 침략이었다. 자바를 점령한 일본 군사정부는 네덜란드인들을 구금하고 인도네시아 독립운동 세력과 접촉하였다. 일본으로서는 네덜란드 세력을 축출하기 위해서 이들에 저항하는 세력을 지원함으로써 인도네시아에 대한 통제를 강화하려고 한 것이다. 수카르노와 하타는 이런 제안을 받아들였다. 그들은 독립을 위해서, 그러나 다른 한편으로는 일본에 대한 지원을 위해서 일해야 했다. 그러나 일본이 진정으로 인도네시아 독립을 지원한 것은 아니며 다만 인도네시아가 그들의 전쟁 수행에 봉사하도록 하는 것이 더 중요한 목적이었다는 점은 불문가지(不問可知)이다. 결과적으로 일본이 네덜란드를 대신하여 지배자로 군림하게 되었다. 그나마 수카르노 등의 세력이 점차 일본을 위해서라기보다는 인도네시아 독립만을 위해서 일하는 것처럼 보이자 이들에게 압력을 가하였으며 새로운 조직(Djawa Hokokai, people's loyalty organization)으로 대체하였다.

일본의 패망이 가까워진 1945년에는 사태가 급박하게 돌아갔다. 일본군의 동남아 총사령관인 데라우치 히사이치는 수카르노와 하타를 사이공으로 불러서 즉각적인 독립을 약속하였다. 많은 인도네시아인들은 두 사람을 압박하여 어서 독립을 선언하라고 재촉하였다. 아직 일본군이 지배자로 있는 당시 상황에서 먼저 독립을 선언할 것인가, 일본의 패망을 기다릴 것인가? 그들은 기다리는 편을 택했다. 드디어 일본 패망의 소식이 들려오자 1945년 8월 17일 인도네시아는 독립을 선언하고 인도네시아 공화국을 선포했다.

그러나 네덜란드는 제2차 세계대전 전에 네덜란드 경제에 핵심적인 기여를 했던 이 식민지를 포기하려고 하지 않았다. 그래서 1945년부터 1949년까지 12만 명의 군대를 파견하고 이 중 4,751명이 사망할 정도로 강력한 군사 행동을 취하였다. 그러나 시대의 대세는 탈식민화였다. 인도네시아의 독립을 촉구하는 국제적 압력이 거세졌고, 무엇보다도 미국은 만일 네덜란드가 계속 식민지 유지를 고집하면 마셜 플랜을 중단하겠다고 협박하였다. 1948년에 자바섬 동부의 마디운(Madiun)에서 공산주의자 봉기가 일어났을 때 당시 수상이었던 하타가 이를 진압한 것이 미국과 서방 여러 나라들의 지원을 이끌어내는 데 도움이 되었다. 미국으로서는 공산주의의 확대를 막는 것이 급선무였던 것이다. 1949년, UN이 후원하는 헤이그 협상을 통해서 네덜란드는 인도네시아의 독립을 인정하였으며, 드디어 이 해 12월 27일에 인도네시아는 독립하였다.

남은 문제는 30여만 명에 달했던 유럽인과 유라시아인의 거취였다. 이들 중 다수는 자신의 정체성을 인도네시아에 두고 있으며 따라서 이곳에 계속 머무르려고 했지만 현지인들이 이들을 좋아하지 않았다. 그 결과, 1968년까지 약 33만 명이 해외로 이주했으며, 그 중 다수는 물론 네덜란드로 향했다.

마셜 플랜과 네덜란드의 미국화

제2차 세계대전 이후 세계는 바로 냉전의 시대를 맞이했다. 서유럽 현대사는 미국의 전후 세계정책과 연관해서만 온전히 이해할 수 있다. 미국은 공산주의의 발흥을 막고 서유럽 각국이 소련의 영향에서 벗어나게 하기 위해서는 경제 재건을 도와야 한다고 생각했다. 그것이 1948년에 시작된 경제부흥 원조계획인 마셜 플랜이었다. 미국이 마셜 플랜으로 서유럽에 뿌린 자금은 모두 116억 달러였다. 각국별로 볼 때 절대액수로는 네덜란드가 프랑스나 영국에 미치지 못하지만 일인당 액수로 보면 네덜란드가 가장 많았다(1948~54).

네덜란드	11억 2천 7백만 달러	(1인당 109달러)
영국	31억 7천만 달러	(1인당 62달러)
프랑스	34억 2천만 달러	(1인당 71달러)
독일	13억 8천만 달러	(1인당 29달러)

이로 인해 미국과 유럽의 관계가 대단히 긴밀해졌다. 그리고 OEEC (Organazation for European Economic Cooperation)가 만들어졌으며 이것이 오늘날의 EU로 발전하였다.

미국은 전후 네덜란드 경제성장의 모델 혹은 이상형이 되었다. 미국은 이를 더욱 강화하기 위해 생산성 팀(productivity teams)을 운영하였다. 즉 노동자, 관리자, 노조원 등을 미국에 데려가서 과학적 · 기술적 요소들을 견학하게 하였다. 견학한 내용을 가장 충실하게 따른 나라 중의 하나가 네덜란드였다. 그 결과 네덜란드는 경제발전 성적이 가장 좋은 나라가 되었고 동시에 가장 친미적인 나라가 되었다. 1947~53년 중 네덜란드의 공업 생산은 56퍼센트나 증가하는 성과를 보였다. 전쟁 시기와 해방 직후 시기의 궁핍은 이제 극복되었다. 1952년까지 배급제로 분배되었던 커피를 마지막으로 이제 배급제는 사라졌다. 세탁기, 냉장고, 청소기 등이 네덜란드 가정에 나타나기 시작했다. 소비문화의 핵심 기구 중의 하나이며 그 상징이라 할 수 있는 슈퍼마켓이 1950년대에 등장하였다(상점 주인과의 인간적인 만남을 통해서 개별적인 물건을 구입하는 것이 아니라, 수많은 상품들이 스펙타클하게 우리에게 닥쳐오는 현대 자본주의의 전형적인 방식이다). 알베르트 헤인(Albert Heijn)이라는 사람이 미국식의 슈퍼마켓 체인을 만들었는데 이 회사는 오늘날에도 아홀드라는 유명한 유통회사로 건재하다.

그러나 이런 미국문화에 대한 반대도 만만치 않았다. 정치가로서는 빌렘 드레이스(Willem Drees) 수상(1886~1988)이 대표적이다. 그는 미국은 에너지를 지나치게 낭비하며 네덜란드가 이를 모방해서는 안 된다고 보았다. 엄청난 미국식 소비문화는 투철한 절약정신을 근본으로 하는 네덜란드에는 맞지 않는 방식이었다. 이미 전전(戰前)부터 네덜란드의 여러 지식인들이 미국 문화가 천박하고 진부하다고 비판하였다. 회이징하 같은 사람이 대표적이다.

그러나 당대의 사람들이 볼 때 그나마 미국식 생활방식이 그보다 더 가까운 곳에 있는 스탈린 체제보다는 나아 보인 것이 사실이다. 공산주의는 이 나라에서 큰 인기를 얻지 못하였다. 무신론적인 공산 독재보다는 차라리 물신숭배를 택한 것이다.

미국은 분명히 유럽의 문화와 정신을 미국 쪽으로 돌리려는 의도가 있었다. 마셜 플랜 역시 명확한 문화적 미션을 가지고 있었다. 미국에 대한 PR, 미국 생활에 대한 긍정적인 소개는 미국문화원(United States Information Service)이 주관하여 조직적으로 이행해 나갔다. 싼 미국 소설

번역본을 제공하였으며― 특히 미국의 생활을 소개하는 내용의 소설을 권장했다―극장용 뉴스 필름과 헐리우드 영화를 제공했다. 네덜란드가 자금 부족으로 미국 영화를 구입하지 못하게 되자 마셜 플랜 펀드 중 일부를 이쪽으로 돌려서 네덜란드가 미국영화 쿼터를 사도록 하였다. 이 나라 최초의 여성지인 《마르그리트(*Margriet*)》에는 미국 영화스타들의 사진이 잔뜩 들어가 있었고, 도널드 덕 만화가 1952년에 소개되어 30만 부나 팔렸다. 네덜란드의 어린이들에게 선풍적인 인기를 얻은 이 만화책은 장래의 이 나라 주역들에게 미국 문화를 주입시키는 훌륭한 기능을 하였다. 조세프 나이가 말하듯이 미국은 정치군사적인 하드 파워(hard power)만이 아니라 문화적 힘인 소프트 파워(soft power)를 가지고 지배하였던 것이다.

미국화가 어느 정도로 강하게 작용했는지는 역설적으로 1960년대 젊은이들의 반미운동을 보면 알 수 있다. 베트남 전쟁 등으로 인하여 반미운동이 전개되었을 때, 이들의 저항운동에는 반드시 영미의 록 음악(rock music)이 이용되었다. 그런데 이런 저항운동은 미국의 길거리와 미국 캠퍼스에서 일어나고 있는 운동을 그대로 모방한 것이었다(!). 리바이스 청바지를 입고 밥 딜런을 듣는 것이 저항의 한 양태였다. 반미운동도 미국식으로 할 만큼 자신도 모르게 미국화가 크게 진행되었던 것이다. 사실 이 시기 네덜란드의 반미운동은 반미라기보다는 주류집단(establishment)에 대한 반대의 의미가 강했다.

그 결과 오늘날 네덜란드에서는 미국 문화가 정말로 널리 퍼져 있다. TV는 미국 프로그램을 그대로 방영하고 있고, 가장 미국적이라 할 수 있는 코카콜라와 맥도날드는 거의 미국 본토 수준으로 일반화되어 있다(빠르고 싸고 복잡하지 않다는 점에서 네덜란드의 생활습관과 통하는 바가 있다는 점도 작용했으리라). 네덜란드인들은 이를 찬탄과 경멸을 동시에 가지고 대하는 듯하다.

미디어

지주제의 형성과 그 변화에 중요한 역할을 한 것이 미디어이다.

20세기 초기에는 우선 라디오가 가장 중요한 미디어 수단이었다. 네덜란드에서는 1919년 11월 6일 첫 라디오 방송을 내보냄으로써 정규 라디오 프로그램을 가지고 방송한 세계 최초의 국가가 되었다. 그런데 조만간 이 나라의 특성대로 각 지주가 자신의 방송 프로그램을 가지게 되었다.

당시에는 방송국이 하나만 있었기 때문에 각 지주들이 방송 시간을 나누어서 썼다. 1924년 네덜란드 기독교 라디오 연합(Nederlandsche Christelijke Radio Vereeniging, NCRV)이 먼저 주중 하루 저녁 방송하는 권리를 얻었다. 물론 가톨릭이 가만 있지 않고 자신의 권리를 주장해 와서 곧 가톨릭 라디오 방송(Katholieke Radio Omroep, KRO)이 시작되었다. 1925년에는 사회주의 계열인 노동자 라디오 아마추어 연합(Vereeniging van Arbeiders Radio Amateurs, VARA)이, 1926년에는 자유주의적 개신교도 성격의 자유 프로테스탄트 라디오 방송(Vrijzinnig Protestantse Radio Omroep, VPRO)이 만들어졌다. 그리고 1928년에 KRO, NCRV가 자기네 방송사를 따로 세우자 그 남는 시간대를 일반 라디오 방송연합(Algemeen Vereeniging Radio Omroep, AVRO)이 가졌는데, 이것은 아무런 지주에 속하지 않는 '무소속'이었다.

제2차 세계대전 이후 십여 년이 라디오의 전성기로서, 1949년에는 133만여 대의 라디오가 있었다고 한다. 이 시기 네덜란드인들이 돈을 벌어서 가장 먼저 사고 싶어했던 것이 다름아닌 라디오였던 것이다(당시 라디오는 오늘날의 텔레비전 세트만큼 크고 또 비쌌는데 얼마 안 있어 '축소지향의 일본인'들이 소형 트랜지스터 라디오를 대량 생산하여 유럽에 팔았다).

그러나 텔레비전의 보급으로 라디오는 곧 TV에 자리를 내주었다. 1951년 10월 2일에 첫 방송이 나갔으나 텔레비전이 일반화된 것은 1960년대의 일이다. 1964년에 제2채널, 1998년에 제3채널이 개통되었다. TV 방송 역시 라디오에 준해서 방송사가 만들어졌고(NCRV, KRO, VARA, VPRO, AVRO) 시간 할당은 각 방송사 회원 수에 따라 정해졌다. 우리나라와는 비교할 수 없는 독특한 현상인 것이다. 예를 만들어서 설명해 보자면, 불교도들이 불교 텔레비전 방송사에 회원으로 가입하여 회비를 내고 방송 프로그램 안내서를 받아보는 식이다. 이야말로 지주제 사회의 특색이 전형적으로 엿보이는 대목이다.

그런데 여기에서 아주 중요한 일이 벌어졌다. 라디오의 경우에는 사람들이 자기네 방송을 듣고난 후 곧 꺼버렸다. 그런데 TV는 일단 켜두면 다른 방송까지 다 보는 것이다. 초기 TV 시청자들의 행태는 1960~70년대 우리나라 할아버지, 할머니들과 비슷했다(5시 반쯤 텔레비전을 켜서 애국가부터 듣기 시작하여 저녁 내내 켜두고 밤 11시 반쯤 다시 한 번 애국가를 듣고 끄는 식이다). 네덜란드의 시청자들 역시 텔레비전을 매일같이 저녁 내내 켜두었는데, 그 결과 자연스럽게 다른 시간대에 방송되는 이웃 지주의 프로그램을 시청하게 되었다. 이것이 사람들이 다른 지주에 대해서도 많이 알게 되고, 결과적으로는 지주제를 약화시키는 중요한 한 요소였다고 흔히 지적한다.

최근에 일어난 큰 변화는 1992년에 공영방송(NL1, NL2, NL3)에 더해서 상업방송이 생겨난 것이다. 홀란드 미디어 그룹(RTL4, RTL5, Veronica)이 그것이다. 그리고 그 외에 여러 군소 채널들이 생겨났다. 이런 상업

방송 참여가 텔레비전의 이데올로기적 성격을 더욱 허무는 계기가 되었다. 이 방송사들은 오락 프로그램을 위주로 하는 철저한 상업방송이어서 지난 시대의 이념적 내용의 방송 대신 미국에서 제작한 혹은 그것을 흉내낸 시트콤 같은 프로그램을 내보냈다. 라디오와 텔레비전이 국민의 품위있는 생활을 위한 '건전하기 짝이 없는' 프로그램을 내보내던 시절은 지나간 것이다. 경우에 따라서는 예전의 경향과는 오히려 정반대로 어긋나는 길을 가기도 한다. 일부러 선동적인 내용을 만들기도 하고, 때로는 문자 그대로 선정적인 프로그램을 내보내기도 한다. 예컨대 내가 네덜란드에서 본 한 프로그램은 얇은 속옷을 입은 여자들에게 물을 뿌려서 누구 몸이 더 예쁘게 드러나는지 콘테스트를 하는 내용이었다. 텔레비전에서 칼뱅주의의 엄격한 도덕률을 찾아보기는 힘들어진 것이 분명하다.

복지국가의 흥기

1950년대를 지나면서 네덜란드는 경제적 '복구'를 넘어서 안정적인 '발전'을 이룩했다. 이제 소비사회라고 할 정도로 번성하게 된 것이다. 네덜란드는 이 성과를 복지국가의 형태로 조직화하였다. 우리의 경우는 어땠는가? 1960년대에 본격적인 복구와 번영이 시작되었을 때 성장의 결과를 국민 일반에게 골고루 보장하는 복지국가 방식보다는 '정주영 신화' 식으로 집중에 의한 부(富)의 확충만을 강조하지 않았는가.

복지국가의 발전 역시 이 나라의 지주화와 긴밀한 관련이 있다. 전후 급격한 부의 증가 현상이 일어났을 때 국가는 이중 많은 부분을 세금으로 환수한 뒤에 복지 프로그램의 방식으로 국민에게 되돌려주었다. 그런데 말하자면 이 재배분을 받는 방식이 지주화와 연관된 것이다. 각 지주에서 설립한 병원, 고아원, 양로원, 유치원 등 각종 기관들이 국가의 보조를 받았으므로 개인은 자신이 속한 지주 집단을 거쳐서 도움을 받았다.

복지국가의 이념은 일찍이 대공황기와 제2차 세계대전 중에 싹이 텄는데, 1950~60년대에 결실을 맺게 되었다. 네덜란드어의 복지국가라는 말은 '페어조르깅스스타트(verzorgingsstaat), 즉 '돌보는 국가', '배려하는 국가'를 뜻한다. 이것은 우선 약자를 보호할 뿐 아니라(누구도 생필품에 대한 걱정 없이 살아야 한다) 더 적극적으로 사회의 번영을 함께 나누어 가진다는 것을 뜻한다. 네덜란드는 개인이 부자이기보다 사회가 부유했다.

이러한 복지국가의 초석을 놓은 정치가는 드레이스 수상이었다. 그는 구식 사회주의자이면서 확고한 칼뱅주의자였다. 그는 술 담배를 전혀 하지 않고 자전거를 타고 출퇴근한 것으로 유명하다(철저한 자기규제라고 볼 수도 있지만 혹시 '쑈'하는 것 아닐까? 그럴지도 모르지만 100퍼센트 위선 같지는 않다. 자전거나 지하철을 이용하는 현재의 국회의원들도 마찬가지이다). 그는 엄격한, 그러나 정의로운 아버지 스타일의 정치가로서 그의 이상은 완전 고용의 기반 위에서 탄탄한 사회보장체제를 구축하는 것이었다.

복지제도는 대개 보험·연금의 형식을 띠고 있었다. 대표적인 것이 1947년부터 개발되기 시작해서 1957년에 완성된 일반양로연금(Algemene Ouderdomswet)이다. 요즘은 젊은이들이 여기에 의존해서 자기 노후를 맡기려 하지 않고 다른 방식으로 준비를 한다는 점에서 이 제도가 이미 죽어가고 있다고 볼 수 있다. 그렇지만 이 제도가 만들어지던 시기로 되돌아가서 보면 이는 아주 중요한 의미를 가진다. 대공황과 제2차 세계대전을 겪은 사람들에게, 그리고 아직 경제적 여건이 충분치 않은 당시 상황에서, 늙고 병들었을 때 사회가 도와주는 프로그램을 준비한다는 것은 중요한 일이었다. 늙어서 돈 떨어져보라. 그것보다 비참한 것이 없다. 그래서 이에 대비한 많은 지혜로운 말들이 떠돌지 않는가. 절대 자식들에게 가진 돈을 다 내주지 말아야 한다, 특히 사위를 조심하라……. 그러나 이럴 염려 없이 공동의 보호제도를 만들고 그것을 사회가 유지한다면 얼마나 바람직한 일인가. 오늘날에도 네덜란드의 노인들은 자식들에게 도와달라고 손 내밀어야 하는 상황을 가장 두려워한다.

그 외에도 실업, 질병, 불구 등에 대한 복지 프로그램이 있다. 오늘날에는 복지 프로그램이 많이 줄었다고는 하지만 아직도 우리의 관점에서 보면 부러울 정도이다. 예컨대 최저 생활을 보장하는 '뢰케 딩엔(Leuke Dingen. 번역하기 힘든 표현인데 직역하면 '재미있는 일들'이다)의 개념을 보자. 이것은 최저 임금으로 살아가는 사람들에 대한 보조를 말한다. 최저 임금이란 물론 사람이 죽지 않고 살아가는 데 필요한 금액이지만 실제로 이 금액을 가지고 사회에서 살아가는 것이 불가능하다는 것은 능히 짐작할 수 있다. 인간은 정말로 밥만 먹고 사는 존재가 아니지 않은가. 그래서 문화, 교육, 오락에 보조를 해주기로 한 것이다. 음악, 연극, 스포츠, 취미 등의 클럽에 가입하는 비용, 혹은 도서관이나 박물관 연회원 가입이나 잡지 구독 등의 비용을 1인당 연간 125길더까지 보장해 주는 것이다. '우리나라에 사는 시민이라면 아무리 가난하더라도 일년에 한 번 음악회를 갈 수 있도록 해주는' 배려인 것이다.

그런데 이런 제도는 결국 그것을 뒷받침하는 경제 발전이 있어야 하고 그에 대한 사회적 합의가 마련되어 있어야 한다. 우선 경제적으로는 1948~62년 사이에 산업생산이 2배가 될 정도로 발전했으므로 충분한 준비가 된 셈이다. 그러나 돈이 마련되었다고 일이 저절로 되는 것은 아니다. 경제발전의 성과를 가지고 복지국가를 건설한다는 데에 국민적 합의가 있어야 한다. 이런 합의를 획득했기 때문에 복지국가체제가 가능했던 것이다.

1960년대의 변화

1960년대에 모든 것이 변화하기 시작했다. 지주 내의 선(善)보다 개인의 선(善)을 추구하는 것으로 방향을 전환한 것이다. 왜 그런 변화가 일어났는가? 참으로 역설적이게도 지주화의 성공이 극단에 이르자 오히려 개인주의가 나타난 것이다. 각 지주 내의 사회복지시설이 국가의 도움으로 점차 확대되어 갔는데 말하자면 이런 복지 시스템이 점점 커져서 지주를 넘어서 버렸다. 개인 수입이 늘고 거기에 사회조직이 탄탄하게 갖추어지자 사람들은 굳이 지주 내에서 삶의 안전을 보장받지 않아도 된 것이다. 이제는 공동체보다 개인의 가치를 더 중시하는 방향으로 나아가고 있었다.

이러한 변화는 우선 1960~70년대의 항의로 나타났다. 왜 항의하는가? 무엇에 대해 항의하는가? 다름아닌 규제에 대한 항의였다.

사실 네덜란드 사회는 자유로워 보이지만 내부적으로는 유연하면서도 효율적인 규제가 교묘히 작동하는 사회이다. 그 방식은 중앙정부가 직접 강제하는 것이 아니라 지주를 통해서 압력을 가하는 방식이다. 지주를 벗어난다는 것은 거의 홀로 외딴 곳에 내버려진다는 것과 같으므로 그 안에서 개인은 순응할 수밖에 없고 그것은 곧 스스로 그 집단의 룰을 따라야만 한다는 것을 뜻한다.

프로보스

1960년대에는 서구 사회 일반이 문화적 대격변을 겪고 있었다. 암스테르담에서는 그런 움직임의 하나로 자신을 프로보스(provos)라고 부르는 젊은이들의 무정부주의적인 항의가 있었다. 단어의 모양새에서 이미 보이듯이(provocation, 도발) 이들은 사회에 반항을 불러일으키기 위해 일부러 사회 규범들을 깨는 '황당한' 행동들을 하곤 했다. 특히 경찰들을 조롱하면서 그들을 흥분시켜서 집단으로 경찰에게 끌려가는 모습을 연출했고, 이것은 대개 시민들의 지지를 이끌어내는 데에 성공했다.

선구적 인물은 흐로트벨드(R. J. Grootveld)라는 유리창닦이 겸 아마추어 마술사였다. 그는 담배 광고판에 페인트로 커다랗게 K(kanker = cancer, '암'을 의미한다)자를 쓰며 다녔는데 이것은 소비주의에 빠진 부르주아층, 위험한 물질을 팔도록 내버려두는 당국의 위선, 광고로 이 모든 것을 숨기려는 거짓 등을 비판한다는 의미였다. 여러 운동가들이 여기에 동참하였고 길거리에서 수많은 젊은이들이 몰려들었다.

1965년이 되자 '사랑스러운 소년(Liverdje)' 동상이 있는 암스테르담의 스퓌이 광장이 이 운동의 중심지가 되었다. 하얀 의사 가운을 입고 있는 흐로트벨드가 구호를 선창하면 수많은 젊은이들이 따라서 외쳤는데 그 슬로건은 대개 아무런 의미 없는 혹은 이해할 수 없는 말들이었다. 이것은 곧 시 한복판에서 젊은이들이 하얀 자전거를 타고 돌아다녀서 교통을 마비시켜 버리는 '하얀 자전거 운동'으로 발전했다. 경찰들은 몽둥이로 내려치고 강제로 끌고 가는, 자신의 원래 직분을 충실히 이행했고 이것이 미디어를 타면서 원래 의도대로 시민들의 활발한 토론을 불러일으켰다.

1970년대로 들어가면서 이 움직임은 잦아들었지만, 그 후속 운동으로서 집 없는 사람들이 빈집에 들어가서 눌러앉아 항의하는 무단점유운동(squatting)으로 발전했다.

만일 사회 성원들이 그 규제에 따르지 않으려는 경향이 강해지면 이전의 규제를 고집하지 않고 규제 자체를 어느 정도 유연하게 하는 것이 이 사회의 장점이다. 주먹질은 자제하지만 끊임없이 사람을 길들여서 스스로 말 잘 듣도록 하는 방식인데, 유연하다는 점에서는 주먹질보다야 낫지만 이것도 과도하면 답답함을 느끼게 마련이다. 사회 집단, 지주가 사람들을 '돌본다'는 것은 좋지만 지나치면 사람들이 피로감을 느낀다. 대문을 고치거나 정원 울타리를 높이는 데에도 행정 당국의 허가가 필요하고 이를 위해서 복잡한 절차의 행정 수속을 밟아야 한다(내 집이라 하더라도 동네 전체와의 조화가 필요하다는 것이다). 이것이 심해지면 지나친 통제와 간섭으로 느껴지게 된다. 1960년대에 서유럽 전체에서 나타났던 강한 개인주의적 행태는 이런 사회 분위기에 대한 반발이었다.

그리하여 1970~90년대에 극히 개인주의적인 사회, 지주가 무너진 사회로 나아갔다. 전통적인 집단에 대한 소속감은 사라져갔다. 무엇보다도 사회 전체가 급속히 세속화되어 간 것이 깊은 연관이 있다. 목사에 대한 존경심 같은 것은 급격히 사라졌고, 젊은이들은 예전의 가치와 반대로만 움직이려 하는 것 같았다. 혼전 섹스가 과거에는 창피한 일이었지만 이제는 젊은이들의 가치 규범이 되었고, 피임약의 보급으로 여성들은 정말로 '자기 배의 주인'이 되었다. 시대의 가치 체계가 크게 변한 것이다.

복지국가체제의 쇠퇴와 폴더 모델

변화의 조짐은 사실 복지국가체제가 완성 단계에 들어가던 시기에 이미 나타나고 있었다. 1956년이 분수령이라고 하는데, 이 해에 임금과 물가가 크게 오르면서 합의가 무너지기 시작한 것이다. 드레이스 정권은 1958년에 붕괴하고 그는 정계에서 은퇴하였다. 복지국가는 필연적으로 재정 문제를 안고 있는데, 신중한 재정 운용만으로는 문제 해결에 한계가 있었다. 네덜란드로서 다행인 것은 1959년에 슬로히테른(Slochteren) 지역에서 천연가스를 발견하여 막대한 자금을 국가가 사용할 수 있었던 것이다. 복지국가의 틀이 상당히 오래 유지될 수 있었던 것이 바로 이 세계 최대 규모의 천연가스 혜택 덕분이었다.

그런데 이런 요인이 1973/1979년의 1, 2차 석유 위기로 크게 흔들렸다. 소비의 위축, 고율의 인플레, 실업, 그리고 이를 잡기 위한 이자율의 급등, 다시 이것이 파산과 또 그로 인한 실업으로 이어졌다. 1970년대에는 인플레의 손실을 자동적으로 보전해 주는 임금 연동제를 실시했는데 이것은 정부지출의 증가를 가져왔고 이것이 필연적으로 조세 증가, 그리고 임금 인상으로 이어진 것이다.

이런 전반적인 경제 위기 속에서 복지국가의 이상을 지키기 위한 비용이 너무 크게 들었다. 1982년도 예산 적자는 GDP의 7퍼센트나 되었다. 1980년대에는 이제 더 이상 이 체제를 유지하기 힘들다는 것을 누구나 인정하게 되었다. 네덜란드는 스칸디나비아 국가를 제외하고는 정부 부문이 가장 큰 국가이다. 따라서 대단히 고율의 조세가 경제에 큰 부담이 되었다. 급기야 1982년 뤼드 러버스(Ruud Lubbers) 정권 때 이를 수술하였다. 혜택을 받는 사람들의 수와 혜택 액수를 줄인 것이다. 예컨대 질병, 불구, 실업을 당했을 경우 최종 임금의 80퍼센트를 받던 것을 70퍼센트로 떨어뜨렸다. 이런 정책의 뒷면에 있는 철학은 쉽게 이해할 수 있다. 국가 기구가 너무 비싼 비용을 댈 수 없으므로 각자 알아서 자기 문제를 해결하면 좋겠다! 사회 전체가 나서서 약자를 도와주는 시스템이 작동되지 못하므로 자신의 미래를 안전하게 보장하고 싶은 사람은 개인이 보험에 들어서 해결할 것! 유럽을 휩쓴 사유화, 민영화 바람이 이 나라에도 불어닥친 것이다.

1980년대 초반 네덜란드는 심각한 사회경제 문제를 해결하기 위해 새로운 모델이 필요했고 결국 그것을 개발했다. 이름하여 폴더(Polder) 모델이 그것이다. 당시 경제 상황은 극도로 좋지 않았고 무엇보다도 실업률이 17퍼센트에 이를 정도로 높았다. 기업의 수익률이 낮아서 사기업에서 더 많은 인력을 충원하는 것이 어려웠고 정부로서는 실업자들에 대한 복지 지원의 비용이 부담스러워졌다. 이 문제를 어떻게 풀 것인가?

정치권에서는 노동자의 임금을 대폭 줄이는 방안을 생각했다. 그렇게 해서 기업에게 숨통을 틔어주면 기업 이윤이 늘면서 고용이 증가하리라는 것이다. 그런데 이 상황에서 정부 '개입' 이전에 고용주와 노동계가 '자발적으로 합의'를 보았다. 임금을 제한하는 대신 노동 시간을 줄이자는 데에 합의를 한 것이다. 이것이 1982년 11월에 있었던 바세나르 협약(Wassenaar Pact)이다(바세나르는 헤이그 근방의 마을이며 네덜란드 전경련 회장의 집이 이곳에 있어서 당시 노조 대표인 빔 코크를 자기 집으로 초청하여 토의했다). 노조는 5퍼센트의 노동 시간 단축(주 40시간에서 38시간으로 조정), 그로 인한 고용 재창출을 요구한 반면 경영자 측은 분규 억제와 임금 인상 억제(러버스 정권에서는 임금 인상률을 2.2퍼센트로 낮추었고 다음 정권인 빔 코크 정권 때에는 0.5퍼센트로 더 낮추었다)를 요구하였는데 이것을 상호 동의한 것이다. 정치권은 이것을 무시할 필요도 없고 그래서도 안 된다. 정치권은 사회적 합의를 존중하고 그것을 정치적 방식으로 추인할 따름이다.

정부는 조세와 사회보장 부담금을 줄여줌으로써 개인의 가처분(可

處分) 소득을 늘려준다. 생활비의 상승, 기업의 수익 감소 등의 상황에서 정부가 개인의 소득을 이런 간접적인 방식으로 확보해 주고 그 대신 노조는 임금 인상 요구를 자제하는 것이다. 이런 조치를 정부 마음대로 하는 것이 아니라 매년 그 효과를 노-사-정이 검증하고 그 결과에 따라 정책을 조정했다. 이로 인해 네덜란드의 경제는 유럽에서 가장 크게 성장했고 특히 실업률이 가장 낮은 국가가 되었다. 이 모델은 이런 관점에서 보면 분명 성공하였다.

이 모델에 합당한 정권이 만들어진 것이 소위 자주색 정권이다. 지주제의 붕괴와 사회경제적 변화는 결국 1994년 총선에서 20세기 최초로 종교적 성향이 없는 정당이 정부를 구성한 것으로 이어졌다. 기독교민주당은 51석 중 20석을 잃었고 노동당은 12석이 줄었다. 이에 비해 D66당은 12석, 자민당은 6석이 늘었다. 그 결과, 빔 콕 수상이 주도하는 소위 자주색 연정이 탄생했다. 붉은색 노동당과 푸른색 자유당이 연합하여 그 중간색인 자주색이 된 것이다. 이것은 전통적인 정치적 좌익과 우익의 구분이 사라진 것을 뜻한다.

그러나 우리는 이 모델이 가진 부정적인 측면을 함께 보아야 한다. 이제까지 네덜란드 사회의 큰 특징이었던 사회적 약자를 보호해 주던 틀이 점차 약화되는 것은 분명하다. 자신의 안위는 각자 자기가 지키는 것으로 변했다. 약자들에 대한 도움이 사라지자 빈민층이 등장하였고, 사회 갈등이 심화되고 있다.

소수자 문제

갈등의 시대에는 약자에 대한 사회적 억압이 더 커질 수밖에 없다.

특히 외국인 문제 혹은 소수인종 문제가 첨예하게 떠오르고 있다. 네덜란드를 비롯해서 유럽의 여러 나라에서 아프리카인, 터키인, 인도인 등 소수자들은 사실 실업과 빈곤에 시달리고 있지만 주류 사회에서는 이런 외국인들 때문에 자신들의 일자리가 줄며 실업 문제가 심각해지고 있다고 생각하는 경향이 있다. 또 외국인들 가운데 범죄율이 상대적으로 높은 것은 사실이지만 이를 과도하게 일반화하여 이들이 모두 범죄자인 듯이 생각하려는 경향도 있다.

네덜란드 사회에 많은 이민이 들어온 것은 물론 식민지와 관련이 있다.

이민 1세대는 인도네시아 독립 이후 들어온 이른바 '유라시안(Eurasian)'으로서 약 30만 명에 달했다. 그리고 다음에는 1975년 수리남 독립 이후 이 나라 사람들이 대거 유입되었다. 네덜란드 사회가 이들에게 바라는 것은 이주민들이 사회에 잘 동화하는 것이다(동화되기 전에 이 사회를 떠나라고 하는 순수혈통주의 이데올로기보다는 그나마 훨씬 건전해 보인다). 이런 점에서 보면 인도네시아 출신 이민은 비교적 성공적으로 정착한 편이었다. 그러나 그 다음의 소수 인종들은 그렇지 않았다.

우선 수리남인들부터가 그런 경우였다. 1975년 이전에도 비교적 소수의 수리남인들이 네덜란드 사회에 들어왔는데, 이 경우는 대개 지식인들이었다. 그런데 1975년에 수리남이 독립한 후 그 사회의 갈등을 피해서 대거 네덜란드로 들어온 사람들은 성격이 달랐다. 이들은 대부분 교육 수준이 낮았다. 이들은 사회의 궂은일을 하면서 생계를 이어갔고, 베일머(Bijlmer)라는 암스테르담 남부의 고층 아파트 지역에서 일종의 게토를 형성하여 살고 있었다. 이곳에서 고립되어 사는 한 네덜란드 사회 내로 동화하기가 쉽지 않은 것이다.

이와는 다른 성격의 것으로서 외국인 노동자(guest worker) 문제가 있다.

1940~50년대부터 이탈리아, 스페인, 포르투갈, 유고슬라비아 출신의 외국인 노동자들이 네덜란드에 들어와서 일을 했는데 이들은 돈을 번 다음 본국으로 귀국하였기 때문에 아무런 문제가 없었다. 그런데 1960년대부터 일이 다르게 진행되었다. 노동력이 부족해진 네덜란드는 1964년 터키, 1969년 모로코와 정부간 계약을 해서 많은 노동자들을 불러들였다. 이런 이주 노동자의 유입은 1970~71년에 최고치를 기록했다가 1973년 석유 위기 이후 중단되었다.

그런데 이 '2세대' 외국인 노동자들이 귀국하지 않고 네덜란드에 잔류하였고, 더 나아가서 가족들을 불러왔다. 1980년대에 들어와서 네덜란드 정부는 이들이 외국인 노동자라기보다 '이민'이라는 것을 깨달았다. 그러나 이들을 위한 프로그램은 준비되어 있지 않았다. 네덜란드 정부는 이들이 본국으로 돌아갈 사람들이라고 생각했던 것이다. 또 그 이전에 네덜란드에 들어온 사람들은 식민지 출신이었기 때문에 네덜란드어가 가능하고 네덜란드 관습에 어느 정도 익숙한 사람들이었으므로 따로 다른 준비를 하지 않아도 되었다. 그런데 터키와 모로코 출신의 사람들은 아무런 준비 없이 온 데다가, 네덜란드 사회에서 격리된 생활을 했으므로 사회에 적응하기가 힘들었던 것이다.

이들에 대한 네덜란드인들의 태도는 이런 식이다. 어쨌든 그들이 선택해서 이 나라에 왔다면 이 사회에 동화해야 하는데 그렇지 못한 이유가 무엇인가? 왜 그들끼리 따로 문화를 유지한 채 살아가는가? 이것은 네덜란드 사회에 큰 갈등 요소가 되고 있다.

이런 경향에 힘입어 혜성같이 등장했다가 사라진 인물이 핌 포르퇴인(Pim Fortuyn)이다. 그는 모로코인, 터키인, 튀니지인 등 이슬람 지역 출신의 사람들을 겨냥하여 네덜란드의 사회와 문화에 동화하지 않으려면 자기 나라로 돌아가라고 큰소리치고, 앞으로 이런 사람들의 이민을 철저히 막아야 한다고 주장하였다. 언제나 희생양을 매도하는 목소리는 인기를 얻게 마련이다. 사람들은 이 외국인들이 모두 범법자는 아니며 오히려 그들이 사회의 궂은일을 맡고 있다는 사실을 모를 리 없다. 그런데도 사회의 모든 문제가 마치 이 사람들에게서 비롯된 것처럼 주장한다는 것은 불합리하기 짝이 없는 일이다. 그러나 사회가 어려워지면 대중들은 그런 불합리한 주장을 받아들이며 때로는 불합리하면 할수록 따지지 않고 믿으려는 경향도 생겨난다. 극우파의 선동적인 언동이 먹혀들어가는 것이 그런 이유이다. 포르퇴인이 텔레비전에 나와서 험악한 주장을 편 것이 오히려 큰 인기를 얻어서 그는 창당 석 달 만에 제2 야당의 당수가 되었다. 아마도 그가 계속 살아 있다면 저절로 거품이 빠졌을 수도 있었겠지만 그러기 전에 그는 암살당했다. 그가 네덜란드 여인들의 모피 입을 권리를 주장한 데 분개한 어느 동물애호가가 그를 암살한 것이다. 극우 정치인이 그토록 큰 인기를 얻고 또 그렇다고 해서 암살 사건이 일어난다는 것은 네덜란드의 풍토에서는 있을 법하지 않았던 일이다.

사실 이 문제는 더 이상 남의 일만은 아니다. 일요일 아침에 TV에서 방송하는 〈전국노래자랑〉을 보라. 심심찮게 외국인 신부(新婦)들이 등장한다. 우리나라에도 많은 외국인 노동자들이 들어오고 있으며 이들이 한국에 체류할 가능성도 높다. 그럴 때 우리는 어떻게 할 것인가? '반만년 순수민족' 운운하며 이들을 계속 따돌릴 것인가? 동남아 국가의 노동자들이 한국에 오기 전에 한국 생활에 적응하기 위한 훈련을 받고 온다고 하는데, 그 내용이 가관이다. 한국에 가면 끔찍한 차별을 받으면서 살아야 할 각오를 해야 하기 때문에 군대와 유사한 훈련장에 들어가서 '지옥훈련'을 받는다고 한다. 그 과정 중에는 욕먹는 연습, 따귀

맞는 연습까지 있다고 한다.

오늘날의 여러 문제들 : 평화주의와 군대

평화주의, 반군사주의, 중립정책은 이 나라의 유구한 전통이었다. 많은 국제기구들이 헤이그에 본부를 두고 있는 것도 이와 연관이 있다. 이렇게 된 데에는 19세기 말과 20세기 초에 만국평화회의가 열린 것이 중요한 계기가 되었다(1899~1907).

19세기부터 네덜란드는 군사력을 강하게 유지하지 않았고, 오히려 기회가 있을 때마다 군축을 실시하여 남는 돈을 평화적으로 사용하려고 했다. 그러나 이것은 심각하게 고려해야 할 사항이다. 과연 군사력을 유지하지 않는 것이 바람직한가? 반대로 작은 나라에서 강한 군사력을 유지하는 것이 옳은 일일까?

구체적으로 이런 문제들을 생각해 보자. 제1차 세계대전이 끝난 후인 1923년에 해군 증대정책이 입안되었으나 의회에서—한 표 차로—부결되었다. 그런데 이것은 제2차 세계대전 때에 단 며칠 만에 독일군에게 나라가 점령당하는 수모로 이어졌다. 그렇지만, 히틀러의 군비 확장에 맞서기 위해 네덜란드가 1930년대에 막강한 군사력을 키웠어야 한다고 주장하면 그것은 맞는 말일까? 흔히 율곡 이이의 10만 양병설을 그의 혜안의 사례로 들지만 사실 그 시기에 무려 10만 명의 군사를 키우는 것이 적절한 것이었으며, 그것이 과연 가능했겠는가를 동시에 물어야 한다.

제2차 세계대전이 끝나고 미소 양극화로 인한 갈등과 냉전의 시대가 되었을 때, 네덜란드는 예전처럼 혼자 중립을 지키겠다고 할 수 없

이준 열사

이준 열사가 고종의 특명을 받고 일본의 무도한 침략성을 고발하려 한 것이 바로 1907년에 헤이그에서 개최된 만국평화회의에서였다. 어릴 때 나는 이렇게 배웠다. 이준 열사가 회의에 들어가서 발언하려고 하자 '간악한' 일본 대표가(당시 표현으로는 '왜놈이') 저 사람은 나라도 없는 곳에서 온 것이므로 대표성이 없다고 하였다. 그러자 분을 삭이지 못한 이준 열사는 그 자리에서 배를 갈라서 간을 꺼내 일본 대표에게 던지고, 창자를 꺼내서 그것으로 일본 대표의 목을 졸랐다……. 요즘 초등학교 어린이들은 이것보다는 좀더 온화한 표현으로 역사 교육을 받는 것으로 알고 있다.

는 형편이었다. 이제는 미국의 서유럽 정책—군사와 경제, 정치 모든 면에서—이라는 큰 틀 속에서 자국의 정책을 펴는 수밖에 없었다. 이때 네덜란드가 취한 정책은 오히려 확실하게 미국 편에 서서 그 힘에 기대는 것이었다. 네덜란드는 미국이라는 '큰 형님'의 구미에 가장 잘 맞는 모범생이었다. 무엇보다도 1950년대에 미국의 핵무기 배치를 그대로 받아들였다. 1960년대 이후에는 사정이 달라져서, 수상의 독자적인 결정으로 핵무기 배치 같은 문제를 쉽게 결정할 수는 없고 여론에 크게 좌우되었다. 그럼에도 불구하고 네덜란드는 미국의 세계 전략에 호의적이어서 예컨대 NATO가 크루즈 미사일과 퍼싱 II 미사일을 유럽에 성공적으로 배치할 수 있었던 것도 네덜란드의 지지가 결정적으로 작용한 결과라 할 수 있다.

그러나 냉전 시기가 지나자 네덜란드는 곧바로 원래 특성대로 군축에 들어갔다. 군의 인원은 40퍼센트 줄여서 74,017명, 군비는 30퍼센트 줄여서 140억 길더가 되었다. 그리고 가장 중요한 점은 징병제에서 모병제로 바뀌었다는 점이다. 그리고 군대의 성격을 바꾸어서 소수의 전문가 집단으로 만든다는 생각이었다. 그러나 일단 네덜란드 군대 개혁은 그리 성공적이지 않다는 느낌을 준다. 이 점은 특히 스레브레니차에 파견된 평화유지군이 보여준 한심한 양태에서 확인되는 바이다(제1부 〈평화를 사랑하는 나라의 정치, 그리고 군대〉 참조).

평화를 사랑하는 나라의 군대 문제를 어떻게 풀 것인가? 두고두고 해결의 실마리를 찾아야 할 중요한 문제라 하지 않을 수 없다.

환경

네덜란드만이 아니라 전세계적으로 환경 문제는 갈수록 중요해지고 있다. 네덜란드에서는 특히 델타 플랜으로 환경 문제에 대한 의식이 더욱 강해졌다. 20세기 최대의 역사(役事) 중의 하나인 델타 플랜으로 스헬데강이 바다로부터 완전 격리되었는데, 이렇게 되면 우선 당장은 강물의 염분기가 적어져서 주변 지역의 농업 생산을 증대시키는 효과가 있지만 이 지역 고유의 생태계를 영구히 바꾸어놓게 되었다. 이 나라의 고질적인 문제인 홍수를 통제하는 것이 중요한가 아니면 생태계를 보전하는 것이 중요한가? 이 어려운 문제에 대한 해결책으로 나온 것이 움직일 수 있는 방조제(movable barrier)였다. 이 때문에 공사비가 훨씬 더 들고 공사 기간도 더 길어졌지만, 장기적으로 보면 이것이 더 경제적인 것으로 보인다. 환경 문제를 무시하면 결국은 더 큰 비용이 들어가기 때문이다.

네덜란드의 환경 문제로서 중요한 과제의 하나는 가축 분뇨이다.

네덜란드는 이미 중세 이래 치수(治水) 사업에 일가견이 있었다. 이것은 20세기 말의 델타 플랜으로 최고점에 다다랐다.

네덜란드는 제2차 세계대전 이후 더욱 집약적인 축산업을 발전시켰는데, 이 말은 좁은 땅에 수많은 가축이 존재한다는 것을 뜻한다. 이 나라의 가축 비율을 보면 소 75퍼센트(520만 두/1980년대), 돼지 22퍼센트(1천 4백만), 가금류 3퍼센트이다. 이 많은 가축들의 분뇨가 지대한 영향을 미치지 않을 수 없다. 1994년 통계로 가축 분뇨 양은 8천 3백만 톤인데, 이 중 잔존률이 1퍼센트라고 하니, 처리되지 못하고 쌓이는 분뇨가 1년에 83만 톤이다. 가축 분뇨가 어느 정도로 심각한가는 우리나라의 산천을 보면 안다. 예전에 그 잘생겼던 시골 하천들이, 그 위에 목장 하나가 생기고 난 다음에는 썩은 물이 된다. 겉으로 보면 멀쩡한 물 같아도 물 속에 들어가보면 벌써 미끈미끈한 물질들이 들어 있다(이제는 처리 시설이 설치되어서 나아졌을 것으로 믿는다). 가축 분뇨는 지하수에 질소 성분이 들어가게 오염시키고 또 암모니아가 증발하여 산성비를 유발한다. 네덜란드에서는 이 문제 해결을 위해 여러 시도를 했지만(분뇨를 가공해서 비료로 수출하는 것, 분뇨가 적은 지역으로 가져가서 비료로 이용하는 것, 각 농가마다 분뇨 장부를 유지하도록 하는 것……) 별 효과가 없었다. 결국 가축 수를 줄이는 것 외에는 별 다른 대안이 없으므로 가축 수를 조정해 나가기로 하였다.

네덜란드 환경 문제의 특징은 여러 나라가 밀집해 있는 까닭에 문제 자체가 국제적인 성격을 띨 수밖에 없다는 점이다. 대표적인 것이 라인강의 오염 문제이다. 라인강은 네덜란드인들의 식수원이기 때문에 이 강의 수질이 대단히 중요하다. 그런데 이 강은 스위스, 독일, 프랑스를 거쳐서 흘러오므로 각국의 오염원이 모두 합쳐져서 네덜란드에 도착하는 것이다. 따라서 이를 해결하기 위해 국제적인 협력을 촉구하고 있다.

네덜란드에서 환경 문제 해결방식 중 중요한 것은 세금정책이다. 특히 휘발유와 디젤유에 대한 소비세가 매우 높다. 우리나라와 비교하면, 특히 미국과 비교하면 유럽의 휘발유 값은 정말로 비싸다. 그 높은 기름값의 4분의 3이 세금이다. 이렇게 높은 세금을 부과해서 석유 소비를 억제하려는 것이 좋은 방식이 아닌 것은 분명하다. 그러나 달리 어쩌랴! 특히 네덜란드 국민들은 돈에 민감하기 때문에 세금으로 통제하는 것이 잘 먹혀들어간다. 그러나 그것이 꼭 돈을 아낄 수 있다는 점 때문만은 아니다. 중요한 것은 환경 문제에 대한 국민들의 인식이다. 네덜란드나 독일의 경우 예컨대 공책을 살 때 가급적 재생지 제품을 사는 것이 일반화되어 있다. 그런데 사실 공책을 만드는 비용을 계산해 보면 인건비가 높은 이곳 여건에서 재생지를 수집하는 데에 드는 비용이 펄프를 수입하여 사용하는 비용보다 더 많이 든다고 한다. 그런데도 더 많은 비용을 들여가며 누런 색깔의 공책을 만들고 소비자들도 더 비싼 가격을 지불하면서까지 그런 제품을 사는 이유는 지구 환경 보존에 시민들이 합의를 보았기 때문이다.

핵 발전에 대해 비판이 높아지는 것도 이런 점에서 통하는 일이다. 특히 체르노빌 사건(1986) 이후 핵 문제에 대해 더욱 경계심이 높아졌다. 현재 네덜란드에는 핵발전소가 2곳 있는데 더 이상 핵발전소를 짓지 않는 것은 물론이고 현재 있는 것도 폐쇄했거나 폐쇄할 예정이다.

유럽 통합

유럽에서는 1992년 마스트리히트 조약으로 유럽경제통화동맹(Economic and Monetary Union)이 탄생하였다. 여기에 포함된 지역은 미국 달러 존(zone)과 거의 마찬가지로 넓다. 이 지역은 30억 명의 인구, 세계 GDP의 19.5퍼센트, 세계교역량의 18.5퍼센트를 차지하는 거대한 영역이다.

그 통합 정도는 대단히 강해서, 2002년 1월 1일부터는 새로운 화폐인 유로화가 유통되고 있으며, 7월 1일부터는 기존의 프랑, 쉴링, 마르크, 리라, 길더, 페세타 화 등은 더 이상 존재하지 않게 되었다. 유럽에서 가장 오래된 화폐인 그리스의 드라크마(drachma) 화는 2,500년 만에 사라졌다.

유로화라는 공동 화폐가 계속 존재할 경우 유럽 공동체는 공동 경제정책까지 가능하며, 그렇게 되면 미국에 대해서 경제적으로 효율적인 방어력을 가지게 될 것이다. 예를 들어 유로화가 출범하자마자 유로화 가치가 달러화에 비해 상당한 정도로 가치 하락을 보였는데, 이는 결과적으로 유럽이 미국 상품에 대해 그 비율만큼 수입 가격을 올린 셈이 되었다. 달리 말하자면 미국 상품에 대해 관세를 부과한 것과 같은 효과를 낸 것이다.

앞으로 유럽 통합은 더 진행될 것이다. 통합이 진척된 새로운 유럽 안에서는 자원과 자본, 재화가 자유롭게 이동할 수 있다. 그렇다면 앞으로 각국 경제라는 것이 사라지고 유럽 전체가 하나의 경제로 통합되는 것일까? 그리고 경제적 통합의 다음 단계로 정치적 통합으로 나아가는 것일까? 즉 각국은 사라지고 유럽연합이라는 하나의 단위로 통합되는 것일까?

물론 누구도 미래의 일을 정확하게 예언할 수는 없다. 그러나 유럽이 중국이나 미국처럼 대륙 전체가 하나의 나라로 통합되지는 않을 것 같다. 우선 경제적으로도 아직 완전한 통합은 불가능해서 인력의 이동이 전적으로 자유롭지는 않다. 지역(국가)마다 실업 문제가 다르기 때문이다. 무엇보다도 유럽 내에는 수많은 별개의 언어가 존재해서 중국에서의 중국어, 미국에서의 영어처럼 하나의 표준 언어를 사용하도록 할 수가 없는 일이다. 그리고 물론 각국의 독특한 민족 문화라는 것이 역사적으로 오랫동안 지속되어 왔기 때문에 민족적 독립성을 완전히 지울 수는 없다.

유럽 통합은 과연 어디까지 갈 것인가? 그리고 그 속에서 네덜란드와 같은 개별 국가들은 어떤 위치를 차지할 것인가?

유럽은 흥미로운 실험을 진행 중이다.

연 표

네덜란드	세계사	한국사
기원전		
		약 70만 년 전 구석기 문화
6500년경 페세 카누		6000년경 신석기 문화
3000~2000년경 후네베드 건축	3000년경 이집트, 통일 국가 형성	
	메소포타미아 문명 시작	
	2500년경 인더스 문명 시작	2333 단군, 아사달에 도읍
	황하 문명 시작	고조선 건국
	1800년경 함무라비왕, 메소포타미아 통일	
	1500년경 은 왕조 성립	
	1120년경 주 건국	
	1000년경 그리스, 폴리스 형성	1000년경 청동기 문화의 전개
	770년경 주의 동천	고조선의 발전
	춘추 전국 시대 시작	
	671년경 아시리아, 오리엔트 통일	
	525 페르시아, 오리엔트 통일(~330)	
	492 페르시아 전쟁(~479)	400년경 철기 문화의 보급
	334 알렉산더 대왕, 동방 원정(~323)	194 위만 조선 성립
	221 진(秦)의 중국 통일	108 고조선 멸망
	206 전한 건국(~A.D 8)	한 군현 설치
	27 로마, 제정 시대	
57 로마군, 남부 네덜란드 정복		57 신라 건국
12 로마군, 프리즐란드 정복		37 고구려 건국
		18 백제 건국
기원후		
	8 왕망, 신 건국	
	25 중국, 후한 성립	
69~70 바타비아 반란	45년경 인도, 쿠샨 왕조 성립	
	220 중국, 후한 멸망, 삼국 시대 시작	
	280 중국, 진(晋)의 통일	
	313 밀라노 칙령, 크리스트교 공인	313 고구려, 낙랑군 멸망시킴
	316 5호 16국 시대 시작	372 고구려, 불교 전래, 태학 설치
	375 게르만족, 대이동 개시	384 백제, 불교 전래

네덜란드		세계사		한국사	
		395	로마 제국, 동서 분열		
406	게르만족, 갈리아 지방 침입	476	서로마 제국 멸망	427	고구려, 평양 천도
481	클로비스, 갈리아 지배	486	프랑크 왕국 건국	433	나·제 동맹 성립
				475	백제, 웅진 천도
500년경	프리스·프랑크·작센족 네덜란드 3분 장악			502	신라, 우경법 실시
				503	신라, 국호·왕호 사용
				520	신라, 율령 반포
					백관의 공복 제정
		529	유스티니아누스 법전 편찬	527	신라, 불교 공인
				538	백제, 사비성 천도
		589	수의 중국 통일	553	나·제 동맹 결렬
		618	당 건국	612	을지문덕, 살수대첩
		622	헤지라(이슬람 기원 원년)	660	백제 멸망
		661	이슬람 제국, 옴미아드조 성립	668	고구려 멸망
				676	신라, 삼국 통일
689	메로빙 왕조, 프리즐란드의 라드보드 공격, 기독교화			685	9주 5소경 설치
				698	발해의 건국
751	카롤링 왕조 시작	716	제지술, 유럽 전파	788	신라, 독서 삼품과 설치
843	베르덩 조약, 네덜란드는 중앙제국에 편입	800	샤를마뉴 황제 즉위		
		829	잉글랜드 왕국 성립	828	장보고, 청해진 설치
870	메르센 조약				
879	바이킹 침략(11세기 초까지)				
		907	당 멸망, 5대의 시작	918	왕건, 고려 건국
				926	발해 멸망
				935	신라 멸망
				936	고려, 후삼국 통일
		960	송 건국(북송, ~1127)	956	노비 안검법 실시
		962	오토 1세, 신성 로마 제국 건국	958	과거 제도 실시
1007	바이킹의 네덜란드 마지막 침략	1000	송, 나침반·화약 발명	1145	김부식, 《삼국사기》 편찬
		1037	셀주크 투르크 제국 건국	1170	무신정변
		1069	송, 왕안석의 신법	1196	최충헌의 집권
1083	디르크 5세 홀란드 백작이 됨	1096	십자군 원정(~1270)		
1100년경	대규모 간척 사업 시작	1127	북송 멸망, 남송 시작		
		1192	일본, 가마쿠라 막부 세움		
		1206	칭기즈 칸, 몽골 통일	1231	몽골의 제1차 침입
		1215	영국, 대헌장 제정	1236	팔만대장경 새김 시작(~1251)

네덜란드	세계사	한국사
1280 플랑드르 도시들 반란	1299 원 제국 성립	1270 개경으로 환도, 삼별초의 항전
1281 브뤼주 반란	1299 마르코 폴로, 《동방견문록》 출판	
1306 암스테르담시가 유트레히트 주교로부터 특허장받음	1309 교황, 아비뇽에 유폐(~1377) 1337 영국과 프랑스 백년 전쟁(~1453)	
1350년경 페스트 발발		1359 홍건적의 침입
	1368 원 멸망, 명 건국	1363 문익점, 원에서 목화씨 가져옴
		1377 최무선, 화약 무기 제조 직지심경 인쇄
1385 부르고뉴가의 무겁공 장이 플랑드르 백작의 딸과 결혼		1388 이성계, 위화도 회군 1392 고려 멸망, 조선 건국
1425 부르고뉴의 필립 선량공, 네덜란드 여러 지역들 차지	1405 정화의 남해 원정(~1433) 1450 구텐베르크, 활판 인쇄술 발명	1443 세종, 훈민정음 창제 1469 경국대전 완성
1437~53 브뤼주에서 필립 선량공에 대한 반란	1453 비잔틴 제국 멸망	
1464 최초의 전국의회 개최	1492 콜럼버스, 아메리카 대륙 도착	
1469 에라스무스 탄생	1498 바스코 다 가마, 인도 항로 개척	
1500 카를로스 탄생(1516년 스페인왕, 1519년 황제)	1517 루터의 종교 개혁 1519 마젤란, 세계 일주(~1522)	1510 3포 왜란
1523 루터파 신자 2명 처음으로 화형	1526 인도, 무굴 제국 성립(~1858)	
1548 '부르고뉴 지역' 선언, 17개 주가 하나의 단위로 굳어짐	1534 영국, 수장령 발표 로욜라, 예수회 창립	
1549 황제 칙령으로 네덜란드는 계속 황제 후손의 지배권 · 세습 인정	1536 칼뱅의 종교 개혁 1543 코페르니쿠스, 지동설 발표	1543 주세붕, 백운동 소수 서원 설립
1555 아우크스부르크 화의, 황제 양위		1554 비변사 설치
1559 펠리페 2세 스페인으로 떠남 마르가레타가 총독이 됨		1555 을묘왜변
1565 귀족들 청원서 제출 성상 파괴 운동		
1567 알바 공작 진군, 피의 위원회 설치		
1569 10분의 1세, 100분의 1세에 대한 반발		
1572 브릴항 회복, 전국적 저항		
1575 레이덴 대학 설립		
1579 유트레히트 동맹, 남북 분단		
1581 철회령 선포		

네덜란드		세계사		한국사	
1584	빌렘 암살	1588	영국, 에스파냐 무적 함대 격파		
1585	앤트워프 약탈	1590	도요토미 히데요시, 일본 통일	1592	임진왜란, 한산도 대첩
1598	스페인 · 프랑스 베르벵 조약 체결			1608	경기도에 대동법 실시
1602	네덜란드 동인도회사 설립	1600	영국, 동인도 회사 설치	1609	일본과 국교 회복(기유약조)
1609	12년 휴전	1616	후금(청) 건국	1623	인조 반정
1621	전쟁 속개	1642	영국, 청교도 혁명(~1649)	1624	이괄의 난
1648	뮌스터 조약으로 네덜란드 공식 인정	1644	명 멸망, 청 중국 통일	1627	정묘호란
		1651	크롬웰, 항해 조례 발표	1636	병자호란
1651	영국의 항해 조례			1653	하멜, 제주도 표착
1652~54	영란전쟁				시헌력 채택
1664	뉴암스테르담 상실				
1665~67	제2차 영란전쟁				
1666	하멜, 우리나라에 표류				
1672~74	제3차 영란전쟁				
1688	빌렘, 영국으로 가서 영국왕 등극	1688	영국, 명예 혁명	1708	대동법, 전국적으로 시행
1702	프랑스와 전쟁	1689	영국, 권리장전 발표	1712	백두산 정계비 건립
1713	유트레히트 평화조약		청 · 러 네르친스크 조약	1725	영조, 탕평책 실시
1780~84	네덜란드의 미국 지원 때문에 제4차 영란전쟁	1757	플라시 전투(영국의 인도 독점)	1750	균역법 실시
		1762	루소, 사회 계약론 발표	1784	이승훈, 천주교 영세 받음
1787	애국파 프랑스 망명, 프로이센군 진입	1776	미국, 독립선언		
		1789	프랑스 대혁명		
1795~1806	바타비아공화국				
1806~13	프랑스에 합병	1804	나폴레옹 1세 즉위	1801	신유박해
1815	네덜란드 · 벨기에 통합왕국	1814	빈 회의(~1815)	1811	홍경래의 난
1830	벨기에 독립운동, 반란				
1831	벨기에, 레오폴드 국왕 추대			1831	천주교 조선 교구 설치
1839	벨기에, 공식적으로 독립			1839	기해박해
1840	토르베커의 자유주의적 헌법 개정	1840	아편 전쟁(~1842)		
1848	자유주의적 개헌	1848	프랑스 2월 혁명		
1849~53	제1차 토르베커 내각		마르크스 · 엥겔스 공산당 선언 발표		
1853	가톨릭의 권리 주장으로 소란, 토르베커 사임	1850	태평 천국 운동(~1864)		
		1854	일본 개국		
		1858	인도, 무굴 제국 멸망		
1862	제2차 토르베커 내각	1860	청, 영 · 프와 베이징 조약 체결	1860	최제우, 동학 창시
1866	식민지의 경작체제 문제로 갈등,	1861	미국, 남북 전쟁(~1865)	1862	진주 민란

네덜란드		세계사		한국사	
	토르베케 사임		이탈리아 통일	1863	고종 즉위, 흥선 대원군 집권
1867	룩셈부르크 매각 문제로 국제 긴장 고조	1863	링컨, 노예 해방 선언	1866	제너럴 셔먼호 사건
		1868	일본, 메이지 유신		병인양요
1870	인도네시아 경작체제 철폐, 사형제 철폐	1869	수에즈 운하 개통	1871	신미양요
		1871	독일 통일	1875	운요호 사건
1871~72	제3차 토르베케 내각	1877	인도 제국 성립	1876	강화도 조약 체결
1874	12세 이하 아동노동 금지법			1881	신사 유람단 및 영선사 파견
1878	반(反)혁명당 창설			1882	임오군란
1880	암스테르담 자유대학 설립	1882	독 · 오 · 이 삼국 동맹 성립	1885	갑신정변
1881	사회민주연맹 창설	1884	미 · 영 · 독 등과 통상 조약 체결	1894	거문도 사건
1889	사립초등학교에 국가 지원 의무화	1884	청 · 프 전쟁(~1885)	1895	동학 농민 운동, 갑오개혁
1893	전국노동자 신디케이트 설립			1896	을미사변
1894	사회민주노동당 창설	1896	제1회 올림픽 대회	1897	아관파천, 독립 협회 설립
1898	빌헬미나 여왕 즉위	1898	청, 무술 변법	1898	대한제국 수립
			파쇼다 사건		
			퀴리 부처, 라듐 발견		
1899	헤이그에서 제1회 국제 평화회의 개최	1899	의화단 운동	1899	경인선 개통
1901~05	쾨이퍼 내각	1902	영 · 일 동맹	1904	한 · 일 의정서 체결
1903	철도대파업	1904	러 · 일 전쟁(~1905)	1905	을사조약
		1907	삼국 협상 성립(영 · 프 · 러)	1907	국채 보상 운동
		1911	중국, 신해혁명		헤이그 특사 파견
1911~13	각종 사회법안 통과	1912	청 멸망, 중화민국 성립		고종 황제 퇴위
		1914	제1차 세계 대전(~1918)		군대 해산
			파나마 운하 개통		신민회 설립
		1917	남성 일반 선거권 갖는 개헌	1909	일본, 청과 간도 협약 체결
		1917	러시아 혁명		안중근, 이토 히로부미 사살
		1918	윌슨, 14개조 평화 원칙 발표	1910	일제의 국권 강탈
		1919	중국, 5 · 4 운동	1912	토지 조사 사업 시작(~1918)
			간디의 비폭력 · 무저항 운동	1919	3 · 1 운동
			베르사유 조약		상해에 대한민국 임시 정부 수립
		1920	국제연맹 성립	1920	김좌진, 청산리 대첩
1925~26	제1차 콜레인 내각	1922	소비에트 사회주의 공화국 연방 성립		조선 · 동아 일보 창간
1933~35	제2차 콜레인 내각			1926	6 · 10 만세 운동
1935	경제 위기, 극우 국가사회주의당 세력 신장	1929	세계 경제 공황	1927	신간회 조직
		1931	만주 사변	1929	광주 학생 항일 운동

네덜란드	세계사	한국사
	1933 미국, 뉴딜 정책	1932 이봉창 · 윤봉길 의거
	독일, 히틀러 나치스 정권	1933 조선어학회, 한글맞춤법 통일안
1940 독일군 침공, 왕실 영국 망명	1937 중 · 일 전쟁	발표
1942 유대인 강제 이주	1940 제2차 세계대전	1940 일제, 민족말살 통치 강화
1943 나치가 학생들에게 충성 맹세, 대	1943 이탈리아 항복, 카이로 선언	한국 광복군 결성
부분 거부	1944 노르망디 상륙 작전	1942 조선어 학회 사건
1944 철도 파업, 기근의 겨울		
1945 5월 해방, 통제 경제 유엔 가입	1945 제2차 세계대전 종결	1945 8 · 15 광복
화폐 개혁	국제연합(UN) 창설	미 · 소 군정 시작
1946 노동당 창립	1946 파리 평화 회의	1946 제1차 미소 공동 위원회 개최
1948 자유민주당 창립	1947 마셜 플랜 발표	1948 5 · 10 총선거
유럽경제협력기구 가입	코민포름 결성	대한민국 정부 수립
율리아나 여왕 등극	1948 세계인권선언 발표	1949 김구 암살 당함
제1차 드레이스 내각	1949 중화 민국공화국 수립	농지 개혁법 공포
1949 나토 가입, 인도네시아 해방	NATO 성립	
1950 한국전 참전	1950 UN, 한국 파병	1950 6 · 25 전쟁, UN군 참전
1951 제2차 드레이스 내각	1952 미국, 수소 폭탄 실험 성공	1952 이승만 대통령, 평화선 선언
유럽 철강 · 석탄공동체 가입	1953 DNA 구조 발견	1953 휴전 협정 조인
1952~56 제3차 드레이스 내각	1955 아시아 · 아프리카 회의 개최	
1953 대홍수	바르샤바 조약 기구 성립	
델타 플랜 시작	1957 소련, 인공 위성 발사(스푸트니크	
1957 연금법 시행	호)	
1960 슬로히테른에서 대규모 천연가스		1960 4 · 19 혁명
발견	1962 쿠바 봉쇄	1961 5 · 16 군사 정변
1961 공무원 주5일 근무제	중국 · 인도 국경 분쟁	1962 제1차 경제개발 5개년 계획(~
1965 프로보스 운동		1966)
1966 베아트릭스 공주의 약혼, 대규모	1966 중국, 문화 혁명 시작	1963 박정희 정부 수립
반대 시위	1967 유럽공동체(EC) 발족	1965 한 · 일 협정 비준, 베트남 파병
뉴레프트 운동	1968 체코슬로바키아 민주화 선언	1967 제2차 경제개발 5개년 계획(~
1967 민주주의자'66 창당	핵 병기 확산 방지 조약 체결	1966)
1968 진보정치당 창당	1969 아폴로 11호 달 착륙	1972 제3차 경제개발 5개년 계획(~
1970 로테르담 부두 파업		1976)
1972 투표권자 연령 18세로 하향	1972 미국, 닉슨 대통령 중국 방문	7 · 4 남북 공동 성명, 10월 유신
1973 에라스무스 대학 개교	1973 베트남 정전 협정 성립	1973 6 · 23 평화 통일 선언
석유 위기	동 · 서독 UN 가입	
1975 수리남 독립, 대규모 이민 유입	1975 베트남 전쟁 종결	

네덜란드		세계사		한국사	
	베른하르트 공, 록히드사 뇌물 수수 사건			1977	수출 100억 달러 달성
					제4차 경제개발 5개년 계획(~1981)
				1978	자연보호헌장 선포
				1979	박정희 대통령 서거
1980	기독교민주당 창당	1980	이란 · 이라크 전쟁	1980	5 · 18 민주화 운동
1981	대규모 반핵 시위	1981	미국, 우주선 콜럼비아 호 시험비행 성공	1981	전두환 정부 수립
1982	경제 위기				
	복지 예산 감축	1985	소련, 고르바초프 서기장 취임		
	바세나르 협약	1986	체르노빌 원자력 발전소 방사능 누출 사고	1986	아시안 게임 개최
1983	뤼버스 내각 출범				
1985	예산 감축	1987	미 · 소 중거리 미사일 폐기 협정 체결	1987	6월 민주 항쟁
	크루즈 미사일 배치				대통령 직접선거
1986	제2차 뤼버스 내각 출범	1988	이란 · 이라크 전쟁 종결	1988	노태우 정부 수립
	남아공 인종차별 반대 시위		소련, 아프가니스탄 주둔군 철수		제24회 서울 올림픽 개최
1990	제3차 뤼버스 내각 출범	1990	독일 통일	1990	한 · 소 수교
			WWW(world wide web) 출현	1991	남북한 동시 UN 가입
		1991	걸프 전쟁		지방 의회 선거
			발트 3국 독립		남북한 기본 합의서 채택
1992	보스니아 사태 네덜란드군 참여, 스레브레니차 사건	1992	소련 해체 후 독립국가연합(CIS) 탄생	1992	한 · 중 수교
				1993	김영삼 정부 출범
1994	자주색 연정	1993	우루과이 라운드 타결	1994	북한, 김일성 사망
			북미 자유 무역협정 체결	1995	지방 자치제 전면 실시
			유럽 연합(EU) 출현		유엔 안보리 비상임 이사국 피선
		1995	세계무역기구(WTO) 출범	1996	경제협력기구(OECD) 가입
		1997	복제양 '돌리' 출생	1997	외환 위기 발생
			아시아 경제 위기	1998	김대중 정부 출범
			홍콩, 중국에 반환		
		1999	마카오, 중국에 반환	1999	복제 송아지 '영롱이' 출생
			EU 유럽 단일 통화(유로) 출범		
			파나마 운하, 파나마에 반환		
2002	극우파 정치인 핌 포르퇴인 암살				
2003	총선, 발케넨데 수상 취임			2003	노무현 정부 출범

참고문헌

- 강준식, 《다시 읽는 하멜 표류기》, 웅진닷컴, 1995.
- 김균, 문우식, 《유럽통화동맹의 경제이론과 역사》, 법문사, 1997.
- 김신홍, 《작지만 강한 나라 네덜란드》, 컬처라인, 2002.
- 김영중, 장붕익, 《네덜란드사》, 대한교과서주식회사, 1994.
- 다이아몬드, 재레드, 김진준 옮김, 《총, 균, 쇠 : 무기, 병균, 금속이 어떻게 문명의 불평등을 낳았는가》, 문학사상사, 1998.
- 대시, 마이크, 정주연 옮김, 《튤립, 그 아름다움과 투기의 역사》, 지호, 2002.
- 박영신, 《네덜란드 개성상인의 국제경영이야기》, 박영사, 2002.
- 브로델, 페르낭, 주경철 옮김, 《물질문명과 자본주의》, 까치, 1995~1997.
- 주경철, 《역사의 기억 역사의 상상》, 문학과지성사, 1999.
- ＿＿＿, 《테이레시아스의 역사》, 산처럼, 2002.
- 지바현역사교육자협의회, 김은주 옮김, 《물건의 세계사》, 가람기획, 2002.
- 최란아, 《작은 땅 큰 나라 네덜란드 엿보기》, 학민사, 2002.
- 타키투스, 이광숙 편역, 《게르마니아》, 서울대학교 출판부, 1999.
- 프랑크, 안네, 홍경호 옮김, 《안네의 일기》(무삭제 완전판), 문학사상사, 1995.
- 한 반 데어 홀스트, 김용규 외 옮김, 《낮은 하늘》, 박영사, 2002.
- *Algemeene Geschiedenis der Nederlanden*, Haarlem, 1977～1982.
- Barbour, Violet, *Capitalism in Amsterdam in the Seventeenth Century*, Baltimore, 1950.
- Berkmoes, Ryan Ver *et. al.*, *Netherlands*, Lonely Planet Publications, 2001.
- Boxer, C. R., *The Dutch Seaborne Empire 1600～1800*, Penguin Books, 1965.
- Braure, Maurice, *Histoire des Pays-Bas*(Que sais-je no. 490), Presse Universitaire de

France, 3e ed., 1974.

- Bruhat, Jean, *Histoire de L' Indonesie*(Que sais-je no. 801), Presse Universitaire de France, 3e ed., 1976.
- Bruijn, J. R. *et. al., Dutch Asiatic Shipping in the 17th and 18th Centuries*, vol.1, The Hague, 1987.
- Burke, Peter, *Venice and Amsterdam*, London, 1974.
- Caron, Claude, *Traité des Bois Servant à Tous Usages*, Paris, 1676.
- Cazaux, Yves, *Naissance des Pays-Bas*, Paris, 1983.
- Christensen, Aksel, *Dutch Trade to the Baltic about 1600*, Kopenhagen, 1941.
- de Ley, Gerd, *Dictionary of 1000 Dutch Proverbs*, Hippocrene Books, 1998.
- Elias, J. E., *De Vroedschap van Amsterdam*, Haarlem, 1903~1905.
- Hart, Simon, *Geschrift en Getal*, Dorderecht, 1976.
- Heusinkveld, Holly Flame *et. al., Dutch Proverbs*, Penfield Press, 1996.
- Hooker, M. T., *The History of Holland*, Greenwood Press, 1999.
- Huizinga, Johan, *The Autumn of the Middle Ages*, Chicago, 1996(호이징가, 최홍숙 옮김, 《중세의 가을》, 문학과지성사, 1988).
- Janin, Hunt, *Culture Shock, A Guide to Customs and Etiquette, Netherlands*, Graphic Arts Center Publishing Company, 2000.
- Jeannin, Pierre, *L' Europe du Nord-Ouest et du Nord aux XVIe et XVIIe Siècles*, Paris, 1969.
- Lambert, Audrey, *The Making of the Dutch Landscape*, London, 1985.
- Landes, David S., *The Wealth and Poverty of Nations, Why Some are Rich and Some so Poor*, Norton, 1998.
- Magnificis, *Amplissimis Prudentissimis et Consultimis*(17세기 암스테르담 지도).
- Multatuli, *Max Havelaar, of, De Koffiveilingen der Nederlandsche Handelmaatschappij*(물타툴리, 지명숙 옮김, 《막스 하벨라르》, 문학수첩, 1994).
- Méchoulan, Henry, *Amsterdam au Temps de Spinoza, Argent et libertè*, PUF, 1990.

- Parker, Geoffrey, *The Dutch Revolt*, Norwich, 1977.
- Posthumus, N. W., *Inquiry into the History of Prices in Holland*, Leiden, 1946~1964.
- Postma, Johannes, *The Dutch in the Atlantic Slave Trade*, 1600~1815, Cambridge, 1990.
- Schama, Simon, *The Embarrassment of Riches : An Interpretation of Dutch Culture in the Golden Age*, New York, 1987.
- Smit, Pamela, *Netherlands : A Chronology and Fact Books, 57 BC~1971*, New York, 1991.
- *The Green Guide Netherlands*, Michelin Travel Publications.
- van Dillen, J. G., *Amsterdam in 1585 : Het Kohier der Capitale Impositie van 1585 Met een Historische Inleiding en Aantekeningen*, Amsterdam, 1916.
- van Dillen, J. G., *Bronnen Tot de Geschiedenis van het Bedrijfsleven en het Gildewesen van Amsterdam*, The Hague, 1929~1974.
- van Dillen, J. G., *Het Oudsteaandeelhouwersregister van de Kamer Amsterdam der OIC*, The Hague, 1958.
- van Gelder, *Roelof, Amsterdam 1275~1795, De Ontwikkeling van een Handelsmetropool*, Meulenhoff, 1983.
- Wallerstein, Immanuel, *The Modern World System*, 3vol., New York, 1974.
- Westermann, Mariet, *Le Siècle D'or en Hollande*, Flammarion, 1996,
- Witsen, Nicolaas, *Aeloude en Hedendagsche Schepsbouw*, Amsterdam, 1671.
- Witsen, Nicolaas, *Noord en Oost Tartaryen : Behelzende eene Beschryving van Verscheidene Tartersche en Nabuurige Gewesten, in de Noorder en Oostelykste Deelen van Azien en Europa*, Amsterdam, 1785.
- Zumthor, Paul, *La Vie Quotidienne en Hollande au Temps de Rembrandt*, Hachette, 1959.